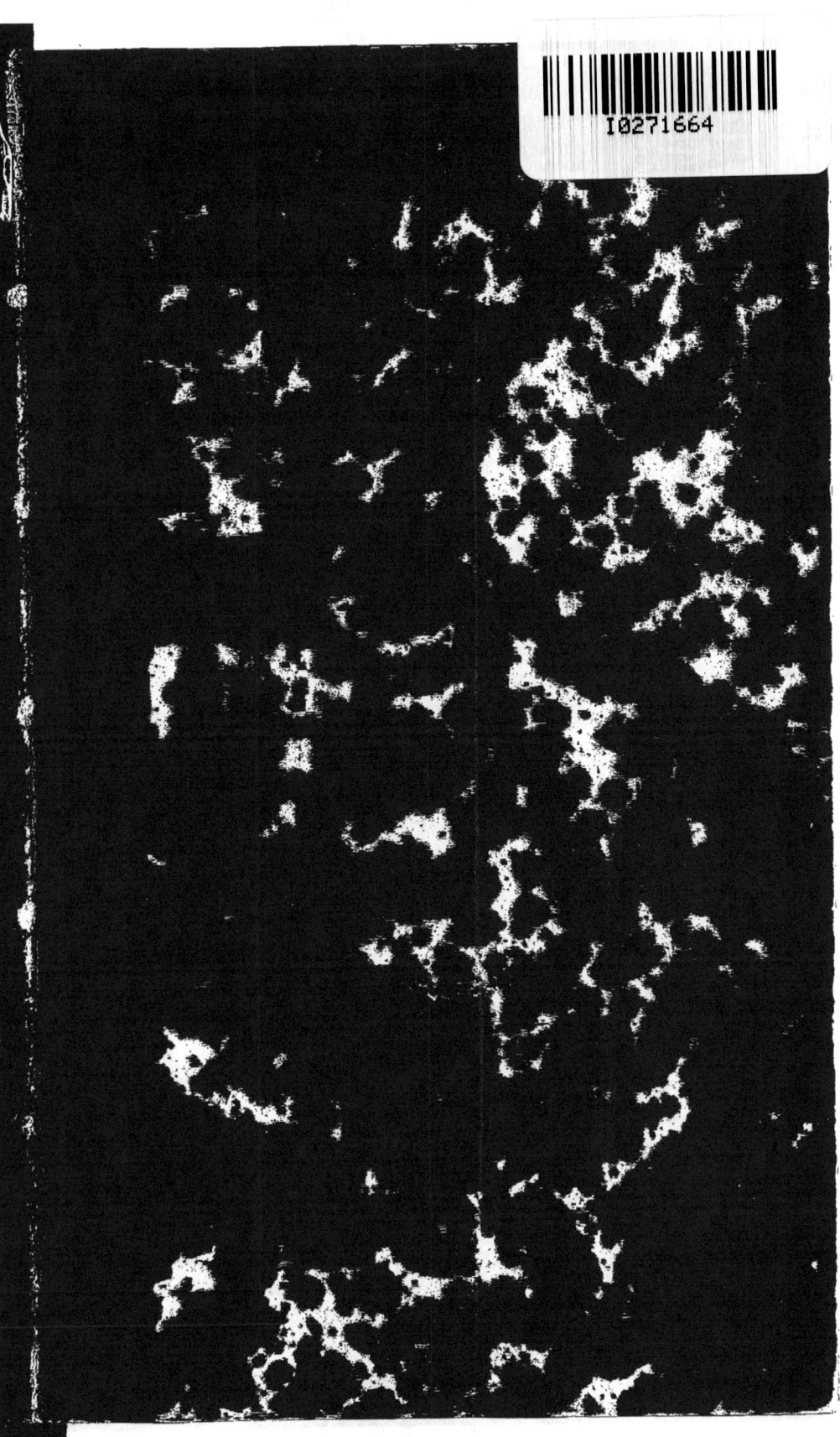

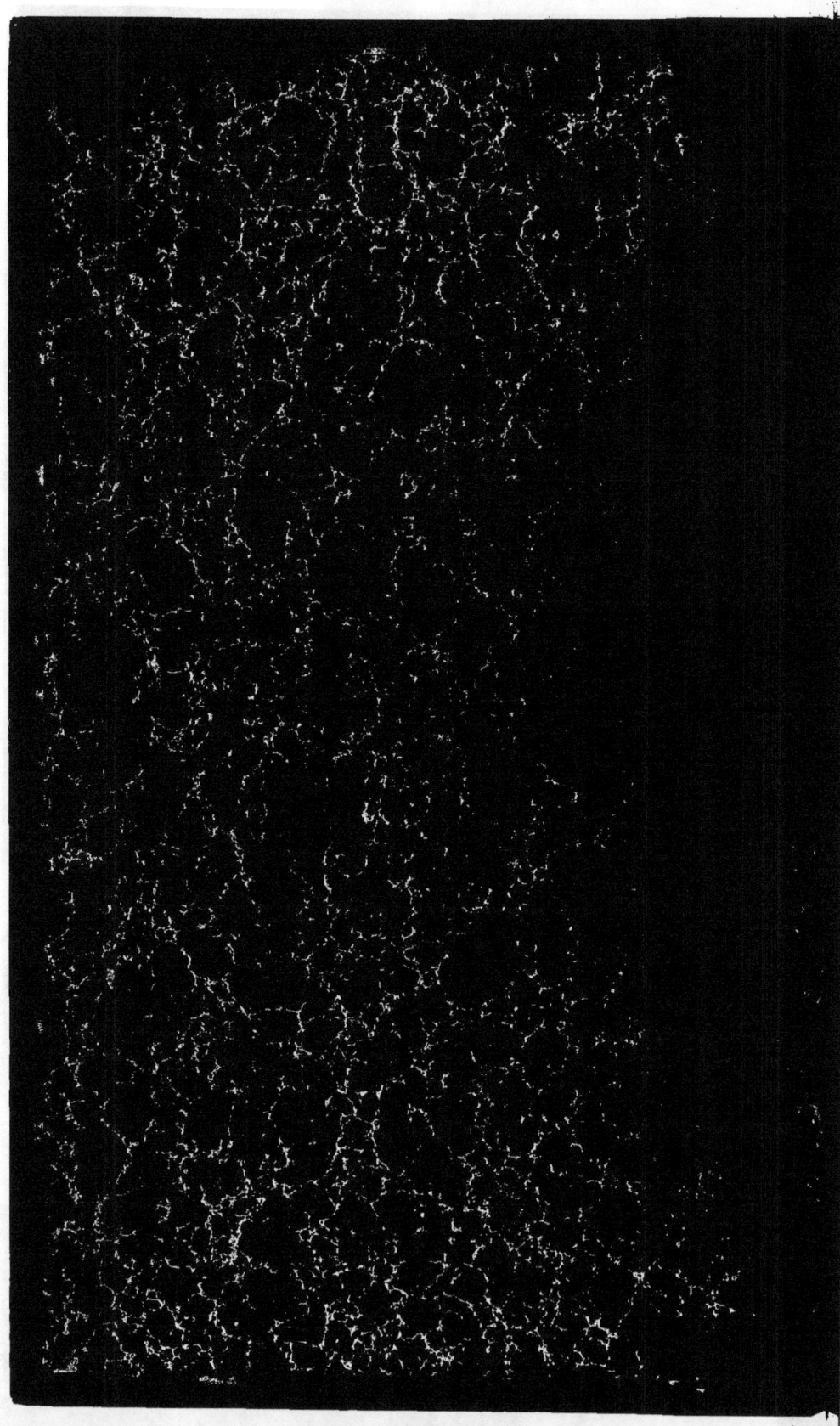

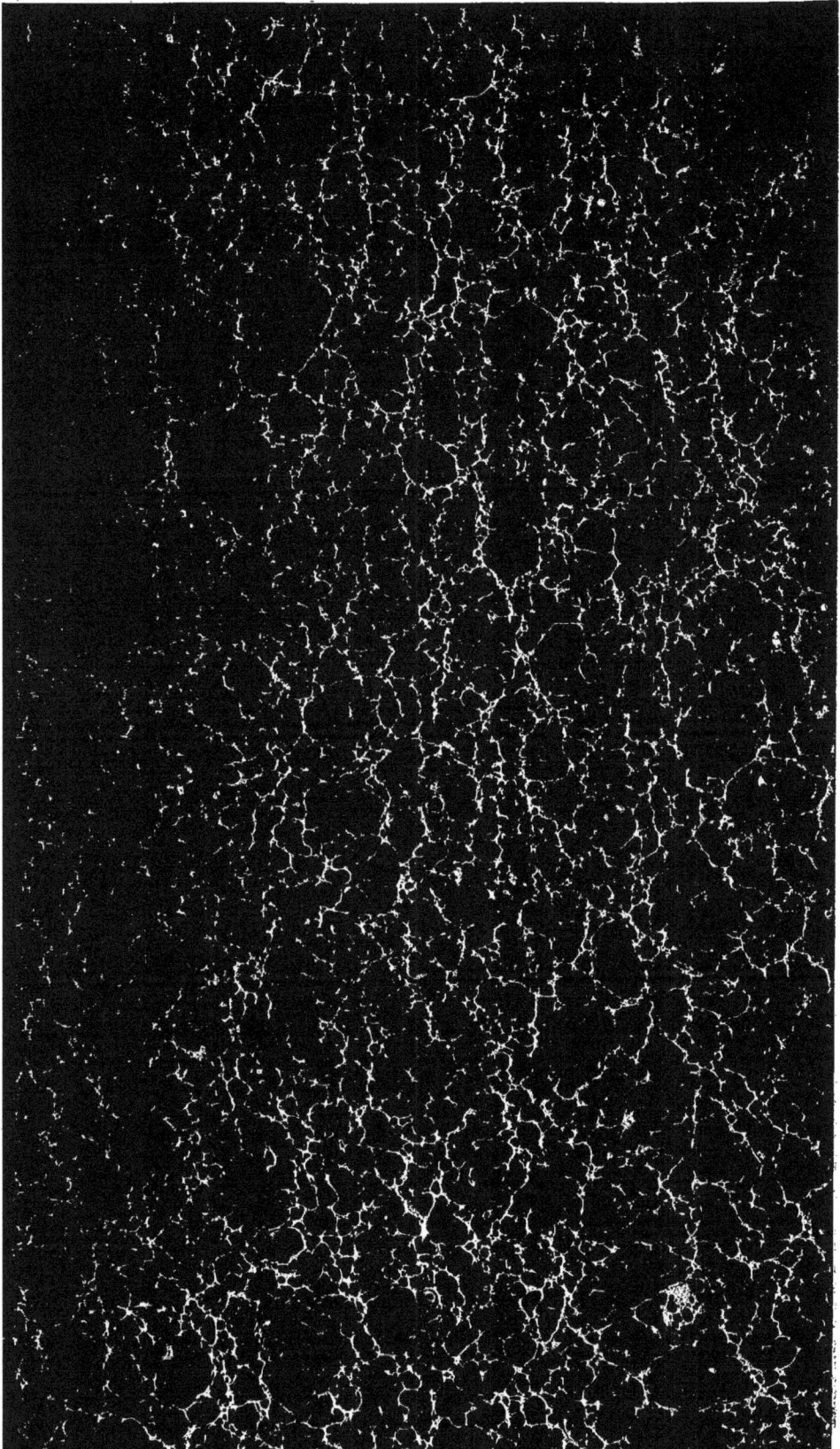

32940

MAISONS
DE VILLE
CONSTRUITES A PARIS

PAR BOURLIER-DUBREUIL,

ARCHITECTE;

OU

TRAITÉ DE L'ARCHITECTURE

THÉORIQUE ET PRATIQUE

DES MAISONS PARTICULIÈRES.

Le but de l'auteur a été de servir les intérêts privés des propriétaires, en mettant la science de l'architecte à la portée de tout le monde, et en l'employant pour l'utilité générale plutôt qu'aux monumens.

Ces motifs sont expliqués dans une introduction divisée en deux chapitres : 1° La théorie ne fait pas l'homme habile; l'art est une pratique raisonnée; l'architecte doit savoir non seulement composer un dessin, mais construire et toiser ; 2° assez de fois le crayon a mis sous nos yeux les monumens de la Grèce et de l'Italie. La partie de l'art de bâtir relative aux maisons est bien la plus utile, parce que (c'est Palladio qui parle, ce père de l'architecture moderne), elle est à la fois la plus usuelle et la plus variée dans ses applications, partant la plus instructive.

La construction et le toisé mis en pratique, les principes de l'art de bâtir déduits de l'application aux maisons productives : voilà comment tout d'abord le sujet est précisé.

On entre en matière par des considérations sur les trois qualités requises dans toute édification : utilité, solidité, beauté. La cause de chacune : une maison est belle si elle paraît commode ; elle est solide si elle est stable ; une agréable apparence n'est pas moins qu'une solide construction un élément constitutif d'utilité.

La beauté sans doute est la moins estimable des trois qualités, mais elle attire et fait valoir ; on a dû commencer par elle, on passe ensuite à la solidité. Là, on traite de la construction en général, et, sous autant de chapitres, des murs de cave de fondation, des murs en élévation, des parpaings, des tuyaux de cheminée anciens et nouveaux, des aires, des façades, charpente des solives, pans de bois, escaliers, etc.

Parmi ces sujets, il en est un très important : le tassement qui s'opère pendant et après la construction. On a donné des développemens neufs et précieux sur ce point.

On y trouve le détail d'un assez grand nombre de maisons de rapport construites à Paris par l'auteur, et le montant de chaque mémoire réglé, et le mode de toisé qui a été suivi. Toute cette partie est traitée à fond. Outre les détails nécessaires, on trouve un résumé comparatif de la valeur des murs en pierre, en moellon, et des pans de bois, ainsi que la quantité de pièces de bois qui entre dans chaque toise de pan de bois, de plancher et de comble, suivant la longueur des solives ; de lucarnes et d'escalier, suivant leur grandeur.

Au moyen de ces détails qu'on trouve tout faits, il est facile de connaître la dépense présumée d'une construction.

Un volume grand in-8°, avec 14 planches, pour servir au toisé. Prix .... 8 fr.
Et avec les 60 planches sur papier grand-raisin................ 60 fr.

M. Bourlier-Dubreuil ayant été chargé de terminer la maison de François Ier, bâtie aux Champs-Élysées, vis-à-vis le pont des Invalides, en a publié les dessins qu'il offre au public.

Cet ouvrage, lithographié au trait sur papier grand-raisin, est composé de 9 planches. Prix .... 12 fr.

CES DEUX OUVRAGES SE TROUVENT
CHEZ L'AUTEUR, M. BOURLIER-DUBREUIL,
ARCHITECTE,
rue du Bac, n° 28, à Paris.

IMPRIMERIE ET FONDERIE DE A. PINARD, QUAI VOLTAIRE, 15.

TRAITÉ
D'ARCHITECTURE.

IMPRIMERIE ET FONDERIE DE A. PINARD,
QUAI VOLTAIRE, N° 15, A PARIS.

MAISONS

DE VILLE

CONSTRUITES A PARIS,

PAR BOURLIER-DUBREUIL,

ARCHITECTE;

OU

TRAITÉ DE L'ARCHITECTURE

THÉORIQUE ET PRATIQUE

DES MAISONS PARTICULIÈRES,

COMPRENANT

LE TOISÉ GÉNÉRAL DES BATIMENS,

ET ACCOMPAGNÉ

DE PLANCHES SUR PAPIER GRAND RAISIN FORMANT DIX CAHIERS
DE CHACUN SIX FEUILLES.

A PARIS,

CHEZ L'AUTEUR, RUE DU BAC, N° 28.

—

1833.

INTRODUCTION.

CHAPITRE PREMIER.

Nécessité de la pratique : c'est proprement l'art. L'artiste doit essentiellement savoir *construire* et *toiser* : qu'est-ce ? Les hautes sciences ne sont pas nécessaires à l'architecture : les élémens suffisent. Théories trompeuses, et pourquoi. Ce qui fait l'architecte est une pratique raisonnée.

Enumération d'œuvres dans le bâtiment, et principalement dans la maçonnerie, que la pratique seule enseigne. — Ce qui est essentiel à la solidité et à la stabilité : définition et distinction de ces deux qualités. Vices des études de l'école. Portrait d'un académiste et d'un élève praticien mis en regard ; avantages de ce dernier, soit dans la conduite des travaux, soit par sa prépondérance sur les entrepreneurs, soit sur la prévision de la dépense. — Digression sur l'abus de la patente d'architecte, inconvénient pour le public. — Résumé. Vœux et vues d'amélioration dans l'enseignement.

Qui doute que la pratique ne soit indispensable à celui qui, nourri de science, veut enfin employer les forces acquises de son intelligence aux besoins, aux utilités, aux agrémens de la vie sociale? Les mathématiques, le droit, la morale elle-même sont de vaines abstractions, si celui qui en est capable ne sait pas en faire usage. Et à bien considérer, toute la différence entre l'habile et l'inexpérimenté, même dans les sciences, vient du plus ou moins de pratique. Le profond penseur n'est rien, s'il n'est bon logicien, s'il n'a l'habitude de revêtir un raisonnement d'une forme convaincante, ou de détruire le prestige d'un argument faux, et d'enchaîner une suite de pensées dans un ordre méthodique, de façon à faire d'un discours, d'un livre, le développement nécessaire et exclusif d'une proposition unique : nous ne savons bien les choses que quand nous les faisons aisément et presque sans y penser, du moins sans de trop pénibles efforts. La pratique est le perfectionnement des sciences : c'est proprement l'art.

Lecteur bénévole, je croirais te dérober ton temps que je veux acheter et payer, si je m'étendais davantage sur un lieu commun si généralement admis. Ce que tu me demandes est quelque chose d'utile et en même temps de moins banal que ce qui remplit beaucoup de livres que tu possèdes enfermés soigneusement sous les glaces de ta bibliothèque, tant ils sont beaux, ou que tu vénères trop, tant ils sont doctes, pour en approcher et les employer comme de bons et utiles serviteurs. Je te dirai ce que, dans l'art de bâtir, m'a acquis mon expérience; et si je ne t'apprends rien de nouveau, je confirmerai du moins la tienne.

Quiconque bâtit a d'abord en vue le nécessaire, ou le productif, ou le voluptuaire, et en même temps une dépense indéterminée entre un *mini-*

mum et un *maximum* fixes. Ce sont les premières données de l'architecte.

On conçoit dès lors qu'il doit savoir, non pas seulement dessiner et rendre sur le papier la pensée générale du maître, mais la réaliser ; et que, comme elle a deux conditions inséparables, l'architecte ne peut la réaliser s'il ne sait *construire* et *toiser*.

Construire : Faire des matériaux qu'on a à sa disposition l'emploi le plus approprié aux ouvrages entrepris ; connaître, en conséquence, les matériaux disponibles, principalement ceux de la contrée où l'on construit ; leur nature, leur force, leurs modifications, leurs combinaisons ; ériger et édifier (cela est entendu) selon les règles de l'art et les prescriptions de la loi civile et de la voirie.

Toiser : Ne pas seulement appliquer la mesure sur l'ouvrage fait, ce à quoi suffirait un manœuvre, mais trouver le cube primitif des morceaux de pierre ou de bois qui, en œuvre, ne présentent plus qu'une surface hors de toute proportion avec ce cube ; et encore évaluer la main-d'œuvre sur le rapport des façons qu'elle est présumée avoir eues à l'unité ; savoir, par conséquent, comment l'ouvrier a dû s'y prendre, son degré d'habileté et d'application ; ce qu'il a dû éprouver de difficultés, prendre de précautions, mettre de temps, faire de faux frais.

La première partie semblerait exiger des connaissances en nombre infini. La physique, la chimie, les diverses branches de mathématiques ne seraient pas de trop, sans doute, pour faire un bon constructeur, et il en doit savoir quelque chose; mais y être profond, illusion. N'a-t-on pas demandé aussi que l'architecte fût orateur, philosophe, médecin, musicien; que son éducation commençât à la mamelle? Eh! oui, il doit savoir penser et parler, avoir cette politesse, cette délicatesse de goût qui s'acquiert; et il ne saurait trop tôt commencer à apprendre tout ce qui est objet de l'éducation primaire et secondaire; cela est commun à toutes les professions libérales. Il faut n'entrer qu'instruit dans les écoles spéciales, parce qu'on n'a plus le temps de revenir aux élémens, et que cependant on a sans cesse à faire des applications qui en supposent une connaissance parfaite.

Mais je veux un constructeur, et non un mathématicien; un constructeur, et non un chimiste, un orateur; un constructeur, encore une fois, et non un dessinateur, un antiquaire. Je ne suis pas un barbare, à Dieu ne plaise! seulement je remarque d'abord que ces profonds théoriciens, ces savans, sont généralement les moins bons metteurs en œuvre. Voyez le pont des Invalides, preuve, hélas! trop déplorable de ce que je dis, et le chef-d'œuvre de Souflot. Il s'est affaissé, et a rendu par là nécessaires des changemens qui ont dénaturé l'édifice et frappé au cœur un artiste d'ailleurs justement renommé.

Et, ensuite, si je réfléchis à la multitude innombrable d'élémens, la plupart inconnus, qui entrent dans les matériaux ou qui les affectent du dehors, et puis aux réactions entre eux des matériaux employés, aussi diverses, aussi variables que les qualités internes de chaque pièce, je me convaincs que les calculs les plus savans sont les plus trompeurs, si l'on s'en contente.

Il y a dans l'industrie humaine un pas infranchissable ; au delà, ce serait anticiper sur la puissance du créateur suprême, sans utilité pour le bien-être de la vie sociale. Il y a dans l'intelligence humaine un sentiment presque instinctif de ce qui convient, de ce qui est nécessaire, de ce qui suffit; c'est le bon sens, c'est la conscience de l'esprit : gardons-nous de la pervertir.

Toutefois, autant il y a d'orgueil à ne compter que sur les calculs, autant il y en aurait à s'en passer absolument, et l'orgueil gâte tout.

Celui qui a vu et fait sans réfléchir, sans mettre en ordre dans son esprit ses observations, n'est qu'un manœuvre. Celui qui a étudié dans le cabinet ou sur de vénérables ruines, est un dessinateur plus ou moins savant. Celui qui réunit les principes et l'application est un architecte, soit que la fortune lui ait permis de commencer par la théorie, soit qu'il se soit formé lui-même par une pratique intelligente, soit qu'il ait sagement partagé le temps de ses études entre l'une et l'autre.

Si j'avais un élève à former, dès qu'il saurait suffisamment dessiner et qu'il connaîtrait la disposition des plans, des coupes et des élévations, je voudrais le conduire au milieu des travaux; je voudrais qu'il suivît l'exécution de tous les divers ouvrages du bâtiment, qu'il s'appliquât particulièrement à la maçonnerie, la plus importante partie sans doute, puisqu'elle soutient tout le reste; et afin d'être plus promptement en état de juger de la bonne ou mauvaise construction, je voudrais qu'il mît, comme on dit, la main à la pâte. Il travaillerait avec les ouvriers; il emploierait du plâtre et du mortier; il apprendrait à élever des murs; il aurait soin que les chaînes, les tyrans, les ancres, les étriers, et en général tous les ferremens destinés à réprimer l'écartement et la poussée au vide, fussent tous posés avant qu'on ne se mît à faire les intérieurs. Pour les ouvrages en pierre, il veillerait à ce que les calles qu'on pose sous chaque assise ne fussent pas placées trop près des arêtes, ce qui est une cause de tassement et les fait épaufrer; à ce que le coulis pénètre sur toute l'étendue du lit; à ce que le mortier soit bien fiché entre les assises, suivant les différens cas où chacun de ces procédés doit être suivi; et finalement à ce que le mur soit monté d'aplomb, en observant toutefois le frit (que les ouvriers appellent fruit) convenable; car tout mur de bâtiment sur lequel sont appuyés des planchers pousse au vide. Aux tuyaux des cheminées, il aurait soin que les languettes fussent liées avec le mur, dans lequel on ferait, à cet effet, une tranchée et des arrachemens : c'est de la négligence de cette opération que viennent la plupart des crevasses que le moindre tassement, après peu de temps, fait éprouver aux cheminées dans les bâtimens neufs.

Il ferait des enduits, des plafonds, des cloisons ; il préparerait et traînerait des corniches : par ces divers ouvrages il aurait exercé ses mains au maniement varié du plâtre.

Les ingrédiens de la construction, plâtre, chaux, ciment, sable, argile, bitume, et les matériaux artificiels, tels que briques, tuiles, carreaux, poterie, fonte, sont connus de tous, ainsi que les matériaux naturels, la pierre, le moellon, la meulière, le grès, les laves des volcans, le marbre, l'ardoise, après cela le bois, les métaux; mais la connaissance de leur nature, qualités, usages, est du métier.

C'est l'emploi qu'on fait soi-même de ces choses qui la donne précise et telle qu'il le faut pour en tirer parti et ne pas tomber dans des erreurs préjudicielles. Ainsi distingue-t-on au grain le lit de la pierre et du moellon, afin que les matériaux ne soient pas posés à contre-sens. Tailler la pierre, faire les épures, les calepins, le tracé sur la pierre, y chercher tout ce qu'on en peut faire, tous les morceaux qu'on en peut tirer suivant le besoin ou la destination, en ayant égard au déchet, cela est indispensable à savoir. Ce que je dis de la pierre, je le répète pour le bois de charpente, de menuiserie et autres matériaux.

Toutes ces connaissances de détails qu'il appartient à l'élève, que dis-je? au maître lui-même, de mettre en ordre pour les mieux retenir et en raisonner, en donnent une bien importante, celle de la force des parties qui supportent, et du poids des parties qui chargent : il faut parvenir à juger au simple aspect de l'équilibre ou du péril plus ou moins imminent de l'édifice : les calculs ne doivent servir qu'à confirmer le témoignage du sens intime : s'ils le contredisent, vérifiez de nouveau ; consultez des hommes d'expérience, rappelez à votre esprit les adages mille fois éprouvés, et finalement fiez-vous-en à vos yeux, j'entends à vos yeux exercés.

La *solidité* d'un édifice ne dépend pas toujours de la quantité de matériaux qu'on y amoncèle, mais de leurs qualités et justes proportions; car, en même temps que ces matériaux énormes supportent, ils pèsent; ils exigent donc à leur tour des supports dont la force aille en se multipliant jusqu'aux fondemens, jusqu'au sol inclusivement.

Les constructions destinées à un usage public, uniforme et instantané, comme les monumens qui doivent attester à la postérité la plus reculée la puissance d'un peuple, réclament la force et la durée au plus haut degré; il suffit aux constructions particulières d'une solidité relative, je veux dire suffisante pour que la dépense soit couverte par l'utilité qu'on pourra retirer pendant toute la durée probable de l'édifice.

Mais la *stabilité* est une qualité dont aucune nature de construction ne doit être privée ; j'entend par stabilité, cet équilibre dont je parlais tout à l'heure : faites une construction legère, parce qu'elle n'a qu'une destination provisoire, c'est bien ; mais que toutes les parties concordent entre elles, de sorte qu'elles se prêtent un mutuel appui, loin de se détériorer l'une par l'autre, et qu'elles subsistent, durent et périssent ensemble et en même temps.

C'est ici qu'il faut avoir égard aux tassemens et aux poussées. J'en ferai dans le corps de cet ouvrage le sujet d'un chapitre particulier; ici, je ne veux qu'avertir mon élève praticien, que je ne perds pas de vue, de veiller à ce qu'on fasse à leur exigence une large part ; et lui-même ne la leur disputera jamais, de peur d'apprendre à ses dépens qu'ils la prennent peu à peu, s'ils ne l'ont d'abord.

Que de notions il acquerra en visitant les ateliers ! Là seulement il apprendra ce que la théorie ne saurait jamais montrer que très obscurément: en tout, ce sont des petites causes, mais multipliées, successives, incessantes, combinées, elles-mêmes effets de causes éloignées, inconnues, imprévues, ou trop puissantes, qui font obstacle : on a plutôt fait de s'en détourner, si l'on peut, sinon de s'en arranger ou de leur en opposer d'autres non moins accidentelles, anormales, agissantes, que de leur demander raison et de les combattre en face; et ces inconvéniens et leurs remèdes, qui peut enseigner à les prévoir, à les apprécier, à les contrebalancer, si ce n'est la pratique?

Les notions ainsi acquises arrivent à l'esprit, il est vrai, sans ordre et au hasard, et voilà pourquoi il faut même à l'ouvrier intelligent et appliqué des années d'apprentissage; encore est-il forcé, pour devenir habile, de se restreindre à une des subdivisions de l'art. Des études préliminaires sont un fil qui dirige dans le labyrinthe de la science; et c'est là, il faut bien le reconnaître, la grande mais aussi la seule utilité de la théorie. Par elle-même, elle ne rend habile à rien; mais elle fait connaître et saisir les rapports qu'ont entre elles les choses que la pratique seule enseigne. Celle-là classe et rattache à l'objet de l'art les idées positives que celle-ci fournit. L'une sans l'autre marche péniblement; ensemble, elles avancent à grands pas.

Quand, formé par quelques années d'une pratique aussi éclairée, mon élève sera consulté par un propriétaire, il saura lui dire si l'exécution de ce qu'il veut est possible ; il saura lui dresser un devis exact. Car il ne suffit pas pour cela de savoir, ce que des mercuriales peuvent montrer à tous et en un moment, le prix courant des matériaux et de la main d'œuvre ; il faut avoir appris par expérience ce qu'il en entre dans une construction donnée, savoir, en deux mots, et *construire* et *toiser*.

Quiconque ne sait pas ces deux choses avec suffisamment de dessein linéaire, n'est pas architecte. Les lauréats mêmes, après leur retour de Rome, usurpent ce titre s'ils n'ont fait que suivre la routine de l'école. En effet, on y dessine beaucoup et bien, on y remplit tous les mois un programme imaginaire. Après quelques années, vient le jour du grand concours, une immense composition est donnée à faire en vingt-quatre heures. Le vainqueur est celui qui a le plus heureusement rappelé les traditions scolaires, disons le mot, qui a le mieux dessiné ; car il ne faut pas chercher dans un travail si précipité ce qui ne saurait s'y trouver, ce qu'il serait injuste d'exiger de tout autre que d'une longue expérience et d'une profonde méditation réunies. Tous ces innocens exercices et ceux qui les suivront sont bien, au préjugé près qu'ils inspirent que c'est ainsi que se forme un architecte. On envoie donc cet heureux élève à Rome. Qu'y va-t-il faire ? Se perfectionner. En quoi ? Mesurer les colonnes, les fragmens antiques...... tant de fois mesurés ; temps perdu s'il s'agit d'apprendre à bâtir. Voyez ce que de la ville éternelle il adresse à l'académie parisienne : des dessins parfaitement bien faits; le gisement, le fruste, la mousse, le site, les herbes d'alentour, tout est rendu. Il est réputé avoir atteint le plus haut point des études lorsqu'il a *restitué* ou restauré quelque édifice avec esprit quoique sans critiques sur les données vulgaires, et par conséquent sans progrès pour l'art architectural, sans nouvel acquis même pour l'archéologie, science éminente, dont d'ailleurs il ne s'agit pas ici. Encore s'il étudiait la construction de ces vieux restes, s'il réfléchissait sur la nature, l'emploi, la durée des matériaux, leur abondance ou leur rareté, les procédés, l'habileté, etc.! Mais on ne lui demande de ces sortes d'épreuves de son application; elles ne frapperaient pas les yeux des amateurs, elles n'exciteraient pas l'émulation des élèves; et du reste, à part la science, elles seraient à peu près sans intérêt pour nous, dont les mœurs, le climat, les matériaux sont si différens.

Enfin il revient de Rome, précédé d'une renommée académique des plus brillantes. Artiste plein de goût, il est invité par quelque puissance à réaliser un de ces dessins étudiés dont il a son portefeuille enflé. Comment l'entend-il exécuter ? à quelle dépense compte-il aller ? questions bien naturelles que d'abord on lui fait, de peur que l'édifice commencé ne reste inachevé, ou excède l'allocation, ou exige dans la construction des changemens qui le dénatureraient. Notre artiste ne saurait y répondre; il n'est pas constructeur, il est dessinateur.

Ou bien, on lui a demandé un plan : il le présente ; on le trouve inélégant, étrange, impropre à sa destination. Il s'en étonne : « J'ai pourtant, « dit-il, apporté cela de Rome ; c'est de l'antique « pur. »

Je ne prétends pas dire que tous ceux qui ont fait le voyage de Rome à titre d'académistes ignorent les parties essentielles de leur art, la construction et le toisé ; je m'élève seulement contre le préjugé qui tend à les faire passer, par cela seul, pour des maîtres.

Le gouvernement lui-même n'a pas grande confiance dans ces lauréats. Le ministre annonça l'an dernier à la Chambre, que l'échafaudage dressé pour les fêtes de Juillet dans le Panthéon par l'architecte de ce monument, homme distingué d'abord par son goût et par sa probité, se serait écroulé chargé de plusieurs milliers de personnes, si lui, ministre, ne l'avait préalablement fait visiter et solidifier par des constructeurs.

Maintenant que nous avons vu le savoir-faire de l'académiste, revenons à mon élève pratique.

Je me le figure dans le chantier ; il y est soit en suprême directeur d'une construction, soit en préposé à la conduite des travaux dont un autre a la direction. Je le vois, dans la première hypothèse, entouré dans les momens décisifs des divers entrepreneurs; chacun cherche avec plus ou moins d'adresse à s'emparer de son esprit, à capter sa confiance, à lui insinuer que tel ouvrage qu'il avait d'abord eu dessein de faire de telle façon ou de tels matériaux, serait mieux sans coûter plus cher de telle autre ou en maçonnerie, charpente, menuiserie, etc. Selon la profession de celui qui tient dans le moment son oreille, un ignorant, d'ailleurs probe et incorruptible, se livrera par nécessité à l'un d'eux; et soit la maçonnerie, soit la charpente, soit la menuiserie, dominera dans l'édifice avec un excès de dépense ou d'épargne, de solidité ou de ténuité, de magnificence ou de simplicité : en un mot, avec un défaut plus ou moins sensible de variété, de convenance, d'ensemble, d'effet général, de valeur vénale ou intrinsèque. Le propriétaire est exposé à de pareilles séductions, mais par prudence il prend un architecte en qui il suppose le discernement, le goût, le talent et la pratique, indépendamment de la probité : qu'il est trompé, s'il tombe dans les mains d'un dessinateur élégant, qui n'a fait d'architecture que sur le papier !

Dans l'autre hypothèse, placé au milieu des ouvriers comme leur chef, mon jeune architecte est fait aux mœurs de ce peuple ignorant, insouciant, indisciplinable, composé de particuliers intelligens, laborieux, curieux d'apprendre, économes, bons et honnêtes ; lui-même exercé sur toutes les parties, sans prétendre à l'habileté de l'ouvrier fini et connu d'eux pour tel, a sur eux cette autorité morale sans laquelle l'autorité légitime est ou faible ou tyrannique, ou méprisée ou insupportable. Qu'un ouvrier habile mais d'autant plus mutin et raisonneur, veuille faire la loi dans le chantier, mon conducteur accepte son congé, signe son compte, et tout de suite au besoin se met à sa place. « Partez, votre talent ne nous fera pas faute ! Et toi, maladroit, ne seras-tu jamais un ouvrier ? veux-tu rester toute ta vie manœuvre ? Tourne-moi donc ainsi ce moellon : donne-moi ta truelle ; tiens, vois-tu ? ce n'est pourtant pas mon métier, faut-il que je t'en remontre ? » Mais pour parler ainsi, pour agir avec cette vigueur, il faut être sûr de soi, il faut avoir été soi-même ouvrier.

Voilà mon architecte, et non celui qui, très capable de dessiner et même d'énumérer et de placer sur le papier les diverses parties d'ensemble et de détail d'un édifice imaginaire, mais neuf en l'art de construire, n'a plus d'intelligence sur le terrain où il n'apporte que des plans inexécutables, est interdit devant des embarras qu'il n'a pas appris à prévoir, et par suite à dénouer, et surtout ignore les conséquences de ce qu'il a à faire sous le rapport essentiel de la dépense.

Si la dépense en fait de bâtiment était médiocre, si elle ne pouvait jamais excéder le capital du revenu possible ou de la plus valeur, il y aurait peu à s'occuper de cette partie; on pourrait sans danger se livrer à son goût de bâtir, sûr qu'on serait de toujours bien placer son argent quoique à un taux plus ou moins élevé au dessus du cours de l'intérêt légal; mais il en est bien autrement.

Le calcul de la dépense est une condition inséparable de tout projet de bâtir. N'est point architecte qui ne sait faire ce calcul, et n'agit pas en bon père de famille le propriétaire qui commence par bâtir et ne compte la dépense qu'après.

Et cependant, toute folle qu'est cette conduite, il en est une pire; celle de se fier à des évaluations par approximation; rien n'est si perfide; ce sont elles qui ruinent les propriétaires, et qui font une si mauvaise réputation au commun des entrepreneurs et des architectes.

Veut-on mettre quelque raison, quelque économie dans les constructions? un devis préalable est nécessaire. « Aussitôt que les dessins sont faits, dit Palladio, dressez promptement le devis, afin de connaître la somme qu'exigera l'exécution. » *Promptement*, car il sait combien le propriétaire a hâte de commencer, et il veut prévenir une entreprise inconsidérée. Et je ne fais que formuler la pensée de ce père de l'architecture moderne dans cette parole : Donner à un propriétaire le conseil de faire suivre les plans d'un devis est le devoir de l'architecte ; savoir dresser ce devis, une des parties essentielles et indispensables de son art.

Cependant le toisé, sans la connaissance duquel on ne saurait faire un devis, n'est bien su que des praticiens. Peut-on trop recommander la pratique !

Ces réflexions m'amènent à une autre un peu écartée, je l'avoue, de la spécialité de mon sujet, mais qui ne laisse pas d'être utile à ceux qui bâtissent.

Il n'est point d'art, point de science qui n'ait ses divisions et subdivisions. Une seule ordinairement suffit ; tout l'esprit humain peut pousser loin le moindre germe de pensée, pour absorber toute l'attention d'un homme pendant toute sa vie. Néanmoins on n'est artiste, on n'est savant qu'à la charge de connaître tout ce qu'embrasse l'art ou la science ; seulement il est permis à celui qui est très versé dans une partie, de n'avoir des autres qu'une théorie générale avec une légère pratique.

Ainsi l'architecture, d'après cette manière de voir, se divise assez bien en dessin, construction, toisé. Celui qui ne sait qu'une de ces choses n'est certainement pas architecte : je l'ai, ce me semble, démontré. Néanmoins, l'un s'adonnera plus au dessin, un autre à la construction, un troisième au toisé ; aucune de ces parties ne doit être séparée absolument des deux autres, mais une seule peut dominer parmi les connaissances d'un homme qui fait sa profession de l'architecture.

Si donc je prends habituellement garde à mon intérêt, c'est à l'homme spécial que je voudrais m'adresser, soit que j'aie à faire faire un dessin, soit une construction, soit un devis ou un réglement.

Mais il faudrait que je le connusse cet homme spécial, et rien ne me l'indique; le toiseur prend le titre d'architecte, l'académiste aussi, l'entrepreneur également. Véritablement tous le sont, s'ils connaissent aussi les deux autres parties; mais c'est d'un toiseur, c'est d'un dessinateur, c'est d'un entrepreneur que j'ai besoin, non de trois, mais d'un seul, pour un travail spécial; comment les distinguer : ils prennent tous le titre et la patente d'architecte !

Et puis, moi, particulier, je sais bien qu'il y a des spécialités; mais je ne sais pas quelles elles sont, et s'il y en a une qui précisément réponde à mon besoin. Comme j'ai recours à mon médecin pour une fièvre, une blessure, une maladie chronique, une opération chirurgicale, et à mon avoué pour un congé, une plaidoierie, un testament, une liquidation, parce qu'ils ont ma confiance pour ce qui regarde, l'un ma santé, l'autre mes intérêts, et que je ne sais pas d'ailleurs distinguer les diverses fonctions entre lesquelles chacun de ces objets se partage; de même je m'adresse, pour une affaire quelconque de bâtiment, à un architecte : il est patenté, cela me suffit; je le crois du moins ; la patente est ma garantie. Ai-je un devis à demander, un mémoire à faire régler? je m'adresse à un architecte patenté : c'est un dessinateur. Veux-je construire ou réparer un bâtiment? je m'adresse à un architecte patenté : c'est un toiseur, un vérificateur. Mon but est-il d'avoir quelque chose de grandiose et du goût le plus pur? je m'adresse à un architecte patenté : c'est un entrepreneur, un constructeur, entendant bien la conduite et l'économie d'un bâtiment; je n'en suis pas là.

Pareillement en cas d'expertise judiciaire. On nomme un architecte patenté; il est patenté, donc il est capable; soit qu'il s'agisse de régler les honoraires dûs pour travaux de cabinets, dessins, plans, modèles, visites de lieux ; soit de vérifier la confection d'ouvrages, signaler les mal-façons et les fautes entraînant responsabilité ; soit de toiser les matériaux, supputer la main d'œuvre, fixer les quantités, régler les prix. — Qu'avez-vous à dire contre ce choix? l'expert nommé n'est-il pas architecte patenté?

Oh! rien : je voudrais seulement que la patente ne pût être prise que par l'architecte, c'est-à-dire qu'il fût sûr qu'on est architecte avant qu'on pût obtenir la patente. En d'autres termes, je croirais que la profession n'en serait que plus libérale et moins prostituée, si on assujétissait ceux qui s'y destinent à des études, à des examens, à des épreuves légales : après cela peut-être il y aurait moins d'inconvéniens de se tromper dans le choix d'un architecte ou d'un expert sur la partie de l'art à laquelle il se serait le plus adonné ; car enfin l'architecte, non moins que l'avocat et le juge, tient dans ses mains la fortune de ses cliens.

En insistant sur la nécessité de la pratique, j'ai dit autant mon sentiment personnel que celui de tous les hommes qui ont écrit sur l'architecture. J'aurais cité Bullet et une foule d'autres, s'il eût été nécessaire d'appuyer d'autorités une vérité que démontre l'expérience.

J'aurais cru énoncer de vaines paroles et débiter un lieu commun, si je n'avais dit ce que je regardais comme les premiers enseignemens de la pratique en architecture. Je me suis plu et fait une sorte de devoir de mener pour ainsi dire l'élève sur le chantier, de lui faire remarquer la diversité des ouvrages, de le faire travailler de ses mains, de lui apprendre ainsi comment il saura répondre aux vues d'un propriétaire, maîtriser un peuple d'ouvriers !

En regard de cet élève praticien j'ai mis l'académiste, fier de son talent, embarrassé sur le terrain, muet à ces deux questions : Comment ferez-vous ? Que dépenserez-vous ? J'aurais voulu montrer que ce talent brillant, mais inutile s'il est seul, est de plus trompeur. Qui n'a éprouvé avec surprise et sans savoir s'en rendre compte, la sensation désagréable que causent presque toujours les différences d'effets entre le dessin et l'exécution ? Le premier toujours flatteur, parce que l'œil y découvre tout le travail, l'esprit en saisit ainsi l'ensemble, l'attention n'est point détournée, l'imagination, que rien alors n'arrête, l'embellit encore; la seconde, pleine d'accidens fâcheux, défaut de perspective, voisinage déplaisant, changemens que la solidité nécessite pour la moindre imprévoyance, additions réclamées par les services les plus bas, ornemens, détails, grandiose, ensemble disparu. Le public qui a admiré les projets sur le papier est alors tristement désabusé.

La construction, le toisé, ont été les deux objets que j'ai considérés comme connaissances pratiques indispensables à quiconque n'entend point usurper, mais mériter le titre d'architecte. Palladio lui-même est venu nous prêcher la nécessité d'un devis préalable ; il faut donc savoir le dresser, ce que l'académie n'enseigne pas. Je dois pourtant lui rendre cette justice, que, depuis quelque temps, elle a ouvert un cours de théréotomie (coupe de pierre). C'est une amélioration, puisse-t-elle être le prélude de toutes celles qu'attend l'enseignement de l'art de bâtir.

L'architecte, ai-je dit, doit être versé dans toutes les parties de son art; il n'est pas nécessaire qu'il soit *expert* dans toutes, il y aurait présomption à lui de le prétendre, injustice aux autres de l'exiger. Cela n'a rien de particulier à la profession d'architecte ; les arts et les sciences gagnent, lorsque chaque érudit s'adonne à une partie ; ce qui ne l'empêche pas d'être instruit et capable dans toutes. J'appelle *expert* celui à qui certaines connaissances sont devenues tellement familières par une pratique de tous les jours, qu'il n'a plus besoin du secours de raisonnemens suivis depuis les élémens, ni de recherches, ni d'une attention si forte qu'elle vienne à faillir au moment le plus critique, pour concevoir la difficulté, réunir toutes les raisons et les objections, discerner les solides des futiles, donner un avis prompt, sûr et motivé. Tel est l'expert qu'on doit choisir ; on le trouvera dans la classe de ceux qui s'occupent spécialement du genre de travail qu'il s'agit de faire ou de vérifier, dessin, toisé ou construction; et l'on ne se contentera pas pour preuve de sa capacité de l'exhibition de sa patente.

CHAPITRE II.

Transition. Sujet général de ce livre ; sujet spécial. Essai sur l'édification des maisons à revenus. Motif de s'appliquer à ce genre d'architecture. Progrès de l'art en ce genre ; excès ridicule. Raison du goût actuel : l'ouvrage y est conforme. Division des matières. Réflexion sur la dernière, le toisé. Conclusion.

Les considérations générales jetées dans le premier chapitre m'ont semblé venir à mon sujet, qui est proprement la construction et le toisé mis en pratique, autrement les principes de l'art de bâtir déduits de l'application aux maisons particulières.

Depuis quelques années on a fait construire beaucoup de maisons dans tous les quartiers de la capitale. Malheureusement un trop petit nombre mérite de fixer l'attention des gens de l'art et des hommes de goût.

Si les architectes qui ont fait les plus remarquables en avaient publié les dessins aussitôt après leur achèvement, ils eussent rendu service au public ; leurs erreurs comme leurs idées heureuses eussent hâté les progrès de l'architecture dans une partie si intéressante, dans la plus usuelle ; on n'eût point, après eux, vu tant de maisons mal construites et encore mal distribuées ; eux-mêmes les premiers eussent profité d'une critique lumineuse et franche, car la plaisanterie perd son sel, répandue dans une matière grave et utile, et, quant aux observations malveillantes, lorsqu'elles sont dirigées contre un homme qui présente avec simplicité et bonne foi l'œuvre de ses veilles, les fruits mûris de son expérience, elles n'obtiennent que le mépris, n'apprenant rien.

J'essaie ce que je me plains que d'autres, plus habiles sans doute que moi, n'aient pas fait : ayant dirigé dans Paris la construction de plusieurs maisons, j'en offre les dessins et l'explication au public instruit et toujours curieux d'apprendre. Il y trouvera du neuf, j'en suis sûr ; l'idée seule de faire de la modeste habitation du citadin le sujet d'un ouvrage d'architecture est neuve, et l'on ne saurait en méconnaître l'utilité. Assez de fois le crayon a mis sous nos yeux les monumens de la Grèce et de l'Italie antique, leurs palais et même quelques restes informes d'édifices particuliers, qu'on s'est appliqué à restaurer sur le papier. Certes, l'art doit de la reconnaissance à ceux qui se sont livrés à ces études ; s'inspirer du génie pur des anciens sera toujours le meilleur : ils ont obéi aux mœurs de leur temps, ils ont usé des moyens propres au pays où ils construisaient ; imitons-les, mais ne les copions pas : nos usages, notre climat, nos matériaux nous prescrivent d'autres formes, d'autres procédés. Ainsi pensent les célèbres MM. Percier et Fontaine, ceux-là mêmes qui ont tant étudié les anciens, qui les ont si noblement imités, et qui nous ont donné un si bel ouvrage sur les *Palais et maisons de Rome*.

Et puis, c'est un concours si rare de chances heureuses, qui seul amène sous la main d'un artiste l'occasion de faire de grands ouvrages! Il faut se résoudre, quelque génie qu'on se sente, à construire ou à réparer des édifices particuliers. Au surplus, qu'on ne s'y méprenne pas : la circulation des biens et la répartition des fortunes, suite du principe bienfaisant de l'égalité civile des conditions, font rechercher également par tous les citoyens dans les habitations, et sauf le plus ou moins de facultés, l'élégant et le commode avec l'utile; le reste est réputé de mauvais goût. Voilà certainement une voie nouvelle ouverte au talent; il peut s'en contenter.

« C'est, dit Palladio, dans les édifices particuliers que se trouvent le plus d'applications. Les maisons, dit-il, sont considérées comme le principe des édifices publics; et de toutes les espèces d'architectures, celle qui s'adonne aux constructions particulières est la plus utile, parce qu'elle est à la fois la plus instructive et la plus usuelle. »

En effet, un édifice public n'est ordinairement composé que d'une seule nature d'ouvrage. C'est un arc de triomphe, un temple, une fontaine;

c'est toujours une masse de pierres de taille élevées en colonnes, en voûtes, en grands murs; c'est toujours un ordre antique avec peu de combinaisons nouvelles. Une maison n'a point le grandiose voulu avant tout dans les monumens; mais elle demande une variété qui rachète ce genre de beauté, elle nécessite des murs en pierre, en moellons, en briques, en platras et des pans de bois; la menuiserie, la serrurerie, la peinture, la vitrerie, la fumisterie s'y déploient. Il y a cette difficulté, qu'il faut trouver dans un espace très étroit tout ce qui est nécessaire, utile et agréable à l'habitation. La difficulté augmente lorsque, comme ici, les maisons sont destinées à loger plusieurs familles; elle est au plus haut point, quand il faut mettre la dépense possible en rapport avec le revenu éventuel.

Un édifice public offre à l'artiste à qui le bonheur échoit d'en être chargé, des facilités que présente bien rarement la construction d'une maison particulière. Là, on a tout l'emplacement désirable, on n'est tenu qu'à de grands et symétriques compartimens, ou à répondre à une pensée déterminée, à satisfaire aux besoins d'un service uniforme et invariable; ici, exiguité de terrain, servitude privée, assujétissement de voierie. Ce n'est pas tout: goût singulier, disons le mot, caprice du propriétaire, ses calculs, sa parcimonieuse spéculation, il faut s'arranger de toutes ces données, il faut marcher avec ces entraves. Si la moindre erreur engendre de grands mécomptes au premier cas, au deuxième elle se glisse, par compensation, dans une foule de parties ; l'un demande un génie profond et savant, l'autre un esprit plein de ressources et surtout riche d'expérience.

Voici, je le répète, les fruits de la mienne. Il ne s'agit point d'édifices somptueux autant que stériles, il s'agit de simples maisons, susceptibles d'être occupées par plusieurs ménages à la fois, destinées à produire un revenu proportionné à la dépense, et par conséquent assises pour la plupart sur un terrain nécessairement très rétréci. Qu'on ne cherche point dans mes distributions, dans mes façades, des proportions académiques ; chaque genre a ses règles : je me suis appliqué seulement à satisfaire, dans l'intérêt du propriétaire, à ce qu'un locataire peut exiger d'après les besoins, les habitudes, la manière de vivre commune des habitans de cette grande ville, chez lesquels on veut que le luxe et l'économie s'allient, mais toujours avec élégance.

Si l'architecture a fait peu de progrès dans la partie monumentale, il faut convenir qu'elle en a fait d'assez marqués quant à la construction privée. Les maisons d'aujourd'hui sont distribuées avec plus de goût et d'élégance ; la face offre un aspect plus agréable, l'entrée est plus grande, l'escalier mieux éclairé, les appartemens plus commodément arrangés, les chambres toutes parquetées, les plafonds ornés, les portes, les croisées, les cheminées d'un goût moins tourmenté.

Toutes, il est vrai, ne sont pas des modèles ; il y a toujours de maladroits et d'avides imitateurs ; plusieurs ont donné dans un excès ridicule et ruineux.

Le petit particulier veut être logé de la même manière que l'homme important ; et celui-ci à son tour ne veut pas affecter une différence entre son habitation et celle du simple citoyen autrement que par des dimensions de localité proportionnée au nombre de personnes que sa position sociale le met dans l'obligation de recevoir. On ne souffre plus en France d'autre manifestation d'aristocratie que celle des richesses que procure l'industrie et le commerce.

Tel est, à mon sens, l'esprit dans lequel la construction par spéculation doit être aujourd'hui dirigée ; telles sont les idées premières dont il faut, ce me semble, que se pénètre quiconque veut bâtir pour placer ses fonds. Mon livre n'a d'autre objet que de montrer la meilleure direction et la réalisation possible de ces idées.

L'ouvrage est composé de dix cahiers sur papier grand-raisin, avec un texte raisonné, car il ne se borne pas à une sèche explication des figures ; j'expose d'abord ce que nos mœurs et le goût le plus universel exigent aujourd'hui dans la distribution générale d'une maison.

Prenant ensuite la carcasse du bâtiment, je traite de la construction des murs, puis de la disposition des façades. Je m'occuperai à fond, et avec toute la précision dont je puis être capable, d'un point bien important, des divers tassemens qui ont lieu pendant et après la construction : j'aurai, à cet égard, à noter les effets inégaux des différens matériaux employés, et je discute les moyens, non pas de les éviter, mais de se garantir des inconvéniens de ces effets.

L'ordre des matières m'amène immédiatement à la charpente ; non que j'aie dessein d'en donner un traité même sommaire : la charpente est un art non seulement divisé en plusieurs branches très distinctes, mais encore dont chacune est susceptible de grands développemens et d'une perfection de laquelle il n'est donné d'approcher qu'à un petit nombre d'artisans instruits et amoureux de leur profession.

Par une raison semblable, il n'entre pas dans mon plan de traiter de la menuiserie, de la serrurerie, de la peinture, etc. ; mais j'en parlerai sous le rapport de la dépense, et j'en poserai les bases de réglement.

Toutefois, avant de passer à cette matière, je fais un résumé comparatif de la valeur des murs de face et de refend, en pierre, en moellons, en pan de bois ; on pourra juger quel est le mode à préférer, eu égard à la dépense. Je fais en outre connaître au juste, par le relevé des mémoires réglés, celle de chaque maison en maçonnerie, charpente, serrurerie, couverture, menuiserie, plomberie, marbrerie, fumisterie, vitrerie, sculture, etc. Ceux qui bâtissent seront bien aises d'avoir, pour terme de comparaison, un état de dépense réelle et non hypothétique.

Je termine l'ouvrage par un mode de toiser qui m'est particulier. Je ne veux pas dire par là que j'aie rien inventé : je ne change, vaine innovation ! ni l'unité de comparaison, ni les termes techniques, mais je précise les élémens d'évaluation des divers ouvrages. J'ai suivi ce mode dans le toisé et vérification des travaux dont il s'agit. J'espère qu'il obtiendra de mes lecteurs la même approbation qu'il reçut des architectes et des vérificateurs, lorsque j'en fis, pour la première fois, usage pour des travaux au compte du gouvernement.

Le toisé a fait le sujet de quelques écrits, mais ils donneraient volontiers à penser que leurs auteurs ont considéré trop légèrement cette partie spéciale de l'architecture. Ai-je fait mieux, je ne sais : le lecteur en jugera. Ce que j'affirme, c'est que j'ai rapporté ce que j'avais appris par pratique, au moins dans la maçonnerie, non seulement en dirigeant comme architecte l'exécution de bâtimens considérables, mais encore en commençant par travailler, comme maçon, de mes propres mains.

La difficulté d'un traité parfait de toisé consiste (j'ai eu lieu de le remarquer dans les fréquentes discussions soutenues sur ce sujet) à déterminer le rapport précis de chaque ouvrage à l'unité généralement adoptée, sans tomber dans des calculs minutieux, interminables et dénués d'intérêt.

De toutes les parties du bâtiment, c'est la maçonnerie dont le toisé entraîne à plus de développemens, exige le plus de pratique.

Et c'est dans les travaux particuliers que se rassemblent tous les genres d'application; les travaux publics, sur une plus grande échelle, sont moins compliqués.

Or, l'absence d'un mode fixe de toiser se fait surtout sentir dans ceux-là, car, pour l'administration, toujours elle établit d'avance à cet égard sa règle. Il en est autrement des travaux faits pour le compte des particuliers : chacun y suit la méthode qui convient à son intérêt actuel, se fondant, pour avoir un prétexte de s'écarter plus ou moins de l'équité, sur de prétendus usages, de l'universalité, de l'ancienneté, de la constance et surtout de la raison desquels personne ne se rend bien compte.

Cet arbitraire est préjudiciable aux vrais intérêts des entrepreneurs et des propriétaires. Ceux-ci engagés par un bas prix, ne considèrent ni l'unité qui servira de base à l'évaluation des ouvrages à faire, ni le rapport de ces divers ouvrages à l'unité. Cependant l'entrepreneur délicat passe pour cupide ou pour peu expert dans son art, et est écarté par l'homme à deux ententes.

Autant donc que mes forces y suffisent, je viens à l'aide et de celui qui forme un projet, et de celui qui pourrait en accepter l'entreprise. L'un excédera-t-il la dépense qu'il se propose de faire, l'autre atteindra-t-il le gain légitime qu'il a en vue? Des observations expérimentales, des dessins réalisés, à côté la dépense effective, puis le toisé suivi dans la réception des ouvrages, enfin les édifices qui sont là sous tous les yeux, fixeront, je l'espère, leurs idées.

En fait de bâtimens, il y a si loin des probabilités aux effets, et les calculs sont si trompeurs ! Dès qu'il s'agit d'un placement de fonds, il faut songer aux locations possibles ; il faut se garder des flatteries de l'imagination qui agrandit un terrain, qui fortifie des fondations, qui éclaire un lieu sombre, qui captive l'humeur processive de voisins jaloux de leurs droits, qui aveugle et endort la police de voirie, qui par dessus tout se joue avec les chiffres, et fait comme elle veut la dépense. Des réalités, des points de comparaison fixés, voilà ce qu'il faut à l'entrepreneur aussi bien qu'au propriétaire ; voilà, je le répète, ce que je leur offre : un traité-pratique de construction de maisons de ville, susceptibles de revenus ; un recueil méthodique de documens précieux surtout pour les théoriciens.

J'aurais pu, comme tout autre, on le pense bien, faire parade de science; non! il en traîne partout. En deux mots, tel est le caractère propre de ce livre, que tout ce que j'y ai dit, je l'ai fait.

PRINCIPES GÉNÉRAUX

POUR

L'ÉDIFICATION

DES MAISONS PARTICULIÈRES.

CHAPITRE III.

Toute construction doit réunir trois qualités, sans lesquelles, dit Vitruve, elle ne mérite aucune approbation : l'utilité, la solidité, la beauté.

On conçoit bien que ces qualités ne sont pas requises comme absolues. L'*utilité* a une étendue relative, depuis la nécessité la plus urgente jusqu'à la commodité la plus recherchée, selon que le maître de la chose a en vue, comme on l'a dit au commencement de ce livre, ou la satisfaction d'un besoin, ou un placement productif, ou l'agrément et le voluptuaire. Une maison est *solide* quoiqu'elle ne pût supporter un étage de plus, si d'ailleurs elle est stable (voyez la définition de ce mot dans le chapitre précédent) : cependant un pont est frêle, s'il tremble sous les lourds fardeaux qui roulent sur son pavé. Ce qui est simple, ce qui est propre et net, est *beau* comme ce qui est riche et orné, comme ce qui est superbe et magnifique. Il suffit, mais il est nécessaire que toutes les parties de l'édifice aient entre elles une concordance qui frappe les yeux; que l'édifice paraisse être de tous points approprié à l'usage pour lequel il est destiné; qu'il dissimule ce qui offusque, ce qui surabonde ou est incomplet; qu'il simule, au contraire, des pendans qui, en réalité, seraient d'un usage incommode. Alors il est beau, car la beauté, en tout, c'est l'apparence de la bonté; la symétrie, la convenance, dans le sens le plus étendu, est un besoin de l'esprit humain; le désordre et la confusion son supplice. Comme les besoins de l'esprit, naturels ou factices, sont plus impérieux peut-être que ceux du corps, tous nos sens renvoient à notre esprit des idées vives de laideur ou de beauté sur toute chose; c'est là surtout ce qui nous distingue des brutes.

Ainsi l'édifice doit d'abord remplir les vues du maître; voilà pour l'*utilité*. Il doit ensuite être stable, c'est-à-dire avoir une *solidité* relative; car il faut qu'il subsiste et qu'il dure puisqu'il est jugé bon et utile. Enfin, ce qu'il a d'utile et de commode doit être généralement aperçu, senti, goûté; s'il ne l'est que par le seul possesseur, on peut croire ou qu'il y a plié ses habitudes, ou que c'est un homme singulier : en tous cas l'œuvre peut être bonne, mais elle n'est pas *belle*.

Ainsi encore, quoique les trois qualités doivent coexister, elles ont entre elles une certaine hiérarchie : l'on peut dire avec raison que l'utilité est la première, la solidité la seconde, la beauté la troisième.

Mais toutes trois sont également essentielles; car la moins nécessaire, ce semble, la beauté, attire et engage à connaître et à user. Sans attrait, un ouvrage reste inaperçu, inapprécié, ou même mésestimé. Ainsi, à vrai dire, la *beauté* met la chose en valeur, et n'est pas moins que la *solidité* un élément constitutif de son *utilité*.

Or, il n'est point d'œuvre, si parfaite qu'elle soit, qui ne pèche par quelque endroit aux yeux de l'imagination. C'est cette imagination que l'art est chargé de satisfaire en la dirigeant, en réprimant ses écarts, et sans nuire à l'utilité : *Hic, labor, hoc opus*. C'est à l'accord du bon et du beau que l'artiste se fait reconnaître.

J'ai montré précédemment combien cet accord désirable était plus difficile à rencontrer dans l'édification des maisons particulières que dans les grands monumens. Les raisons en sont palpables ; elles sont trop présentes à l'esprit de mes lecteurs pour que je rappelle ici mes paroles. Si donc la difficulté vaincue, dans les choses utiles, est la source de tout mérite, un architecte peut espérer de se placer honorablement au rang des artistes, ne s'adonnât-il qu'au modeste mais difficultueux genre d'architecture traité dans ce livre. Heureux, lorsque en obtempérant comme il le doit, après ses observations raisonnées comme artiste et comme particulier, aux exigences du propriétaire sur les arrangemens et distributions qui d'ailleurs ne violent ni les règles de la construction, ni les lois de la voirie et du voisinage, règles et lois de l'observation desquelles il est personnellement tenu, il a su conserver à son ouvrage un effet général encore satisfaisant!

Cet effet désirable on l'obtiendra, pourvu, 1° que l'entrée soit belle et spacieuse; 2° que l'escalier se présente bien; que les marches, assez larges, ne soient pas trop hautes; que des repos en interrompent le service d'un étage à l'autre; qu'un jour direct, autant que possible, l'éclaire; 3° que les appartemens soient précédés d'une antichambre communiquant par autant de portes dans chacune des principales pièces; qu'aucune ne se commande; que les croisées, les portes, les cheminées, soient disposées de manière à laisser un emplacement convenable pour l'ameublement; 4° que les cabinets d'aisances soient tout à la fois dans l'appartement et dehors; que les cuisines des grands appartemens en soient tout-à-fait séparées, celles des petits dans l'intérieur, mais aérées et éclairées du dehors; 5° que plusieurs issues, des escaliers de dégagement, une cour dans les corps de logis doubles en profondeur, de l'eau, des écuries, remises, greniers, bûchers s'il y a de grands appartemens, mais toujours des caves sous tout le bâtiment habitable, ou du moins en quantité suffisante en raison du nombre de ménages qui peuvent s'y loger, viennent augmenter les commodités de l'habitation, et procurent d'autant plus de facilité pour louer, et par conséquent un revenu plus élevé et surtout plus assuré, sans beaucoup plus de dépense d'établissement.

Il convient de reprendre par le détail chacun de ces principaux objets de la distribution générale d'une maison bourgeoise; car dire qu'il faut que les choses soient bien, c'est ne rien apprendre. Qu'est-ce qui constitue ce bien? voilà ce qu'il importe de savoir; voilà aussi ce qu'une expérience raisonnée peut enseigner mieux que toutes les théories. Ce n'est pas un modèle imaginaire qu'on présentera dans ce livre, ce sont des plans exécutés. Qu'on n'y cherche donc pas la perfection idéale, mais un mieux relatif. Soit que je l'aie atteint, soit qu'il m'ait échappé par ma réussite ou par mes fautes, j'instruirai toujours.

§ I.

De l'Entrée d'une maison.

Suivant notre principe, que la beauté n'est autre que l'apparence de la bonté, nous donnerons à une entrée de maison l'apparence de ce qui rendrait cette maison commode et solide; et cela n'exclut aucune des diverses formes d'entrée en usage : porte cochère, porte bâtarde, allée.

Ainsi, la porte cochère doit fournir un passage aisé aux voitures bourgeoises, dont la voie est, comme on sait, de cinq à six pieds. Ajoutez la place des bornes ou chasse-roues, vous ne pouvez pas mettre moins de neuf pieds de large au passage, avec un ouverture de porte de huit pieds : mais c'est bien là le plus étroit, et ce qui suffirait dans une maison peu fréquentée ne serait pas beau dans toute autre; car il semble que si peu de place ne laisserait pas de retraite aux piétons qui se rencontreraient avec une voiture dans ce passage. Douze pieds de large plairaient, si les côtés étaient relevés d'un trottoir : la largeur entre ces deux dimensions variera suivant la profondeur du corps de logis.

La hauteur de la porte et du passage devra non seulement être, mais paraître, à raison de la largeur, suffisante pour que toute voiture susceptible de fréquenter la maison y passe avec le cocher sur son siége.

Quant aux portes bâtardes, ainsi appelées parce qu'elles tiennent de la porte cochère et de celle d'allée, elles sont à un ou à deux ventaux; et dans ce dernier cas elles doivent donner ouverture à un vestibule de la largeur de deux ventaux. Si l'un des deux est simulé, cela cause une surprise désagréable; il semble qu'on va, en entrant dans l'allée, se frapper le front contre le mur. Généralement il n'y a qu'une raison de symétrie qui puisse faire tolérer une porte feinte à deux ventaux à l'intérieur ou à l'extérieur, lorsque la place n'en permet pas le développement.

Une allée doit avoir au moins, pour être agréable, quatre pieds de large, avec une ouverture de porte de trois pieds et demi : il faut que l'œil juge que deux personnes s'y rencontreront sans se heurter. Cette entrée, moins noble que les autres, est néanmoins susceptible d'une certaine beauté ; la propreté, le jour et l'air y concourront essentiellement.

§ II.

De l'Escalier.

Nous l'avons dit, quoique la beauté, en toute chose, soit la moins importante des questions, quoique l'agréable ne doive être estimé et recherché qu'après l'utile et le nécessaire, c'est par ce qui flatte l'imagination qu'il faut commencer pour attirer vers l'utile, ce qui a réellement du prix. C'est la propriété d'une chose à l'usage auquel on la destine qui fait son prix ; c'est cette propriété qui doit d'abord frapper les yeux.

La beauté d'un escalier, c'est de paraître mener commodément à toutes les parties de la maison ; c'est donc précisément de se présenter à l'arrivant comme un serviteur officieux et empressé, qui vous aide à monter chez vous ou chez ses maîtres que vous visitez. Si la localité n'a pas permis de l'offrir d'abord aux regards, qu'une marche ou deux en indiquent dès l'entrée la place et la direction. C'est bien ensuite un jour égal et suffisant, c'est encore la régularité des degrés dans chaque série d'un étage à l'autre; des marches de hauteur différentes, une ombre projetée dessus, font hésiter le pied : quelque ornée que soit une cage d'escalier, il n'est rien de charmant pour un esprit inquiet. C'est enfin d'être d'une montée douce et cependant accélérée. Chacun a pu éprouver par soi-même que six pouces était une hauteur déjà forte, qu'au dessous de cinq pouces il semble qu'on n'avance pas, et qu'à sept pouces on est d'autant plus fatigué qu'on n'a pas rencontré de repos dans la série, et que le giron s'est trouvé étroit; car on ne fait les marches hautes que parce que la largeur de la cage de l'escalier n'est pas proportionnée à la hauteur des étages ; ainsi cinq pouces et demi de hauteur, douze pouces de profondeur ou de giron, outre un pouce et demi pour la saillie de la moulure, feront le type dont il ne faudra s'écarter que par nécessité. Plus la cage est étroite et l'étage haut, plus la montée sera rude, et réciproquement. Il faut s'efforcer de faire en sorte que les deux accidens ne se rencontrent point ensemble, mais il y a des difficultés souvent presque insolubles et qui viennent de la hauteur différente des étages, dans cette partie plus qu'ailleurs. C'est le cas d'appliquer la maxime : « De deux maux le moindre. »

§ III.

Des Intérieurs.

Le rez-de-chaussée est destiné, suivant les quartiers, à des boutiques, cuisines, magasins, écuries, remises, etc. On n'a pas de règle à poser à cet égard.

Mais l'espèce de maison dont ce livre traite spécialement, exige autant et plus que tout autre un portier. La véritable place de la loge du portier est au rez-de-chaussée, au plus haut à l'entresol dans les maisons à allée, si l'escalier se présente bien.

Les propriétaires qui, le pouvant, ne font pas d'une loge une pièce propre, claire et habitable, n'entendent point leurs intérêts ; la loge est un échantillon de la maison.

Il faut aujourd'hui, dans le moindre appartement, cinq pièces fondamentales ; antichambre, salle à manger, salon, chambre à coucher, cuisine. Le locataire en disposera comme il voudra; mais le propriétaire doit distribuer ainsi. Autrefois le marchand, après avoir travaillé trente ou quarante ans, établi ses enfans et cédé son fonds de commerce, remontait de sa boutique dans les chambres hautes de sa maison : il y trouvait deux pièces, l'une servant d'entrée et de salle à manger, éclairée sur la cour par une seule fenêtre avec cuisine à côté, l'autre sur la rue, faisant chambre à coucher, ornée. La simplicité des mœurs d'alors, chez cette honorable classe de citoyens, rendait inutile l'antichambre et le salon, et l'usage leur en était inconnu. Autres temps, autres mœurs : nous sommes aujourd'hui tous gentilshommes, tous nobles ; nous bâtissons pour nos contemporains et nos successeurs, et non pas pour nos anciens et nos pères.

Il est indispensable que de la salle à manger on parvienne directement au salon. Il est très commode que l'antichambre y communique aussi, afin que des visiteurs qui n'ont point été priés à dîner puissent attendre au salon que les convives soient levés de table sans les troubler par leur arrivée prématurée, ou, s'ils sont venus auparavant, se retirer sans avoir vu le couvert mis pour d'autres qu'eux.

Généralement il faut éviter que les pièces se commandent les unes les autres. Le beau, mais le difficile, est qu'elles aient toutes une communication avec l'antichambre. Dans les maisons doubles en profondeur, l'appartement tourne, et la distribution proposée est plus facile. Quant aux corridors intérieurs, il faudra mettre en balance avec leur commodité, l'inconvénient qu'ils prennent du terrain et diminuent les pièces logeables.

Les portes à deux ventaux sont très recherchées ; il semble à bien des gens qu'un logement n'est point *appartement* s'il n'en a. Cependant, tout emplacement n'en est pas susceptible, et une porte à deux ventaux trop étroite n'est pas belle, parce qu'au premier aspect elle offre un passage gêné par un seul ventail, ou embarrassant par les deux. Une baie de porte d'intérieur ne peut pas avoir moins de deux pieds de large ; toute porte à deux ventaux qui a moins de quatre pieds, et qui, par conséquent, n'offre pas un passage par un seul ventail de deux pieds, est d'un effet peu agréable : on doit y préférer une porte à un seul ventail de deux pieds six à deux pieds huit pouces.

Les croisées, les portes, les cheminées, sont des objets dont le premier mérite est sans contredit l'utilité ; il faut donc les disposer de manière que l'habitation soit close, éclairée et chaude ; mais aussi qu'elles laissent aux meubles, plus immédiatement nécessaires, l'emplacement convenable. Mais que deviendra par ces exigences la façade, la façade dont le mérite propre est la beauté, l'élégance, la symétrie? Une façade agréable est aussi chose utile : est-ce la distribution intérieure qui commandera la façade, ou celle-ci celle-là? Ce sujet sera traité un peu plus loin.

§ IV.

Des accessoires.

Voici des choses bien nécessaires, et je les nomme accessoires; c'est qu'elles le sont par rapport à mon sujet. Leur genre de beauté est de se cacher aux regards distraits ou charmés, de se faire apercevoir promptement à l'œil qui les cherche, d'être d'un facile accès et d'un commode usage. Architectes, imitez la politesse, la délicatesse du langage, qui cache sous ses expressions les plus détournées ce dont les besoins naturels et les nécessités pressantes réclament les commodités; imaginez des cabinets que l'odeur ne trahisse point; et pour cela, donnez-leur beaucoup d'air extérieur. Que s'il y a impossibilité, pratiquez un trémis à jour par le haut, avec un courant d'air par le bas. Autant que possible cette fausse-cour éclairera en même temps qu'elle aérera les cabinets à tous les étages.

Ces observations sont également applicables aux cuisines. Celles des grands appartemens doivent en être absolument séparées; il n'en est pas de même des petits. Dans les ménages bourgeois, la dame aime à l'avoir à sa portée et sous sa clef. C'est une difficulté de plus, la nécessité d'y donner de l'air et du jour extérieur étant la même: les cuisines et les lieux d'aisances renfermés dans l'intérieur de l'appartement, sans air ni jour directe, ont de graves inconvéniens ; si néanmoins le propriétaire en veut de tels, avertissez-le bien, et puis faites, selon son désir, le moins mal possible.

Ce n'est que dans de vieilles et sales maisons que la décente ne dissimule pas sa forme et son empiétement sur la cage d'escalier. Il est répugnant aussi d'y voir des cabinets d'aisances ; si la personne qu'on va visiter est rencontrée y entrant ou en sortant, qu'on est confus de part et d'autre !

Quand vous n'êtes pas gêné par le terrain, faites plusieurs chambres, les unes avec cabinet de toilette, les autres pouvant servir de bibliothèque, de boudoir ; aux appartemens, des issues de retraite, des escaliers de dégagement. Quand vous n'êtes point gêné par le terrain, c'est-à-dire quand le propriétaire ne vous demande pas d'en doubler en quelque sorte l'étendue, faites bien, vous le pouvez sans beaucoup de peine ; votre mérite en ce cas consiste à profiter de l'occasion qui vous permet de déployer votre goût.

§ V.

De la Décoration des Intérieurs.

La voûte d'entrée est à plafond droit ou cintré. Une corniche va très bien à la première ; des compartimens, des caissons, des rosaces l'embelliront encore beaucoup ; mais ces choses, ornement d'un plafond, sont de rigueur dans une voûte en berceau, qui sans cela serait d'un aspect triste et froid, et semblerait une entrée de cave.

Les parois des entrées seront enrichies de pilastres, de niches ou autres ornemens.

La cage d'escalier ne sera décorée que de quelques niches dans la hauteur du rez-de-chaussée, si ce n'est que la cage ait au moins dix-huit à vingt pieds en tous sens, et qu'elle ne soit pas plus haute que le plafond du premier étage : alors on peut l'orner de colonnes, de pilastres, de niches, de peintures et autrement ; on n'y fait jamais d'ornemens d'architecture au dessus des portes et croisées, on se contente de faire au pourtour de ces portes et croisées un chambranle léger, uniquement pour couvrir la nudité des murs : beaucoup de saillies seraient sans objet et par conséquent sans agrément, et d'ailleurs l'accès de l'escalier doit paraître libre.

Le plafond de la cage sera orné d'une corniche, et au milieu d'une rosace avec un tire-fond pour accrocher la lampe. Si au lieu d'un plafond c'est un vitrage, comme le premier objet d'une lanterne est de donner du jour, tout ce qui semblerait l'obstruer serait de mauvais goût.

Pour les appartemens, leurs décorations doivent être variées ; la variété est pour l'esprit une cause de plaisir, en ce qu'elle indique une richesse et d'imagination et de facultés. Rien n'est triste, parce que rien n'est mesquin comme cette profusion qui affecte le luxe, dans certaine grande construction particulière, d'ornemens et de figures en plâtre toutes sorties du même moule. La même corniche répétée dans deux pièces, quelle pauvreté! A-t-on voulu épargner la façon d'un second calibre? a-t-on supposé les habitués de la maison trop peu connaisseurs pour être frappés de cette fastidieuse répétition?

Mais la variété qui plaît n'est pas le produit du caprice, elle veut être raisonnée; chaque pièce a son usage propre, et, si j'ose dire, son caractère, et la décoration doit y répondre. L'antichambre admet les étrangers de toute condition; la salle à manger, les intimes; le salon, les gens de bon ton; la chambre à coucher, la famille; le cabinet d'étude, des personnes sérieuses ou préoccupées. Le système et les détails d'ornemens seront donc, dans l'antichambre, plus simples; dans le salon, plus riches; dans la chambre à coucher, plus gracieux; dans le cabinet d'étude, plus austères.

Et tout cela s'applique aux différens étages; la décoration de chacun lui sera propre; ce qui convient à l'un ne saurait faire qu'un mauvais effet dans l'autre, ne fût-ce que par cette raison que la hauteur des étages supérieurs va toujours en diminuant. On ne répétera donc point au deuxième et au troisième étages des ornemens employés au premier; principalement, on chan-

4

gera la forme et les moulures des portes d'entrée, qui peuvent frapper en même temps les mêmes yeux. Et qu'on ne pense pas que cette variété occasionnera plus de dépense ; il n'en coûte pas plus de suivre tel profil que tel autre : le menuisier variera indifféremment ses paremens et profils de portes et de chambranle; l'architecte seul qui les dessinera aura plus de travail.

DE LA

CONSTRUCTION DES MURS

EN GÉNÉRAL.

CHAPITRE IV.

DES MURS EN PIERRE DE TAILLE ET DE LA MANIÈRE DE POSER LES ASSISES.

Les assises, avant d'être posées, doivent être taillées sur leur lit, sur leurs joints et sur leurs paremens; mais l'essentiel est que les lits soient taillés bien droit et que tout le bousin en soit ôté, c'est-à-dire que le dur de la pierre soit atteint.

Pour la pose, je ne proposerai pas la manière dont quelques monumens anciens ont été faits, qui était de frotter les assises l'une sur l'autre afin de les faire joindre : il résultait de ce travail plus de solidité et plus de beauté; mais il deviendrait trop dispendieux, pour qu'on pût l'employer dans la construction des maisons particulières; d'ailleurs, on ne l'emploie même pas dans la construction des édifices publics.

Voici la manière dont on pose ordinairement les assises en pierre de taille. On met à chaque angle des assises une calle en bois de chêne d'environ deux à trois pouces de longueur sur douze à quinze lignes de largeur, et de deux à trois lignes d'épaisseur, en ayant soin de ne les pas approcher trop près des arêtes, de les reculer, au contraire, de deux à trois pouces, suivant que le mur a plus ou moins d'épaisseur : si on mettait ces calles en petites nappes de plomb ayant même dimension que celles en bois, l'ouvrage n'en serait que mieux et moins sujet à faire des épaufrures sur le bord des arêtes, par la raison que le plomb est plus souple que le bois.

Pour remplir les joints des assises en pierre *dure*, on aura soin de ne pas les couler comme quelques ouvriers le font, mais de les ficher. Ce travail se fait avec de bon mortier de chaux et sable fin qu'on introduit dans les joints avec un outil en fer plat et à dents qu'on nomme fichoir. Pour être certain que les joints sont bien remplis, il ne faut pas attendre qu'il y ait plusieurs assises de posées, il faut au contraire remplir les joints au fur et à mesure qu'on les pose.

Les assises en pierre tendre se posent de même que celle en pierre dure, mais les joints ne peuvent pas être remplis de la même manière : cette pierre étant spongieuse, on n'aurait pas le temps d'y introduire le mortier en employant le même moyen. Celui de le faire est d'y introduire du plâtre ou du mortier fin par les joints perpendiculaires et au dessus de chaque assise, auxquels on pratique une rigole ou tranchée à ce sujet, en ayant soin aussi de laisser plusieurs ouvertures aux joints des lits, afin de donner la facilité au coulis de s'introduire sur toute la surface sans être arrêté par l'air comprimé. Mais avant d'introduire le coulis, on doit, et à plusieurs reprises, y faire couler de l'eau, afin que la pierre n'aspire pas trop vite le coulis et l'empêche de se répandre sur toute la surface des lits.

DES MURS DE CAVES OU DE FONDATION.

Lorsque les fouilles seront faites, et qu'on aura atteint le solide, on fouillera sous chaque mur une rigole d'un pied de profondeur plus bas que le sol des caves, pour y poser les murs. Cette précaution est très essentielle ; elle sert de fondation aux murs des caves, et empêche que, par la suite, les murs ne se trouvent déchaussés par quelque ouvrage de terrassement qu'on y pourrait faire, ce qui occasionerait un véritable danger, et ferait faire un tassement aux parties de mur qui se trouveraient déchaussées. Les murs dans les rigoles auront quatre à six pouces de plus d'épaisseur que ceux au dessus pour plus de solidité, et afin d'indiquer le sol des caves ; les murs de face en fondation auront deux pieds et demi d'épaisseur ; ceux de refend ou de l'intérieur auront deux pieds, et ceux qui ne devront supporter que des pans de bois auront un pied et demi ; les dosserets et jambages des portes de caves seront construits soit en moellon ou soit en pierre : cette dernière construction est préférable, et n'occasionne pas une grande dépense. Lorsque l'édifice doit avoir une grande hauteur, on doit construire une chaîne en pierre sous tous les points d'appui principaux ; dans le cas contraire, on placera un libage dans le bas de la fondation et un dans le haut, sous la première assise en élévation. Tous ces murs doivent être construits en bon moellon dur, taillé sur ses lits, joints et paremens, c'est ce qu'on appelle moellon piqué ; ou bien le moellon sera taillé plus grossièrement, ce qu'on appelle moellon essemillé.

Je n'approuve pas la manière de Palladio, qui conseille de donner pour épaisseur aux murs en fondation, le double de celle que doit avoir le mur en élévation ; voici pourquoi.

Il est à la connaissance de tous les constructeurs que le moellon qu'on emploie ordinairement dans la construction n'a environ que neuf à douze pouces de longueur, et qu'en outre il est rarement d'égale épaisseur, c'est-à-dire qu'il est plus mince d'un bout que de l'autre : pour ceux des moellons qui ont cette forme, les ouvriers sont forcés de mettre une calle sous la queue, afin de les mettre d'aplomb sur la face et de niveau sur l'arrase, ce qui n'est pas bien certainement une bonne construction ; mais c'est comme cela, et les ouvriers ne veulent pas faire autrement ; bien heureux encore quand on peut obtenir d'eux de mettre les moellons en boutisse, c'est-à-dire en travers le mur, au lieu de les mettre en paremens ou en rôti, comme ils l'appellent, et comme ils le font presque toujours. Il en résulte que la plupart du temps les murs se trouvent mal remplis dans l'intérieur, ce qui fait que beaucoup de ces murs ne sont soutenus que par les deux paremens.

J'avance à ce sujet une assertion qui mérite attention. Un mur qui n'aura pas moins de deux pieds et demi à trois pieds d'épaisseur peut être bien fait, tandis qu'un autre mur qui n'aura que deux pieds ou dix-huit pouces d'épaisseur peut être d'une mauvaise construction. Voici comment. Dans un mur qui a deux pieds et demi à trois pieds d'épaisseur, les moellons qui forment le parement, et dont la longueur est de six, neuf, douze, quinze et dix-huit pouces, ces moellons étant bien posés alternativement, laissent dans l'épaisseur du mur une distance assez grande pour qu'on puisse y placer des moellons à plat, c'est-à-dire sur leur lit, de manière à les lier avec ceux posés en parement. Il n'en est pas de même pour les murs de dix-huit pouces à deux pieds d'épaisseur : les ouvriers ont l'habitude, et cela ne peut se faire autrement, de poser en premier lieu les moellons qui forment parement ; et comme la distance qui existe entre ces moellons de parement est petite, ils la remplissent avec des moellons posés de champ, et souvent ils sont posés à sec, sans mortier ni plâtre. Le même inconvénient ne peut pas avoir lieu pour un mur qui n'aurait qu'un pied ou quinze pouces d'épaisseur; car les moellons qui, pour la plupart, traverseraient toute l'épaisseur du mur, ou à peu de chose près, ne laisseraient aucun vide dans son épaisseur, et par conséquent il serait moins sujet à se fendre dans son épaisseur, ce qui est très dangereux et est cause de sa ruine. On voit que ce n'est pas toujours l'épaisseur d'un mur qui en fait la solidité; qu'elle dépend plutôt en partie de la qualité des matériaux et de la manière dont il a été construit. Ainsi, pour revenir à ce que je disais, que, pour plus de solidité et plus d'économie, les murs en fondation ne doivent pas avoir le double de l'épaisseur de ceux en élévation, c'est que ceux-ci ne se trouveraient posés que sur la queue des moellons formant les deux paremens du mur en fondation; tandis qu'en ne faisant les murs en fondation que de six pouces de plus d'épaisseur, il restera un empatement de trois pouces de chaque côté; de sorte que le mur en élévation se trouvera porter sur le plus solide du mur en fondation. Il n'y a que pour les grands édifices, dont les fondations sont en pierre, que l'on doit observer un empatement d'environ un pied de chaque côté des murs en élévation.

 Tous ces murs et voûtes seront maçonnés avec mortier de chaux et sable.

 Les voûtes de cave seront faites en moellon,

soit piqué, soit essemillé. On donnera d'épaisseur à la clé 15 à 18 pouces; les reins des voûtes seront remplis et mis de niveau avec l'extrà-dos afin d'éviter la poussée. Au niveau ou même sous le sol des caves on creuse les fosses d'aisance; il faut les construire en meulière, avec mortier fait en chaux de Senonges et sable de rivière, et enduire l'intérieur en pareil mortier bien repassé. Quand ces fosses sont bien faites, elles retiennent le liquide comme un vase de faïence.

Pour que ces fosses n'éprouvassent pas l'effet du tassement causé par la charge des murs auxquels elles sont adaptées et liées, ce qui occasionne des gerçures, et par conséquent des filtrations, il faudrait qu'elles fussent entièrement détachées, de manière à ce qu'on pût circuler autour et que la voûte ne se trouvât pas non plus liée avec celle des caves. Mais dans le cas où l'emplacement ne permet pas de les isoler, on doit attendre que le bâtiment ait fait son tassement avant de faire les enduits.

DES MURS EN ÉLÉVATION.

Les murs en élévation de l'intérieur et de l'extérieur des maisons doivent être construits en moellons durs, maçonnés en mortier de chaux et sable jusqu'à la hauteur du premier plancher; le surplus de la hauteur des murs sera construit de même, et maçonné soit en plâtre soit en mortier fait comme ci-devant, suivant que le plâtre sera à plus ou moins bon marché dans le pays.

Aux murs de face qui seront construits en moellons, on mettra par le bas deux ou trois cours d'assises; celle du dessus formera retraite: les jambages de porte cochère seront de même construits en pierre. Si le mur de face doit être construit entièrement en pierre, on pourra continuer le mur jusqu'à la hauteur du premier étage, soit en pierre dure, soit en pierre de Vergelet, suivant que les trumeaux ou jambages auront plus ou moins de largeur : le surplus de la hauteur sera en pierre tendre ainsi que l'entablement. Les bandeaux, plinthes et appuis des croisées seront en pierre dure.

Aux corniches qui supporteraient un balcon, on doit faire la cimaise supérieure sur laquelle porte le balcon en pierre dure. Aux murs de refend on doit mettre par le bas un cours d'assires en pierres dures faisant toutes parpain. Cette assise donne plus de solidité aux murs, et évite de faire les enduits jusque sur le sol, lesquels enduits sont susceptibles d'être détériorés par l'humidité.

On construit assez ordinairement des tuyaux de cheminée dans l'épaisseur des murs de refend : on doit faire les deux languettes extérieures en briques posées à plat, et non en briques posées de champ, ni en languettes en plâtre pigeonné, comme quelques uns le font. L'intérieur des tuyaux doit être bien enduit, soit en plâtre ou en mortier de chaux et sable.

Depuis quelque temps on fait les tuyaux de cheminée des appartemens de forme circulaire; on leur donne neuf à dix pouces de diamètre; on emploie pour ce travail des briques circulaires faites exprès : on en fait aussi en tuyaux de fonte de même diamètre ; on fait encore des tuyaux de cheminée dans l'épaisseur des murs, sans employer ni briques ni fonte. Ces tuyaux se font par le moyen d'un mandrin en bois de forme cylindrique de 9 pouces de diamètre et d'environ 4 pieds de longueur, lequel est divisé en trois parties dans son diamètre, dont celle du milieu forme la clé (comme un embouchoir de botte), afin de pouvoir retirer le mandrin à mesure que le mur s'élève. On place ce mandrin au milieu de l'épaisseur du mur, contre lequel on fait joindre les moellons qu'on taille grossièrement en forme circulaire ; de sorte qu'en posant les moellons, le mur, les tuyaux et l'enduit de ce dernier se trouvent faits en même temps. Cet ouvrage est bon par la raison que l'enduit de l'intérieur du tuyau n'est pas susceptible de se détacher, comme il arrive souvent pour ceux qui sont faits après la construction du mur ; ces tuyaux circulaires ne peuvent se faire que dans un mur hourdé en plâtre et non en mortier.

On peut aussi faire les tuyaux de cheminée

adaptés aux murs mitoyens par ce même procédé, c'est-à-dire avec le mandrin qu'on posera à une distance du mur d'environ six à huit lignes. S'il y a plusieurs tuyaux, on aura autant de mandrins que de tuyaux, entre lesquels on laissera un espace d'environ trois à quatre pouces ; puis avec du plâtre au panier et des plâtras, on garnira le pourtour de ces mandrins, et les tuyaux se trouveront faits. On aura soin de faire de forts arrachemens dans le mur afin de les lier ensemble de manière à ce qu'ils ne puissent s'en détacher.

Afin de pouvoir placer les cheminées aplomb les unes sur les autres et aussi de faciliter le passage de la fumée, on ne fera commencer chaque tuyau circulaire qu'à partir du plancher haut de l'étage où sont placées les cheminées, et la partie en contrebas se fera en briques de même que les premières, en s'élargissant en descendant jusqu'au manteau.

Ces tuyaux circulaires ne peuvent pas être dévoyés, ils doivent être aplomb et ne peuvent pas servir pour les cheminées dans lesquelles on fait un grand feu et dont le manteau est à une grande hauteur, telles que celles de cuisines, fours, forges, etc.

On évitera de faire poser des planchers sur les murs dans l'épaisseur desquels on aura pratiqué des tuyaux de cheminée, par la raison qu'ils se trouvent creux dans presque tout leur entier.

Les murs et pans de bois, tant de l'intérieur que de l'extérieur, seront maintenus et liés ensemble par le moyen de chaînes et d'ancres en fer. Les chaînes se posent dans l'épaisseur des murs et à plat, et les ancres aussi dans l'épaisseur des murs qui sont en pierre, et à la surface extérieure de ceux qui sont en moellon ; on aura soin d'incruster ces dernières de leur épaisseur, de peur qu'elles ne viennent à tomber ou que leur saillie ne gêne le voisin, qui les ôterait, ce qui nuirait beaucoup à la solidité. On doit poser de ces chaînes et ancres à chaque hauteur de plancher, on doit aussi attacher et lier les pans de bois au fur et à mesure qu'ils se posent, par le moyen de plates-bandes en fer posées sur tous les joints des sablières. Aux extrémités joignant un mur on mettra un tirant et une ancre posés dans des entailles à fleur du bois. D'étage en étage, on posera à toutes les poutres et principales solives des planchers dits d'enchevêtrure, un tirant, soit à œil pour recevoir l'ancre, soit coudé faisant harpon, suivant que l'emplacement l'exigera.

On aura bien soin de ne faire passer aucune pièce de bois dans les tuyaux et âtres de cheminée, ni de les en approcher trop près. Les âtres de cheminée seront supportés par une plate-bande en fer coudée par les deux bouts qu'on appelle barre de trémie, et par une ou plusieurs barres en fer carré aussi coudées d'un bout, appelées chevêtre. Tous ces fers seront entaillés de leur épaisseur dans le bois. La bande de trémie sera hourdée en plâtras et plâtre et non en moellons, pour éviter la charge.

DES PARPAINS SOUS LES PANS DE BOIS.

Dans presque tous les bâtimens, les ouvriers ont l'habitude de poser les pans de bois avant les parpains qui doivent les soutenir : ils posent ces pans de bois sur des tasseaux provisoires faits en moellon et plâtre, et ne posent les parpains que lorsque les pans de bois sont à moitié ou entièrement posés. Il résulte de cette négligence que les tasseaux faiblissent et font faire aux pans de bois un tassement qui dérange le niveau des planchers qu'ils supportent, et fait souvent casser les assemblages. Il est facile d'éviter cet inconvénient en commençant par poser les parpains en premier lieu.

DES TUYAUX DE CHEMINÉE ADAPTÉS SUR LES MURS MITOYENS.

Il n'y a peut-être pas de pays où l'on construit plus mal les tuyaux de cheminée qu'à Paris. Cette construction, qui est une des plus importantes du bâtiment, est celle qui est le moins soignée par les ouvriers. Ils ne font, pour la plupart des languettes, ni tranchée, ni arrachement, ce qui pourtant est nécessaire pour lier ces languettes avec le mur. Ils se bornent la plupart du temps à les façonner sur des planches, ce qu'ils appellent *cintrer*. Il en résulte que beaucoup de languettes ont à peine deux pouces d'épaisseur; qu'elles se crevassent plus facilement que celles qui sont pigeonnées à la main, et qu'elles se détachent aisément du mur.

Ce n'est pas que les tuyaux de cheminée faits en plâtre, c'est-à-dire pigeonnés, soient d'une mauvaise contruction; mais pour qu'un tel ouvrage soit bon et de longue durée, il faut que les languettes, tant celles de l'intérieur que de l'extérieur, soient bien liées avec le mur au moyen de tranchées et d'arrachemens qu'on y fait, que toutes ces languettes soient pigeonnées à la main et les enduits bien faits sur les deux faces, et que leur épaisseur soit au moins de trois pouces. Si on voulait faire un bon ouvrage, il faudrait arrondir les angles intérieurs, ce qui leur donnerait plus de force: par ce moyen on éviterait les crevasses qui se forment continuellement dans les cheminées. Cet arrondissement peut se faire par le moyen d'un outil en bois de forme demi-cylindrique d'environ un pied à un pied et demi de longueur, avec une poignée au milieu.

Aux maisons dont la face est en pierre, on fait les souches de cheminée en brique de Bourgogne, et la plinthe et le couronnement en pierre de Vergelet. La dimension de ces tuyaux est ordinairement de deux pieds trois pouces à deux pieds et demi.

Voici le moyen qu'il faut employer pour faire les tuyaux de cheminée.

Lorsque les murs et pans de bois d'un bâtiment sont à hauteur, on pose le comble; et pour pouvoir le couvrir tout de suite, on est forcé de faire les têtes et souches des cheminées, qu'on commence ordinairement à partir du dernier plancher. Cet ouvrage fait, on passe à ceux de l'intérieur. Les ouvriers ont l'habitude de commencer pas les étages les plus élevés et continuent ainsi en descendant, de sorte qu'ils sont forcés de *cintrer* sur des planches la partie qui arrive sous chaque plancher. Il résulte de ce procédé, que la partie qui avoisine le plancher n'est pas soudée avec la partie qui est au dessus, ce qui occasione la fumée par les crevasses qui s'y forment. Pour éviter ce désagrément et faire un bon ouvrage, il faut faire le contraire, c'est-à-dire commencer les tuyaux par le bas, et ainsi de suite jusqu'à l'étage supérieur. Par ce moyen les ouvriers ont la facilité de faire le pigeon dans toute la hauteur de chaque étage, et de pouvoir enduire l'intérieur dans toutes ses parties, puisqu'ils se trouvent toujours au dessus de leur ouvrage. Il est encore très essentiel de s'opposer à ce que les ouvriers ne fassent aucun trou dans les languettes de cheminées pour s'échafauder, ainsi qu'il le font presque tous ; car ces trous ne peuvent être que mal bouchés, et laissent souvent une saillie dans l'intérieur des tuyaux.

DES AIRES SUR LES PLANCHERS.

Les aires sur les planchers se font, soit sur lattes posées jointives sur les solives, soit sur bardeaux recouverts d'une couche de plâtre qui devrait avoir deux pouces d'épaisseur au moins, et qui n'a souvent que moitié de cette épaisseur. L'aire sur bardeaux vaut beaucoup mieux que sur des lattes, parce que le bardeau a plus d'épaisseur que la latte. On doit avoir soin de ne pas approcher trop près des murs et pans de bois la couche de plâtre, car il en résulterait une poussée des murs ou pans de bois par l'effet du plâtre, ou, au milieu de l'aire, un gonflement qui fait détacher le plâtre du bardeau.

DES FAÇADES.

CHAPITRE V.

DISPOSITION ET DÉCORATION DES FAÇADES.

La façade comprend toute la longueur et toute la hauteur de l'édifice. Lorsque les dimensions ne seront pas d'avance irrévocablement fixées, la composition du plan les déterminera : au cas contraire, qui est celui de la plupart des maisons à bâtir sur la voie publique, l'architecte fera un dessin tel, qu'il semble que l'espace qui lui fut imposé a été choisi et déterminé par son seul goût : si l'on aperçoit la gêne où l'artiste s'est trouvé, son œuvre n'est certainement pas belle.

La façade ou plutôt les diverses façades d'un édifice se divisent en plusieurs masses, qui forment, dans la hauteur, des ordres, des étages, et dans la longueur, des saillies d'avant-corps, ou tous ces genres de décorations à la fois.

Ces masses partielles se distinguent entre elles dans la hauteur par les corniches, plinthes et bandeaux qui les séparent.

Pour que la composition extérieure d'un édifice ait quelque mérite, il faut premièrement que, lorsqu'on vient vers l'édifice, il présente aux regards, du plus loin qu'on l'aperçoit, et de tous côtés, une masse élégante et complète en ce qu'on en voit; il faut, en second lieu, qu'à mesure que l'on approche, l'œil, écartant les obstacles, découvre successivement des parties qui soudain s'harmonient avec ce qu'il a déjà vu ; que bientôt fixé sur les masses partielles, il y trouve et la symétrie et la variété heureusement mélangées; que tout auprès enfin la richesse et le fini des détails le charment. Voilà ce qui constitue la beauté architecturale : une masse offrant, sous tous les aspects, une idée complète ; le regard saisissant de près et de loin un ensemble ; la division la plus simple et un arrangement tel que toutes les parties se fassent mutuellement valoir, de sorte qu'il n'y ait pas un point de vue qui ne plaise et n'attire vers un plus proche également agréable et attrayant; et qu'on entre dans le palais, dans la maison, dans la chaumière, avec la prévention la plus favorable pour tout ce qu'on y doit rencontrer.

Venons aux moyens de produire ces heureux effets.

Règle première.—Les colonnes, pilastres, portes et fenêtres de chaque étage, ou de chaque ordre, d'avant ou d'arrière-corps parallèle, seront entre eux à égale distance, indépendamment des modifications ci-après.

Deuxième.—On aura soin que les baies de portes

et de croisées qui avoisinent les angles ou extrémités du bâtiment, en soient assez distantes pour que l'angle ait ou paraisse avoir toute la force désirable, et puis, pour laisser place aux décorations qu'il conviendrait d'y faire.

Troisième.—Autant que l'emplacement le permettra, on fera les baies en nombre impair, afin qu'il y en ait une au milieu : l'esprit aime à voir en toutes choses un centre auquel tout se rapporte et est subordonné.

Quatrième.—La porte d'entrée sera donc au milieu. Si pourtant les dispositions intérieures s'y opposaient, il faudrait n'y pas tenir; car l'utilité réelle est préférable à la seule beauté, qui n'est que l'utilité apparente : et autant alors il sera bien de rejeter l'entrée tout-à-fait à l'une des extrémités, autant il serait fâcheux de laisser isolée après la porte et au bout du bâtiment, une pièce dont on n'apercevrait pas au premier coup d'œil l'inévitable nécessité ou l'heureux emplacement.

Cinquième.—Le rez-de-chaussée sera surmonté d'un entresol au dessus duquel sera soit une corniche ou un bandeau : ainsi le soubassement sera indiqué plus agréablement. L'entresol n'est pas proprement un étage; il est pratiqué dans la hauteur du soubassement, lequel semblerait écrasé s'il était réduit à un simple rez-de-chaussée. De plus, l'entresol offre l'idée, soit de dégagement pour le premier étage, soit de logemens nécessaires et très commodes pour les boutiques; il sur-élève le principal appartement, et le rend plus noble en le séparant des occupations mercenaires du rez-de-chaussée, et l'éloignant du bruit et des trivialités de la rue. Telles sont certainement les causes secrètes de la grace et de l'espèce de grandiose que donne à une maison un entresol bien disposé.

Sixième.—L'ouverture de la porte cochère aura de hauteur, si elle est en plein cintre, le double au moins de sa largeur, et au plus un huitième de largeur en sus des deux ; et si elle n'est qu'un peu cintrée, une largeur et cinq à six huitièmes : une ouverture en plein cintre qui n'a que cette dernière hauteur ressemble à une porte de prison. Il vaut mieux, si on ne peut pas lui donner plus de hauteur, la faire rectangulaire. En effet, un cintre présente naturellement l'idée de deux piliers auxquels seront attachés les deux battans de porte. Qu'on pose sur ces piliers suffisamment élevés un poitrail, l'esprit conçoit la raison de cette ligne horizontale, et admet une entrée qui répond au besoin d'un passage également aisé dans toute la largeur. Mais si vous faites un cintre, un arc plus ou moins tendu, évidemment vous devez produire une entrée plus élevée à mesure que vous tendez vers le milieu de l'axe, car vous devez toujours asseoir votre cintre sur les piliers : autrement, et si, sous prétexte de l'élévation du cintre, vous abaissez les piliers, il n'y a plus de raison pour ne pas les supprimer tout-à-fait ; et alors je ne vois dans votre œuvre qu'un soupirail de cave, qu'une entrée de caverne, par où il semble qu'on ne puisse passer qu'en rampant, si ce n'est en un seul point.

Septième. — On donnera aux fenêtres, dont l'appui forme plinthe ou bandeau, les dimensions suivantes :

A celles du rez-de-chaussée, le double en hauteur de la largeur ; on ne mettrait un peu plus de hauteur qu'autant qu'on serait forcé de tirer le jour pour l'entresol par une même croisée.

Celles de l'entresol seront, pour le mieux, carrées ; néanmoins on pourra, suivant les circonstances, leur donner un peu plus de hauteur que de largeur.

Les fenêtres du premier étage auront de hauteur le double de la largeur ; mais lorsque par devant il régnera un balcon dans toute la longueur de la face, on ajoutera un quart de largeur à la hauteur, pour restituer ce que ce balcon par sa saillie en dissimule.

Au deuxième étage, les croisées auront en largeur un seizième de moins que celles du premier, et en hauteur une largeur de cinq sixièmes environ.

Au troisième, elles auront en largeur un quinzième de moins que celles du deuxième, et de même une largeur de cinq sixièmes.

Ces dimensions ne seront observées que quand

il n'y a qu'un bandeau peu saillant dans lequel se confondent les appuis des fenêtres ; mais lorsqu'il y a une corniche au niveau des appuis, la hauteur des croisées doit être plus grande, selon que les corniches qui règnent par dessous sont plus ou moins saillantes et en masquent une partie. Cette observation nous amène à une autre : plus la rue est étroite, et, en général, plus le point d'où la face entière peut être d'abord aperçue sera rapproché, plus les fenêtres des étages supérieurs exigeront d'augmentation graduelle d'ouverture en hauteur, non pas pour donner plus de jour aux appartemens, mais seulement pour conserver une apparence de juste proportion.

Huitième.—Les croisées mézanines (celles de deux ou trois étages compris dans un même ordre) seront entourées d'un cadre avec ou sans crossettes, c'est-à-dire qu'étant privées de l'ornement général qui distingue chaque étage, elles auront chacune en particulier leur ornement, lequel sera le même pour toutes, de manière à former toutes ensemble un ordre : ces fenêtres, au surplus, seront ou carrées ou plus hautes que larges ; la hauteur ne doit jamais aller jusqu'à deux largeurs.

Neuvième.—On n'élèvera pas, si l'on peut s'en dispenser, de pleins sur des vides : il y a imminence de danger ; cela suffit pour blesser l'imagination et pour déplaire : si on le fait, qu'on ait soin de mettre en évidence les précautions qu'on aura prises. Alors ce sera gêne et non plus témérité. Les pleins sur des vides se rencontrent ordinairement quand les fenêtres sont en nombre pair, et que la porte d'entrée fait milieu.

De même, des fenêtres isolées ou de différentes grandeurs, ou à diverses hauteurs, sont loin de produire un effet même supportable. Le spectateur au dehors ne peut leur imaginer pour cause que le caprice ou un service pratiqué après coup et percé dans le mur aux dépens de la solidité. Évitez ou du moins atténuez l'impression fâcheuse que cette vue produit : il faut simuler des fenêtres correspondantes, de telle sorte que les unes et les autres paraissent être toutes entrées dans le plan primitif, et que celles qui ne sont plus ouvertes semblent avoir été bouchées depuis l'achèvement de la construction, contre les idées de l'architecte, momentanément et pour la commodité des habitans actuels.

Dixième.—Lorsque les étages qui sont au dessus du soubassement ont peu d'élévation, on évitera de faire un cordon ou une plinthe à chacun des étages. Les cordons ou plinthes distinguent, pour ainsi dire, autant d'ordres que d'étages ; mais la petitesse de ceux-ci permet à la vue d'en embrasser aisément plusieurs d'un regard : leur séparation est donc sans objet. Dès lors, un cordon destiné à reposer l'attention, à distinguer les ordres et à faire transition de l'un à l'autre, est un hors-d'œuvre. L'effet serait d'autant plus désagréable, que les croisées seraient couronnées de corniches, surtout si elles étaient si lourdes qu'elles se confondissent à la vue avec le cordon. J'ai spécialement évité ces inconvéniens dans deux maisons que j'ai bâties, l'une rue de Bourbon, n° 77 bis, l'autre à l'angle de la nouvelle place et de la rue Saint-Dominique. (Voyez les planches.)

Onzième. — A une maison de trois ou quatre étages ne couronnez de frontons et de corniches que les fenêtres du premier et au plus du deuxième, surtout lorsqu'il n'y a que peu de distance entre elles dans le sens de la hauteur, et n'ornez les autres que de chambranles. Les frontons, au deuxième étage, seraient lourds, à moins qu'il ne s'agisse d'un palais, qui présente une grande masse ordinairement vue de loin, et où d'ailleurs un peu moins de légèreté peut donner un peu plus de majesté.

Plusieurs architectes sont d'avis qu'on ne doit employer les frontons que pour terminer l'élévation d'un édifice; ils sont d'accord en cela avec Vitruve, parce que, disent-ils, les modillons qu'on y fait représentent aussi bien dans les corniches des frontons que dans toute autre, le bout soit des solives soit des chevrons qui couvrent l'édifice. Cette raison me paraît erronée; les frontons, les corniches et les modillons qu'on y met sont de pur ornement, qui ont leurs motifs sans doute, mais plus généraux, moins exclusifs que ceux que l'école vitruvienne leur donne. Je développerai un peu plus loin mon opinion. L'autorité de Vitruve, toute grave qu'elle est, n'est pas exempte du droit de critique. S'il fallait suivre à la lettre tout ce qu'il professe à ce sujet, on courrait risque de ne faire rien qui vaille. Il a partagé le sort commun à tous les auteurs : heureux celui qui, comme lui, offre au public un livre où la part du bon l'emporte sur celle du mauvais.

Douzième.—Toutes les croisées d'un étage doivent être décorées de même ; l'uniformité dans les choses de même nature, de même ordre, de même destination, n'est pas moins une cause de plaisir, un besoin de l'esprit, une beauté, que la variété ailleurs ou dans les détails de ces mêmes choses : et si le palais Farnèse et quelques autres à Rome constatent une contravention à cette règle, l'exemple donné par les architectes qui les ont élevés, quelque habiles qu'ils fussent, ne me paraît pas devoir être imité.

Treizième. — Lorsqu'une façade a trois, cinq, sept, neuf croisées, quelques architectes, sans doute en prenant modèle sur le palais Farnèse, décorent celle du milieu tout autrement que les autres; ils la font plus riche. Cette disposition n'est pas à beaucoup près généralement approuvée; elle est d'un assez mauvais effet.

Il en est de même des saillies d'avant-corps aux

façades de peu de largeur. Ces saillies, souvent de deux pouces au plus, et pratiquées dans toute la hauteur, dérangent l'harmonie des lignes, font papillotter la vue qui ne trouve aucun repos : la fiction d'avant-corps dans ces cas est par trop forte, et la réalité conforme à cette fiction aurait peu de grace et de commodité : les appartemens seraient incomplets ou décousus s'il y avait autant de bâtimens distincts mais ajoutés les uns aux autres qu'il y a d'avant-corps indiqués. Pour produire un bon effet, ces sortes de saillies devraient n'avoir pas moins de *six* pouces, et être pratiquées seulement dans les façades très larges. A Paris, où les réglemens de la voierie ne permettent que deux pouces de saillie sur la voie publique, il serait du plus mauvais goût de continuer la saillie d'avant-corps au dessus du soubassement. Jusque là elle fait bien, elle figure une terrasse.

Quatorzième. — Les angles ou extrémités des maisons peuvent être ornés, soit de pilastres, soit de bossages de pierre; mais si la distance entre les arêtes de l'angle et du tableau des portes ou croisées n'est pas au moins de 4 à 5 pieds, il vaut mieux n'y rien faire et laisser ces parties lisses.

Quinzième. — Quant aux entablemens, les saillies en doivent être proportionnées non seulement à la hauteur de l'édifice, mais encore à sa largeur : un entablement qui couronnerait bien une maison de 50 à 60 pieds de largeur, sera lourd placé à la même hauteur dans un bâtiment moins large de moitié. Chose singulière ! le même effet se manifestera si le bâtiment est cinq à six fois plus large ; le même effet, je me trompe, mais un effet analogue.

L'entablement écrasera l'édifice, mais par une raison contraire ; et cela se conçoit : plus le bâtiment est long, plus il paraît bas ; l'entablement ne fait qu'ajouter à cet effet, et pour peu qu'il ait de saillie il paraît lourd, il écrase la construction. C'est alors le cas, soit de faire des saillies d'avant-corps, lesquelles, comme on l'a précédemment expliqué, n'auront pas moins de six pouces, pour interrompre cette ligne ; soit de diminuer tout à la fois la hauteur et la saillie de l'entablement.

Toutefois, quand la maison est d'une hauteur extraordinaire, comme 80 pieds, l'effet signalé ci-dessus se perd dans celui des grandes lignes, lesquelles imposent et attachent à l'édifice les idées de solidité, de richesse et de puissance.

Seizième. — Les attiques ou petits étages construits au dessus de l'entablement ne sont supportables qu'à des maisons de peu de largeur par rapport à leur hauteur : c'est une conséquence des observations sur la règle précédente. Au moyen d'une attique, on pourra baisser l'entablement, et par là mettre la hauteur en rapport avec la largeur. Si, sur cet entablement surbaissé on asseoit un balcon, l'effet sera tout-à-fait satisfaisant : on en peut juger par les maisons des rues de Rivoli, de la Paix, des quais, etc. Dans ces lieux où l'immense largeur de la voie publique fait tolérer sans inconvénient une élévation extraordinaire aux bâtimens, et où la beauté de l'emplacement et la fréquentation du quartier rendent les constructions fructueuses et les terrains précieux, on profite de la permission; on gagne en hauteur ce qui manque en étendue. C'est alors qu'un étage et quelquefois deux en attique sont susceptibles de quelque grace.

Après avoir parlé de la masse générale et des masses partielles d'une façade depuis le rez-de-chaussée jusqu'au toit; après avoir indiqué les ornemens propres et convenables à chaque partie, je crois à propos, pour achever ce qui concerne la décoration architecturale, de traiter des détails, je veux dire des ornemens eux-mêmes.

DES PROFILS

ET DE L'ARRANGEMENT DES MOULURES.

CHAPITRE V.

Tous les auteurs qui ont écrit sur l'architecture ont traité des *corniches*. En effet, renfermant en elles une certaine idée d'utilité, comme d'être couronnement et abri de murs, elles deviennent l'ornement le plus naturel du bâtiment. Elles en sont surtout le plus universel; elles se placent, en se modifiant, partout. Et puis, elles sont susceptibles de détails plus ou moins riches; elles se prêtent surtout à la manifestation du goût de l'artiste dans le développement des moulures et dans leurs proportions. Vitruve, Palladio, Scamozzi, Vignole, et beaucoup d'autres, en ont parlé diversement. C'est sans contredit la manière de Vignole qui est la meilleure; ses profils sont de beaucoup les plus simples, les plus purs et les plus gracieux.

Avant d'entrer dans le détail de la composition de la corniche, il faut la considérer quant à sa masse. C'est une règle élémentaire de goût autant que de doctrine, que la masse de la corniche soit en proportion, non pas toujours avec la hauteur absolue où elle se trouve placée, mais avec la hauteur relative de l'ordre qu'elle couronne. Je m'explique, et je cite un exemple vulgaire afin d'être mieux compris. Transportons-nous dans la cour du Louvre; les corniches des ordres supérieurs de l'édifice sont moins fortes que celles des ordres inférieurs, par la raison que chacune est faite pour couronner son ordre et non tout l'édifice, et que, suivant les principes de toute bonne construction, les ordres étagés les uns sur les autres vont en décroissant de hauteur à mesure qu'ils s'élèvent. Ceci a bien un inconvénient; l'aspect d'un édifice y perd du grandiose : aussi les anciens, amateurs par dessus tout du grandiose, n'employaient-ils qu'un ordre dans leur façade; et, nous devons le reconnaître, c'est en cela que la colonnade du Louvre et plusieurs monumens modernes sont une heureuse imitation des anciens. Mais les meilleures choses hors de leur place perdent tout leur prix : une façade intérieure doit avoir un autre caractère que la principale. Celle-là veut une décoration plus compliquée, celle-ci plus sévère. J'en dis les raisons à la fin de ce chapitre, j'y renvoie, et je reviens à ce qui est sur la corniche.

On sait qu'une corniche quelconque se compose de la cimaise supérieure de la couronne et de la cimaise inférieure. Ces trois grandes parties la constituent essentiellement. Outre les moulures, filets ou listels, dont ordinairement on les orne et les sépare, au goût de chaque artiste, il y a deux autres parties assez importantes, mais non pas essentielles de la corniche : les denticules, et surtout les modillons. Il en sera question ci-après.

Il faut que la corniche ait autant de saillie que de hauteur; la raison de cette règle de goût est sensible : une corniche ne supporte qu'elle-même (je ne parle pas d'un entablement sur lequel serait assis un balcon); si elle s'écarte de ces dimensions elle sera ou maigre ou lourde, suivant qu'elle aura plus ou moins de hauteur que de saillie; car le dessous considéré comme support paraîtra ou trop fort ou trop faible, et toujours disproportionné avec la chose supporté.

Je ne crains donc point de professer la règle d'ailleurs vulgaire que *toute corniche dont la saillie est ou paraît être moindre que la hauteur, manque de grace*, et d'avancer que celle, par exemple, qui couronne l'Arc de triomphe de l'Étoile est pour cette cause d'un très mauvais effet.

La corniche, avons-nous dit, a un double motif: elle couronne et elle abrite l'ouvrage. Elle le garantit par dessus des infiltrations, et sur les parois de l'écoulement des eaux du ciel ; et quoiqu'il y ait dans la corniche une partie qui prend proprement le nom de couronne ou de larmier, l'ensemble de la corniche n'est à vrai dire autre chose : tel est le double motif et de la saillie et de l'évidement combinés.

L'évidement offre une occasion, que les artistes ont dû saisir, d'orner la corniche : heureux si les contours que leur goût aura imaginés ont quelque apparence d'utilité.

D'un autre côté, la corniche, dans un édifice élevé, est nécessairement formée de plusieurs assises. Imaginez-en trois (et l'on comprend pourquoi je dis *imaginez*) : la première et la dernière seront évidées suivant divers contours ; celle du milieu ne le sera point : une forme quarrée et anguleuse entre des formes arrondies, les fera ressortir, en raffermira la mollesse, en relèvera, si j'ose dire, la fadeur.

L'effet que doit produire cette forme quarrée serait manquée, si elle n'était détachée de la cimaise inférieure par une forte saillie ; alors ce ne serait plus qu'une plinthe, qu'un bandeau.

Quelques auteurs veulent que les denticules et les modillons représentent les bouts, soit des solives des planchers, soit des chevrons ; c'est là une pure fiction. Je l'ai déjà dit, les modillons et les denticules sont, comme tout ce qui entre dans la composition d'une corniche, des ornemens et rien de plus.

Ils ont leur motif (car tout ornement en a un sans contredit) dans la nécessité ou du moins dans la convenance de sur-élever la corniche, qu'on a besoin de faire très saillante afin que la masse en soit proportionnée à la hauteur de l'ordre qu'elle couronne dans les grands édifices; car ce n'est guère que là que les modillons produisent leur effet propre.

Je ne puis m'empêcher, puisque l'occasion s'en présente, d'exprimer sur ce sujet toute ma pensée. Peut-être ce qu'elle a de neuf fera-t-il excuser ce qu'elle aurait de mal développé. S'il ne fallait employer ces ornemens que lorsqu'on peut supposer des abouts de solives ou de chevrons, il n'y aurait plus moyen d'orner de fronton et de corniches une facade, et dans les intérieurs nous n'aurions bientôt plus qu'à laisser les murs tout nus. Autant ces ornemens sont d'un fréquent usage, autant ils deviendraient rares. Allez donc imaginer de la charpente sur un arc de triomphe, sur la grande porte de l'enclos d'un palais, sur les murs intérieurs qui soutiennent la voûte d'une église, que dis-je, dans la corniche d'un piédestal, dans les corniches rampantes d'un fronton. A moins que vous ne bannissiez absolument les modillons et les denticules des corniches dans ces sortes d'ouvrages! Je sais que quelques uns le veulent, frappés qu'ils sont de la conséquence du principe qu'ils admettent. Cependant ils trouvent peu de partisans. Les architectes passés ont mis, les contemporains mettent des modillons et des denticules dans toute corniche et dans tout fronton qu'ils veulent faire riche. Le goût seul les détermine.

Ces artistes sont néanmoins des disciples révérencieux de Vitruve ; eux-mêmes ont transmis à leurs élèves, et ceux-ci aux leurs, les traditions de l'école. Et toutefois aucun n'a pu encore se résoudre à le suivre dans l'exécution, par exemple, à placer les modillons et les denticules où, d'après la fiction vitruvienne, ils devraient être *exclusivement* placés : les premiers sous la cimaise supérieure, et les seconds sur les modillons eux-mêmes.

C'est pourtant cette fiction qui a empêché Perrault de tailler le denticule du couronnement de sa colonnade, « parce qu'il est inconséquent, disait-il, de placer des chevrons sous les solives. »

Le système de Vitruve est l'erreur d'un esprit ingénieux, aussi la professe-t-on de paroles, mais ne la suit-on pas. Il cherche, en artiste, en philosophe, un prototype ; c'est bien : il suppose que l'architecture grecque, dont il traite, tirait dans l'origine tous ses moyens du bois ; que c'est donc une construction en charpente que doivent exclusivement rappeler les ornemens d'un édifice, quoique fait tout en pierre, et si bien même que la charpente indispensable y est soigneusement cachée et dissimulée. La fiction est forte. Ainsi les colonnes sont des arbres ; les chapiteaux des feuillages ; les enroulemens, les cannelures, les gouttes sous les triglyphes de l'ordre dorique, des effets naturels de l'écorce et de l'eau ; l'architrave prend son nom de l'usage qu'elle est censée faire dans ce système ; les triglyphes figurent le bout de plusieurs poutres portant sur l'architrave pour former le plancher, etc. Voilà, j'en conviens, qui est poétique *et pittoresque*, et agréablement imaginé. Mais que devient la réalité? que devient l'évidence? Quoi! par exemple, pas d'autres supports que des arbres; et les piliers seront proscrits par le goût grec, parce que carrés et d'égale épaisseur dans toute leur hauteur, ils seront sans analogie avec un arbre? Quoi! cette variété symétrique d'ornemens dans l'entablement, dans la colonne ou le pilier, dans leur base, serait condamnée à rester, dans la plupart des cas, par le système de charpente, ou incohérente ou inexplicable? Non, non : c'était restreindre le goût dans des limites arbitraires, et nul ne s'y est tenu ; c'était partir d'une idée fausse, et personne n'avait envie de faire rétrograder l'art vers son enfance ; c'était se baser sur un préjugé, et non pas remonter aux principes. Assurément, du temps que l'on construisait en bois dans la Grèce, le goût, quelque inné qu'on le suppose aux Hellènes, n'était pas formé, n'était pas même ébauché : ces peuples n'auraient donc pas fait de progrès ! Ce n'est pas sur leurs huttes que les sauvages, à mesure qu'ils se civiliseront, prendront modèle pour se bâtir des habitations commodes, solides et agréables, en un mot conformes à leurs nouveaux besoins et à leur progressive habileté. Le goût ne s'est donc manifesté en Grèce, on peut l'affirmer par analogie, que quand les arts industriels, enfans du besoin, ont été assez avancés pour qu'on pût bâtir en pierre, pour qu'on sût exploiter les carrières, qui certes ne manquaient pas dans le pays; et alors seulement on a dû songer à l'agréable en même temps qu'à l'utile, après le nécessaire. C'est d'alors que peut dater l'ère du goût, que je veux bien aussi supposer inné chez les Grecs, mais qui, dans l'enfance des arts, n'a pu rien produire, et qui, à leur adolescence, les a tout de suite heureusement inspirés de l'amour du beau. Je m'arrête : la construction en pierre ne saurait, sans errer, se guider sur la construction en bois ; l'art qui doit embellir l'une et l'autre a deux types différens. Je reviens à mon sujet.

Ces idées préliminaires émises, les proportions que je vais fixer entre les diverses parties de la corniche ne paraîtront pas, je crois, arbitraires.

Je dis donc :

1º Que la masse de moulures qui est sous le modillon, quand il y en a, ou immédiatement sous le larmier, en un mot, l'ensemble de la cimaise inférieure, ne doit pas avoir plus de hauteur que la masse de moulures qui est au dessus de la couronne, c'est-à-dire l'ensemble de la cimaise supérieure : dans le cas contraire, une corniche n'est point assez dégagée, elle paraît lourde et massive.

2º Que la couronne n'aura jamais moins de hauteur que la doucine seule de la cimaise supérieure. En effet, comme la couronne est la principale des trois parties essentielles d'une corniche, on sent que c'est de la disposition de cette couronne que dépend en partie la beauté de la corniche ; ainsi il sera souvent nécessaire de donner à cette couronne un peu plus de hauteur qu'à la doucine de la cimaise supérieure, suivant le degré de sévérité qu'on voudra imprimer à la corniche.

3º Que les denticules n'auront jamais moins de hauteur que la couronne : je leur donnerais même un cinquième de plus. La saillie du denticule et sa largeur, égales entre elles (on peut même leur donner un peu plus de saillie que de largeur, mais jamais moins), seront des deux tiers de sa hauteur. Les espaces ou coupures varieront suivant le degré de sévérité de l'ordre ; et néanmoins ils ne seront jamais de plus d'une demi-largeur de denticule : ils sont ordinairement de cette dernière largeur. Il faut se souvenir qu'ils sont censés des supports dont la force, étant petite, consiste dans leur forme et dans leur multiplicité.

4º Quant aux modillons, ils sont ou simples ou doubles. Ceux de Palladio et de Scamozzi ne me plaisent point ; ils ont trop peu de saillie. Le modillon, comme le denticule, figure un support : si donc il est très rentré, la distance de la tête du modillon à l'arête de la couronne est telle, qu'il semble que la saillie va faire la bascule.

Appliquez ici l'observation générale faite ci-devant sur les contours de l'évidement, et vous vous rendrez compte de la justesse de celle-ci. Voyez le Louvre (côté des Tuileries), le Panthéon, la porte Saint-Denis, et comparez-en les corniches avec celles de la Chambre des députés, de l'arc de triomphe de l'Etoile et autres monumens où les modillons sont bien moins saillans que dans celles-là, et vous serez frappés de la grace des premiers et des misérables effets des derniers.

Je veux donc, quant aux modillons simples, qu'ils approchent près de l'arête de la couronne, comme d'ailleurs il est de règle dans les ordres dorique, ionique et corinthien; seulement on peut se permettre de rentrer quelque peu (d'un cinquième environ de la saillie du soffite de la couronne, ou au plus d'un tiers) les modillons doubles, lesquels présentent l'idée d'un peu plus de force que le simple, et dont d'ailleurs les deux faces lisses trop rapprochées du bord se confondraient aisément à la vue avec la couronne. C'est à peu près la distance observée dans les corniches que je viens de citer.

Disons un mot des moulures.

L'évidement a lieu en chanfrin en tous autres cas que pour leur épanelage : entre la sécheresse et la pauvreté d'une pareille forme qui annoncerait un ouvrage resté imparfait, et où l'on aurait ménagé la main d'œuvre, il y aurait cet inconvénient, que les gouttes d'eau couleraient tout du long et jusque sur la paroi du mur ou du pilier, en laissant des traces de leur passage; et l'objet de la corniche serait manqué. Ainsi les contours ajouteront à la grace de leurs formes l'utilité, en servant ou paraissant servir de larmiers les uns aux autres.

Le dessus de la corniche commence donc bien par un filet (si ce n'est dans l'ordre toscan, où un quart de rond tient lieu de cimaise); quelques uns le couronnent d'un filet, mais, à mon avis, contrairement à cet ordre, qui est la sévérité. Il est évident que ce filet ne pourra qu'être pris à même la place destinée au quart de rond, lequel en sera diminué d'autant, et fera perdre à la corniche la beauté qui lui est propre dans cet ordre. Dans tout autre, où le luxe des formes est plus ou moins à rechercher, le filet supérieur sera, je le répète, d'un bon effet. Au moyen de ce filet, l'œil saisit plus facilement la limite, et dessine la corniche d'une manière plus tranchante avec le nu du mur de l'édifice. Au contraire, lorsque la cimaise supérieure est découpée en feston par le haut, comme quelques uns le font, l'œil inquiet cherche et en découvre à peine l'extrémité; au lieu que le filet forme une sorte d'encadrement, qui, comme à un tableau, relève et fait ressortir le dessin. D'ailleurs, pour ceux qui tiennent à conserver la fiction de Vitruve, ce sera, si l'on veut, la planche ou le madrier qui recouvre la corniche.

La doucine viendra ensuite ; on la fera plutôt camuse qu'alongée. A l'avantage qui vient d'être signalé comme commun à toutes les parties de la corniche, je joins celui d'une forme plus sévère. On appelle ainsi un genre de formes bien articulées, bien distinctes, en raison, tout à la fois, et de l'espace donné, et de la distance du point de vue et de l'aspect. On conçoit qu'avec un jour ordinaire, par lequel l'ombre portée de la corniche fait un angle de 45 degrés avec l'horizon, la doucine alongée serait toute dans l'ombre, et n'offrirait plus aux regards qu'une forme incertaine ; tandis que la camuse, en présentant l'extrémité de sa partie bombée au jour, dont le rayon fera seulement tangente sur elle, et en retirant dans l'ombre sa partie creuse, se dessinera telle qu'elle est, telle que l'artiste a voulu la faire sentir.

Ce ne sont point des leçons que j'écris ; je n'ai point à entrer dans les détails ; il me suffit de jeter des considérations susceptibles de se convertir en principes féconds, parce qu'ils seraient raisonnés ; sûrs, parce qu'ils se déduiraient des faits. Je continue.

Les filets de l'une et de l'autre cimaise, et généralement les moulures diverses qui entrent dans leur composition, sont des accessoires que l'architecte ménagera ou multipliera suivant le caractère qu'il aura jugé à propos de donner à son profil, et il sera déterminé, pour le caractère, par l'effet qu'il voudra produire; et cet effet, qui doit toujours être satisfaisant, sera de faire naître une idée dominante au milieu de toutes, soit de simplicité, soit de luxe, soit de pureté de dessin, soit même de singularité, mais appropriée à la chose. L'originalité est bonne en elle-même; elle réveille : la bizarrerie est toujours de mauvais goût et d'un mauvais effet; elle choque, ou l'on ne la comprend pas.

En appliquant la règle précédente, on juge facilement par l'exemple qu'une corniche placée extérieurement à une grande hauteur, demande qu'on y ménage les moulures; si vous les multipliez, vous serez forcé par défaut d'espace de les amincir; on ne les distinguera plus d'en bas. Vous aurez fait une grande dépense et peu d'effet, ou plutôt, qui pis est, vous aurez produit une confusion fatigante. Les petits ouvrages n'ont de mérite et d'agrément que par le fini; mais ce fini ne peut s'apercevoir et s'apprécier que de très près : les grands auront donc l'effet qui leur est propre par la sévérité des formes et par conséquent par la simplicité de leur composition. Je dis simplicité et non pauvreté : celle-ci laisse à regretter quelques développemens utiles ou agréables; celle-là qui les a tous, ne souffrirait pas le moindre retranchement de ceux qu'elle a sans dommages.

Ce que je viens de dire contre la multiplicité des moulures, je le repète de la sculpture qu'on fait dans les moulures; quelque envie que l'on ait de multiplier les ornemens, on doit au moins alterner les parties lisses et les sculptées, afin que l'œil ait à se reposer. Ainsi, par exemple, la doucine de la cimaise supérieure peut être taillée (terme de sculpture); mais la moulure qui est par dessous l'étant, la doucine laissée lisse sera encore mieux. La couronne sera toujours lisse : l'exemple contraire en plusieurs endroits du Louvre, et de quelques autres monumens, ne me fait pas dédire; loin de là : la moulure que surmonte le modillon et celle qui le divise dans sa hauteur quand il est double, seront taillées, et ainsi du reste, en ayant soin de laisser des parties lisses entre chaque moulure ornée, filets, ou autres. La moulure du bas qui avoisine le nu du mur sera aussi taillée s'il n'y a pas de sculpture immédiatement au dessous ; mais s'il y a une frise, et qu'elle soit ornée, cette moulure doit rester lisse: on conçoit que si la frise et la moulure qui la couronne sont toutes deux ornées de sculptures, il y aura nécessairement confusion, et qu'on aura de la peine à distinguer s'il y a une ligne qui les sépare. Il en est de même de l'architrave. La moulure du haut, ou au moins le filet, ne doit pas être taillée, afin d'en mieux marquer la séparation avec la frise. De même, nul encadrement de bas-relief ne doit être orné de sulptures ; cet encadrement restant lisse fera mieux ressortir le travail du sculpteur. En général, une trop grande multiplicité de sculptures ne produit pas toujours un bel effet, à moins que le lieu et la place soient bien choisis : cela est riche, coûte beaucoup, mais n'est pas toujours beau.

Mais s'agit-il d'une corniche d'intérieur ? mille raisons vous porteront à agir à l'inverse : elles sont rapprochées de l'œil, on les considère à loisir et à son aise, elles sont presque la plupart traînées en plâtre ; or, en ce cas, plus ou moins multipliées de moulures, elles ne coûtent pas plus de façon. Enfin ceci est remarquable, le jour les éclaire par un reflet de bas en haut. L'effet qu'elles produisent n'est plus le même.

En général, j'ai traité de la corniche proprement dite. La décoration de plafond appelée corniche, ne fait que la figurer. Une vraie corniche dans un intérieur, est le couronnement de ces pans de murs ou de ces piliers qui, dans les grands édifices, soutiennent la voûte ou les arceaux. En baissant ces voûtes ou arceaux, en les réduisant au simple état de plafond, la corniche s'y trouvera plaquée ; elle n'a plus alors que l'unique objet d'en couvrir la nudité par quelques détails plus ou moins riches, plus ou moins travaillés, et c'est non pas à contre sens, mais par extension, que cette décoration prend le nom de corniche.

Cette même idée que la vraie corniche dans un intérieur ne peut être que le couronnement d'un mur qui soutient une voûte, a amené à imaginer de détacher la corniche du plafond. Mais l'analogie, on le sent aisément, veut que, dans ce cas, le plafond soit cintré, quelque peu que ce soit. Car s'il est plat, et cependant que le mur soit sur-élevé perpendiculairement, ne fût-ce que de deux ou trois pouces, la corniche manque son but; elle ne couronne pas la construction, le mur paraît continuer de s'élever jusqu'au point où il doit recevoir le plancher. Il convient donc, quand on veut faire une corniche détachée dans un intérieur, de simuler au moins une voûte surbaissée, en cintrant les bords du plafond.

Dans ce même cas la doucine supérieure aura un peu moins de saillie que de hauteur. On la fera plus ou moins camuse suivant qu'on jugera à propos de produire un effet sévère.

Les moulures qui s'étendent sur le plafond ne font point partie de la corniche; elles forment l'encadrement du plafond.

DES TASSEMENS.

CHAPITRE VII.

J'ai maintenant à parler d'un fait de la plus grave conséquence, je dis un *fait* ou mieux encore un phénomène, parce que la théorie n'est pour rien dans l'étude et dans la science de ce fait; elle y serait d'un secours, j'ose le dire, dangereux. Rigoureusement, les tassemens sont inévitables; ils sont incalculables.

Lorsque l'on construit un édifice quelconque, on doit s'attendre à ce que toute la construction, de quelque nature qu'elle soit, fera une pression, tant sur elle-même que sur le sol, s'il n'est le roc pur.

Il n'est pas possible de préciser et d'établir au juste combien il se fait de pression par toise, dans un mur ou dans un pan de bois. Beaucoup de pratique apprendra mieux que les plus savans calculs, et surtout bien plus sûrement, à évaluer à l'avance cet effet dans chaque cas.

Et ce n'est point là une assertion vague et sans preuve. Qui ne voit tout d'abord que l'effet en question doit dépendre : 1º de la qualité des matériaux ; 2º du plus ou moins de soins apportés à la construction ; 3º de la saison dans laquelle les murs ont été confectionnés ; 4º de la nature du sol ; 5º de la combinaison de ces diverses circonstances entre elles? De plus, chacune d'elles est complexe : quel en est le terme moyen? Pour le calculer, il faudrait, avant tout, avoir non seulement analysé chaque morceau, vérifié chaque acte du travail, constaté le degré de solidité de chaque point du sol, soins et précautions qu'en aucun cas et dans aucune hypothèse on ne doit pourtant négliger; mais encore, et sans compter les méprises et les oublis que la science et la vigilance ne sauraient tout-à-fait éviter, il faudrait, pour établir une proportion et trouver *l'inconnu*, avoir des *antécédens* sûrs : ce seraient nécessairement des résultats d'épreuves réitérées; mais les élémens de ces résultats furent-ils primitivement bien connus? sont-ils identiques ou *en rapport* avec ceux de l'œuvre actuelle? On tourne, on le voit, dans un cercle; on revient d'où l'on est parti, on n'avance pas, et l'on se perd.

Tenons-nous-en donc à l'expérience, et voyons ce qu'elle peut nous enseigner.

Il est d'ailleurs évident que le tassement s'effectue de plus en plus fort en descendant de la sommité au pied du mur; je vais dire quelle est la progression que j'ai le plus ordinairement remarquée. Pour abréger et aussi pour éviter des détails de faits que le lecteur ne pourrait pas apprécier, je généralise mes observations et je présuppose un sol ferme sans être le roc, des matériaux généralement bons, une main d'œuvre soignée, une température moyenne.

Un mur ou un pan de bois tasse par son propre poids; il tasse encore par le poids de la charpente qui appuie dessus. Mais ce dernier effet est peu sensible, du moins à l'égard de la construction telle que nous la supposons, confortable de tous points; car ces charpentes, quelque énormes qu'elles soient, et les planchers qu'elles forment surchargés eux-mêmes de meubles, ne posent pas perpendiculairement sur le mur, et ne sauraient équivaloir à la charge d'une sur-élévation en mur plein; et si d'ailleurs le poids de ces charpentes est excessif, le mur ne tassera pas seulement, il s'écrasera; il ne prendra pas son assiette, il s'écroulera.

Ce que je vais dire des tassemens se rapportera donc à l'hypothèse que la construction qui les éprouve est chargée des planchers et charpentes pour lesquels elle est faite, et dont par conséquent elle ne doit pas craindre d'écrasement.

Le tassement, en soi, n'est pas un effet dangereux : la construction s'asseoit et se consolide. Le danger n'est que dans l'imprévoyance de cet effet naturel. Assurément, si on lie des murs neufs à des vieux, il y aura des déchiremens; si on pose des planchers sur des constructions toutes fraîches, les niveaux seront bientôt perdus.

Il n'importe donc de connaître les différens

effets du tassement qu'à cause des ouvrages qu'une nouvelle construction porte, ou auxquels elle se lie.

C'est pourquoi je range la matière sous trois paragraphes. Je signale d'abord les divers degrés de tassement suivant la diversité de nature des constructions ; je montre ensuite l'effet de la liaison prématurée d'un mur neuf avec un vieux ; enfin j'indique la manière de poser les planchers sur un mur neuf et sur un vieux.

§ Ier.

Des divers degrés de tassement.

L'effet en question varie selon la nature de la construction : il faut considérer si elle est en pierre de taille, ou en moellon, ou en pans de bois.

Le mur en pierre de taille ne tasse point, pour ainsi dire, du moins l'effet est inappréciable ; car ou les assises sont superposées à la manière antique, ou elles sont séparées par des calles de bois de chêne. (Des calles en plomp de *deux* lignes d'épaisseur et de *deux* à *trois* pouces de long et de large seraient d'un effet plus sûr encore.) De sorte que le plâtre coulé, ou le mortier fiché dans l'intervalle, ne sauraient être écrasés, et au contraire conservent leur force répulsive. Dans l'un et l'autre cas, le tassement ne peut être qu'imperceptible. Il est toujours bien entendu que je mets de côté l'hypothèse d'un écrasement par suite de mauvaise qualité d'une assise ; alors, je le répète, ce n'est plus un tassement, une assiette, un effet naturel, prévisible et inévitable de toute construction, c'est une ruine. J'en dis autant des murs en moellon et des pans de bois dans lesquels il se trouve quelques morceaux défectueux.

Les murs en moellon tassent de quatre à cinq pouces dans la hauteur de cinquante à soixante pieds, et quelquefois plus, suivant la saison pluvieuse et le peu de soins mis à les confectionner ; mais nous raisonnons dans l'hypothèse d'une température moyenne et d'une main d'œuvre habile et soignée. Il serait curieux aussi de savoir au juste ce qu'un mur moins élevé, par exemple un mur de dix, de vingt, de trente, de quarante pieds, éprouve d'affaissement. Chacun sait bien que plus les corps solides approchent de terre en tombant, plus ils pèsent; mais quel secours pourrons-nous tirer de cette notion ? *Théoriquement*, nous concevons qu'un mur bâti à une grande hauteur, la partie du bas jusqu'à hauteur de dix pieds s'affaissera plus en proportion que celui de vingt, celui-ci plus que celui de trente, et ainsi de suite, d'autant que les deux, trois, quatre, cinq séries sont spécifiquement de moins en moins pesantes, lorsqu'on a mis le frit d'usage et qu'on a conservé les moellons les plus compacts pour le bas. Mais, d'un autre côté, s'il est vrai que les derniers dix pieds d'en haut s'affaissent moins, ils pèsent sur les premiers et les font un peu plus baisser que si ces premiers dix pieds n'avaient à s'affaisser que de leur propre poids. De sorte que, sans toutefois l'établir comme une loi mathématique, on peut dire qu'un mur deux, trois, quatre, cinq fois plus haut qu'un autre, baisse, et dans son ensemble et dans sa totalité, deux, trois, quatre ou cinq fois plus. Et l'expérience confirme cette évaluation.

Les pans de bois tassent aussi, voici pourquoi : un pan de bois est composé de plusieurs pièces de bois ajustées et liées ensemble. On place aux extrémités de forts poteaux qu'on appelle corniers, et qui sont ou d'un seul morceau ou entés sur un autre...
....
et retenus par le moyen d'un tenon qu'on appelle goujon. Entre ces deux poteaux corniers, sont d'autres poteaux plus ou moins longs, mais qui ne montent pas tous de fond comme les deux premiers, à moins qu'ils ne doivent faire liaison avec quelque autre pan de bois en forme de mur de refend. Il entre en outre dans la composition d'un pan de bois diverses pièces connues sous les noms de sablières, décharges, poteaux de remplissage, tournisses, appuis, linteaux de portes et croisées. Il résulte de cet assemblage une inégalité de tassement dont la cause est évidente : les

poteaux corniers étant posés debout sur une construction qui ne bouge plus, ne sauraient s'affaisser; il n'en est pas de même du reste, assemblage de plusieurs morceaux, dont le poids tend à serrer les jointures.

Aussi se manifeste-t-il dans les façades de quatre croisées par exemple, et surtout au dernier étage, un abaissement sensible des croisées du milieu d'ailleurs de niveau entre elles, et celles des extrémités hors de niveau, dont la pente est toujours vers la partie du milieu. De même on remarque aux endroits où il y a des chenaux, que la place d'où part le tuyau de descente et qui doit être la plus basse, est au contraire toujours la plus haute : la raison en est que ce tuyau est toujours placé près d'un poteau cornier. Enfin des gerçures se forment continuellement dans l'enduit, soit qu'elles aient pour cause le tassement qui s'opère dans les jointures, ou le défaut de liaison du plâtre avec le bois et le hourdage.

Tous ces tassemens ne s'effectuent entièrement qu'après trois ans.

Si donc on scelle un pan de bois dans un mur dont le tassement est déjà fait, lorsqu'on aura placé la sablière on n'en scellera pas tout de suite le bout qui entre dans le mur, on laissera un vide dessous, et on ne remplira ce vide, ou plutôt le peu qui en restera, qu'après le tassement, lequel alors se fera d'une manière égale et de niveau dans toute la largeur du pan ; au lieu que s'il éprouve un obstacle par un scellement prématuré de la sablière dans un de ses bouts ou même dans les deux, l'affaissement à l'autre extrémité ou au milieu fera gauchir les assemblages, les baies et toute la construction.

C'est ici qu'il convient de mettre ce que j'ai à dire des tassemens des cloisons légères servant à former les distributions des appartemens. Elles ne doivent jamais supporter de planchers; aussi se placent-elles aux endroits quelconques où l'on veut avoir une séparation, sans qu'il y ait lieu de s'inquiéter si elles portent ou non sur d'autres cloisons, murs ou pans de bois. Néanmoins, quoiqu'elles ne portent rien qu'elles-mêmes et les portes qui sont attachées à leurs poteaux d'huisserie, elles sont susceptibles de tasser, si les poteaux tant d'huisserie que de remplissage sont posées à faux, par exemple entre deux solives. Ce tassement produit un effet très désagréable; il fait baisser les portes, elles ne se ferment plus; il laisse par le haut une ouverture, on n'est plus clos. L'inconvénient est facile à prévenir : aux endroits où l'on a dessein de placer les poteaux, qu'on mette préalablement en travers des solives un tasseau en bois de chêne qui s'étendra, selon le besoin, sur deux ou trois solives, où il sera cloué. Les poteaux posés ensuite sur ce tasseau, et bien arrêtés avec des broches ou des clous, ne baisseront point.

§ II.

De la liaison d'un mur neuf avec un vieux par rapport au tassement.

Lorsque l'on construit un mur de face, ou tout autre, qui doit se lier avec un ancien mur, il ne faut pas faire la liaison au fur et à mesure que le mur neuf s'élève; on l'approchera seulement jusqu'à en joindre les pierres ou les moellons avec le bout des harpes de l'ancien mur, mais on ne remplira l'intervalle qu'après que la construction neuve aura fait son tassement et au plus tôt lors des ravalemens. Si le mur en construction joint un ancien mur auquel il ne se trouverait pas de harpes, on devra faire dans celui-ci les trous et tranchées nécessaires pour former la liaison, et de même ne les remplir que lors des ravalemens. Sans cette précaution, il se formerait dans le mur neuf, je ne dirai pas de simples gerçures, mais des déchirures d'une largeur de quatre, cinq et six pieds, et d'autant plus multipliées que la liaison serait plus parfaite. Cela est facile à concevoir : l'ancien mur avec lequel on le lie ne tasse plus, tandis que le mur neuf, en s'affaissant, produit nécessairement l'un de ces effets et le plus souvent tous les deux : ou il se déchire, ou il casse les harpes; car ou elles résistent et soutiennent la partie du mur neuf la plus rapprochée d'elles, tandis que l'autre partie baisse : de là, disjonction s'étendant de plus en plus en descendant vers les harpes obliquement et presque horizontalement; ou bien les harpes de l'ancien mur n'étant que de matières tendres, comme de moellons, ou ayant à supporter par leur excessive longueur une trop grande charge, elles cèdent bientôt au tassement irréprimable de la nouvelle construction.

Ainsi, quoi qu'il arrive, la liaison d'un mur neuf avec un mur ancien faite en même temps que la construction, est plus nuisible qu'utile.

§ III.

De la manière de poser les planchers en égard aux divers tassemens.

Lorsque les deux extrémités ou abouts des principales pièces d'un plancher, c'est-à-dire les poutres, poutrelles, solives d'enchevêtrure, portent sur des constructions en pierre, on les posera de niveau, parce que ces constructions doivent ne pas tasser, ou ne le faire que très peu, et toujours également.

Mais si un about s'appuie sur une construction en pierre et l'autre sur une construction en moellon, on devra tenir celui-ci plus haut que l'autre; mais de combien? Nous aurons égard ici aux observations que nous avons faites dans le précédent paragraphe sur le tassement des murs par leur propre poids. Il est évident que plus le mur sujet à s'affaisser montera, plus son propre poids et le poids des planchers supérieurs et des combles le feront baisser, et, par conséquent, plus il conviendra de tenir haut les abouts des planchers supérieurs. Voici donc ce que j'ai remarqué le plus généralement qu'il fallait observer dans les bonnes constructions (j'écarte toujours les cas d'écrasement et de sol peu ferme ou non suffisamment affermi) par les procédés connus et suivant les lois des bâtimens.

Si le mur a quatre étages à loger, et par conséquent cinq planchers à supporter, le premier, posé à une hauteur d'environ quatorze pieds du rez-de-chaussée, sera sur-élevé de dix-huit lignes du côté du mur neuf; le second, posé à douze pieds environ plus haut, sera sur-élevé de deux pouces; le troisième, à dix pieds plus haut, de trois pouces et demi; le quatrième, à neuf pieds environ du précédent, de quatre pouces et demi; et le cinquième et dernier, à huit pieds et demi, de cinq pouces. Ainsi, le mur ayant environ cinquante-quatre pieds, devra baisser, comme il est dit précédemment, tant par son propre poids que par celui des planchers, d'environ cinq pouces répartis dans toute sa hauteur, suivant la progression approximative que nous indiquons; de sorte que quand ce tassement sera fait, chaque plancher se trouvera de niveau, quoique d'abord un des abouts ait été sur-élevé.

Ce qui vient d'être dit s'applique au cas d'un mur hourdé en mortier de chaux et sable dans la hauteur du rez-de-chaussée, et en plâtre dans le surplus ; mais s'il était hourdé en mortier dans toute la hauteur, on tiendrait l'about qui porte dessus encore un peu plus haut.

Si le mur ne doit s'élever au dessus du sol que d'environ quatorze pieds, douze lignes de sur-élévation à l'about suffiront. Lors même que, par la suite, ce mur recevrait un exhaussement dont d'ailleurs il serait capable, le tassement qu'alors il serait susceptible d'éprouver serait inappréciable, le mortier ayant pris de la consistance auparavant.

Par une raison analogue, si la construction était interrompue, le tassement s'étant opéré au moins en partie, et le mortier ou le plâtre étant plus secs, il serait conséquent de diminuer proportionnellement la sur-élévation des abouts telle quelle est ci-dessus exigée pour un mur qui s'élève sans interruption.

Maintenant parlons des abouts qui portent sur un pan de bois.

Si les planchers posent d'un bout sur un mur en pierre et de l'autre sur un pan de bois, on prendra pour base de ce dont on devra tenir plus haut l'about qui porte sur le pan de bois, la moitié de ce qui est indiqué ci-dessus en sur-élévation nécessaire au plancher porté sur un mur en moellons.

Pour ceux qui seront posés d'un bout sur un mur en moellons et de l'autre sur un pan de bois, on tiendra l'about qui porte sur le mur plus haut que l'autre de moitié de ce qui est dit pour les planchers portés par un mur en pierre et par un mur en moellons.

Si les deux abouts posent sur deux murs de même nature, on mettra les planchers de niveau; mais si l'un de ces deux murs devait porter de droite et de gauche des planchers, comme un mur de refend, sa charge étant alors plus grande que celle de l'autre, il s'affaissera plus : on aura donc soin de tenir un peu plus haut et graduellement à chaque plancher l'about qui porte sur ce mur de refend.

Enfin, dans le cas d'un plancher posé d'un bout sur un mur neuf et de l'autre sur un ancien, la surélévation de l'about portant sur la construction neuve sera calculée d'après les données ci-dessus, c'est-à-dire eu égard d'un côté au tassement qu'elle doit éprouver suivant sa nature à la hauteur en question, et par le poids de la charpente; et de l'autre côté à l'affaissement que le vieux mur est susceptible de subir sous la nouvelle charge qui va porter dessus.

Les constructeurs ont dû remarquer que, lorsqu'on a construit entre deux anciens murs, les planchers qui les avoisinent vont en pente vers le milieu de l'intervalle, c'est-à-dire vers les nouvelles constructions; mais qu'il n'y a point de pente dans les chambres de ce milieu, desquelles les planchers reposent des deux côtés sur des constructions neuves : c'est que le tassement s'y est opéré simultanément.

Mais, on le répète encore, ce ne sont pas là des résultats mathématiques, mais d'expérience.

Et encore il faut, à peine d'en voir l'exactitude quelquefois contredite, ne mettre pas trop de précipitation à faire ce qu'on appelle les intérieurs. Pour se garantir de tout mauvais effet de tassement, il serait bon d'ajouter aux précautions que j'indique quant à la sur-élévation des abouts de planchers, celle de procéder dans cet ordre après que le bâtiment est couvert : hourder les pans de bois, faire les augets, les aires, les bandes de trémis, et ne se mettre aux plafonds, aux cloisons, aux enduits, en un mot, ne finir le bâtiment qu'une année après que les gros ouvrages sont achevés.

Il ne faut pas non plus s'empresser de faire les tuyaux de cheminée qui sont adaptés contre les murs neufs, par la raison que les murs tassent et non les languettes ; or étant, au moyen de tranchées et d'arrachemens, liées comme elles doivent l'être au mur, et cependant n'en suivant pas le mouvement d'affaissement, elles s'en détacheront ; et de là cette quantité de crevasses qui se manifestent dans presque toutes les cheminées.

Les cassures et hors de niveau qui se font remarquer dans une construction neuve, ne sont donc pas une marque de mal façon dans l'ouvrage même ; elles annoncent le plus souvent ou qu'on n'a pas pris pour l'ensemble de la construction les précautions recommandées par l'expérience, et rappelées dans ce chapitre, ou qu'on a mis trop de précipitation à terminer l'ouvrage.

DE LA CHARPENTE.

CHAPITRE VIII.

La charpente est une des principales parties de celles qui font la composition des bâtimens : il est nécessaire de bien savoir ce qu'il faut observer pour faire une bonne construction.

Les principales parties de la charpente qui entrent dans la composition des bâtimens, sont : les combles, les planchers, les pans de bois, les lucarnes et les escaliers, lorsque ces derniers ne sont pas faits en pierre.

Je ne parlerai pas de la forme que l'on donne aujourd'hui aux combles et aux escaliers; elle est généralement connue et approuvée.

Les réglemens de la grande voierie exigent que les combles de tous bâtimens sur la rue [1] n'aient pas plus de hauteur que la moitié de la profondeur [2] du bâtiment prise en dehors des

---

[1] L'administration paraît maintenant disposée à appliquer même aux façades intérieures les prescriptions et prohibitions touchant la hauteur des murs et des combles : la raison est que la circulation de l'air est la même ; les temps ne distinguent pas ; et une décision ministérielle du 18 février 1827 confirme cette assimilation.

[2] Les lettres patentes du 25 août 1784 fixent la hauteur des com

murs; on doit donner cette hauteur à ceux qui sont couverts en tuiles, mais on peut en donner un peu moins à ceux qui le sont en ardoises, sans pour cela avoir la faculté d'élever d'autant le mur de face au dessus de la hauteur légale. Depuis quelques années on fait des combles circulaires; ils ont meilleure grace et procurent plus d'emplacement dans l'intérieur : les réglemens ne permettent pas de leur donner autant de hauteur qu'à ceux de forme triangulaire; les lignes circulaires doivent au contraire se trouver renfermées entre les lignes triangulaires [1].

Il est essentiel que les ouvrages en charpente soient bien assemblés, et que le bois qu'on emploie soit de bonne qualité, sans nœuds vicieux ni aubier, bien équarri et bien sec. Voici un article extrait de l'ouvrage de M. Bullet sur les précautions à prendre avant d'employer le bois, qui est tellement conforme à ma pensée que je vais le transcrire tout entier.

« De tous les bois que l'on emploie aux bâtimens, celui des planchers souffre le plus parce qu'il est posé de niveau; c'est pourquoi il faut avoir soin de le choisir de bonne qualité; et

---

bles à 10 pieds au dessus des corniches ou entablement pour les corps de logis simples en profondeur, et à 15 pieds pour les doubles ; mais l'administration a toléré et autorisé l'usage de donner aux combles, en hauteur, la moitié de la largeur; ce qui revient souvent au même.

[1] Sur les quais, dans les grandes places et dans les rues qui n'ont qu'un rang de maisons, il n'y a point de restriction.

même à cause que les planchers sont la plupart larges et recouverts de plâtre par dessus et par dessous, l'on ne prend pas assez garde à y mettre des solives qui soient de bois bien sec; car quand on y met du bois nouvellement coupé et qu'il y a encore de l'humidité, soit de la sève ou autrement, et qu'on recouvre les bois aussitôt qu'ils sont posés, comme il arrive presque toujours, il est certain que l'eau qui est dans le bois n'ayant pas été exhalée, pourrit le bois en peu de temps : l'expérience ne l'a que trop fait connaître en plusieurs endroits. Il faut donc que le bois que l'on emploie aux planchers, surtout à ceux qui doivent être plafonnés, soit coupé en bonne saison. Le temps de couper les bois, selon les bons auteurs, est dans le décours de la lune et quand la sève ne monte pas beaucoup, comme dans les mois de novembre, décembre et janvier. Il est sûr que dans ce temps le bois a beaucoup moins d'humidité et plus de consistance que quand la sève monte en abondance, parce que la végétation est comme assoupie en cette façon.

« Philibert de Lorme donne un moyen que je trouve fort bon pour faire sortir l'eau qui est dans les bois; il veut que l'on coupe les arbres tout à l'entour et qu'on y laisse un pivot assez gros pour que l'arbre puisse demeurer debout quelque temps; étant ainsi coupé, il est constant qu'il tombera quantité d'eau rousse qui est la matière des vers et de la pourriture du bois. Si l'on examinait bien l'avantage que l'on retirerait de cette méthode, je suis certain que l'on ne l'omettrait pas; mais l'on ne fait presque rien en France d'aussi bien qu'on le pourrait faire, par la précipitation que l'on a, et le peu de précaution que l'on prend. Si donc l'on ne se sert pas de cette méthode, il faut qu'il y ait du temps que le bois soit coupé, et qu'il ait été mis à l'air auparavant de l'employer; il faut encore prendre garde que le bois soit de droit fil et qu'il n'y ait point de ces nœuds qui séparent ce droit fil; il faut aussi qu'il ne soit point roulé, qu'il soit sans aubier, car les vers se mettent dans l'aubier et entrent dans le corps du bois; il faut enfin qu'il soit d'une consistance ferme et serrée, et qu'il ne soit point gras, car le bois gras ne vaut rien. Je laisse le reste à l'expérience de ceux qui en emploient ordinairement. »

Je ne parlerai point de l'assemblage des bois, cela demanderait un traité entier de l'art de la charpente; j'indiquerai seulement quels sont à peu près les grosseurs que doivent avoir les bois par rapport à leur longueur et à leur usage.

M. Bullet se plaint que de son temps on mettait trop de bois en quantité et en grosseur dans les constructions; on pourrait dire qu'aujourd'hui on en met trop peu : en cela on est tombé d'un extrême dans un autre. On doit donc prendre pour base le milieu entre ces deux extrêmes. C'est ce que je vais faire dans les dimensions que je vais donner.

Aujourd'hui on ne construit plus les planchers comme du temps de M. Bullet. Dans la construction des planchers de nos maisons particulières on ne met presque plus de poutres, ou si on y en met, elles sont en deux parties, c'est-à-dire qu'elles sont sciées au milieu. On retourne ensuite les deux parties de manière à ce que le sciage se trouve en dehors, puis on rapproche ces deux parties en laissant une distance entre elles d'environ deux pouces, et on les lie ensemble au moyen de boulons en fer; et afin que les poutres n'excèdent pas le dessous du plancher, on rapporte des lambourdes de chaque côté des poutres dans lesquelles sont assemblées les solives. Les poitrails sur la face des maisons sont, comme les poutres, mis en deux parties, sciés dans le milieu et retournés; toutefois on ne doit jamais y faire porter de planchers.

Les planchers sont composés de solives d'enchevêtrure, de chevêtres, faux chevêtres, solives de remplissage et soliveaux.

DES SOLIVES D'ENCHEVÊTRURE.

Les solives d'enchevêtrure sont les principales solives d'un plancher; ce sont elles d'où dépend en grande partie la solidité des planchers.

Aux travées depuis 12 jusqu'à 15 pieds, les solives d'enchevêtrure auront 7 à 8 pouces posés sur le champ.

Celles de 18 à 20 pieds auront 8 à 9 pouces, celles de 20 à 24 pieds auront 9 à 10 pouces, celles de 24 à 27 auront au moins 11 à 12 pouces toujours posés sur le champ et la grosseur prise au milieu. On aura soin qu'elles soient bien droites et de bois de brin : les chevêtres auront un peu moins de grosseur que les solives d'enchevêtrure, mais proportionnée à leur longueur qui ne pourra pas être de plus de 9 pieds.

DES SOLIVES DE REMPLISSAGE.

Les solives de remplissage sont celles qui sont entre les solives d'enchevêtrure, et assemblées par un ou par les deux bouts dans les chevêtres.

Aux travées depuis 12 jusqu'à 15 pieds, les solives de remplissage auront 3 à 7 pouces de gros; à celles depuis 15 jusqu'à 18 pieds, elles auront au moins 3 1/2 à 8 pouces; à celles depuis 18 jusqu'à 20 pieds, elles auront 4 à 9 pouces; à celles depuis 20 jusqu'à 24 pieds, elles auront 4 1/2 à 10 pouces; le tout posé sur le champ : on aura soin qu'elles soient bien droites, car lorsque ces solives sont tortueuses, elles déversent et font casser les tenons par le moyen desquels elles sont assemblées dans les chevêtres. On aura bien soin de mettre des étriers en fer doux pour supporter les chevêtres qui sont assemblés avec les solives d'enchevêtrure.

Plusieurs constructeurs ont l'habitude de faire les planchers des étages supérieurs moins forts que ceux des étages inférieurs : j'avoue que je ne vois pas pour quelle raison ; car les planchers du quatrième étage qui ont autant de portée que ceux du premier étage, ont la même charge à supporter, et quelquefois plus par la multiplicité des cloisons qu'on y fait. On doit donc faire les planchers de tous les étages en bois de même grosseur, puisque ces bois sont de même longueur et qu'ils servent au même usage.

DES PANS DE BOIS.

Voici ce que dit Bullet sur les pans de bois extérieurs des maisons, et ceux de l'intérieur qu'il appelle cloisons.

« Les pans de bois sont pour les faces des maisons, et les cloisons sont pour les séparations que l'on fait au dedans des mêmes maisons quand on veut ménager la place, ou qu'on n'a pas besoin de faire des murs. Les pans de bois sont fort en usage aux anciens bâtimens des villes où la pierre de taille est rare; mais à Paris, où la pierre est commune, je trouve que c'est un abus considérable que d'en faire sur les faces des rues, car pour dans les cours cela est plus tolérable. Le prétexte que l'on a de faire des pans de bois sur les rues est le ménage de la place et celui de la dépense; pour le ménage de la place, c'est une erreur; car un pan de bois recouvert des deux côtés doit avoir au moins 8 pouces d'épaisseur, et un mur bâti de pierre de taille peut suffire à 18 pouces : c'est donc 10 pouces de place que l'on ménage, qui ne sont pas grand'chose dans la profondeur. A l'égard de la dépense, si l'on examinait bien la comparaison qu'il y a de l'un à l'autre pour la solidité et pour la beauté, je m'assure qu'on ne banlancerait pas.

« Les poteaux que l'on emploie aux pans de bois doivent être plus forts que ceux que l'on met aux cloisons qui ne servent que de séparation; les principaux, que l'on appelle poteaux corniers, qui sont posés sur un angle saillant, comme à l'encognure d'une rue, doivent être plus forts que les autres. Ces poteaux portent ordinairement depuis le dessus du premier plancher, s'il se peut, jusqu'à l'entablement, et doivent avoir au moins 9 à 10 pouces de gros, parce qu'il faut que les sablières soient assemblées dedans à chaque étage. Les poteaux d'huisserie pour les croisées doivent avoir 6 à 8 pouces. Quand l'on est obligé de mettre des guettes ou des croix de Saint-André sur des vides de boutique ou autres, il faut que ces guettes aient au moins 6 à 8 pouces, et il faut que tous ces poteaux des pans de bois soient assemblés à tenons et à mortaises par le haut et par le bas, dans des sablières. Ces sablières doivent être posées à la hauteur de chaque étage; il faut qu'elles aient au moins 7 à 9 pouces de gros posées sur le plat ; et si elles saillent un peu les poteaux en dehors, c'est pour faire la saillie des plinthes que l'on fait ordinairement au droit de chaque plancher.

« Quand on pose un pan de bois d'une hauteur considérable sur un poitrail pour de grandes ouvertures de boutiques, il faut premièrement que ce poitrail soit porté sur de bonnes jambes, boutifs et étrières: c'est à quoi l'on doit bien prendre garde; car presque toutes les faces des maisons à pans de bois manquent par là. Les poitrails doivent être d'un bois de bonne qualité et de grosseur convenable ; il ne faut pas leur donner trop de portée, c'est-à-dire que le vide de dessous ne soit point trop grand ; il faut outre cela les bien asseoir sur la tablette de pierre dure qui les doit porter, et ne point mettre de calles dessous, comme font la plupart des charpentiers. Quand les deux portées d'un poitrail sont un peu gauches par rapport au dessus des tablettes qui doit être de niveau, il faut, avant que de poser le poitrail, tailler et en disposer les portées en sorte qu'elles joignent précisément sur les tablettes, et que le poitrail soit posé un peu en talus par dehors. Cela est d'une plus grande conséquence qu'on ne se l'imagine ; car pour peu que le poitrail qui porte un pan de bois ne soit pas bien posé comme je viens de le dire, et déverse d'un quart de pouce, cela fait surplomber le pan de bois quelquefois de plus de 6 pouces.

Pour arrêter les pans de bois avec le reste de la maison, en sorte qu'ils ne poussent point, comme on dit, au vide, l'on met ordinairement des tirans et des ancres de fer à chaque étage de la face de devant à celle de derrière ; l'on fait passer ces ancres dans de bonnes clavettes de fer par dehors les pans de bois ou murs, de manière que la face de devant et celle de derrière soient liées ensemble, et que l'une ne puisse pas sortir de sa position sans que l'autre ne la suive. Cette précaution est bonne pour les maisons ordinaires, dont les murs n'ont pas de grosses épaisseurs. »

Il y a sur la construction des pans de bois des réglemens de voirie qui tendent à obvier au danger, soit du feu, soit de l'écroulement des planchers[1]. Mais il est juste de ne pas soumettre à des

---

[1] Il est bon de connaître la législation touchant les pans de bois.

L'édit de décembre 1607 défendait absolument d'en faire sur la rue ; la déclaration du roi, du 16 juin 1693, se borne à défendre d'en faire sans permission et hors de l'alignement.

Il y a une ordonnance de police du 18 août 1667, qui enjoint aux propriétaires de faire couvrir les pans de bois de lattes, clous et plâtre, tant en dedans qu'en dehors, en telle manière qu'ils soient en état de résister au feu, à peine de 150 livres d'amende.

Un réglement du 1er juillet 1721, renouvelé par un autre du 28 avril 1722, prescrit à l'égard de la maçonnerie qui se fera sur les pans de bois, d'y mettre, outre les lattes de 4 pouces, des clous de Chartres, de bateau, et chevilles de fer en quantité, et enfoncées suffisamment pour soutenir les entablemens, plinthes, corps, avant-corps et autres saillies, à peine de dommages-intérêts. Un autre réglement, en date du 13 octobre 1724, fait défense de faire aucun pan de bois sur la rue et autres endroits, sans que les poteaux n'y soient ruellés, tamponnés et espacés plus de 9 à 10 pouces d'entrevous, et

entraves légales la faculté de construire dans les intérieurs des appartemens les séparations que le besoin ou la commodité des habitans réclame, et c'est avec raison que Bullet n'appelle pas ces séparations des pans de bois, quoique faites d'assemblages de pièces de charpente, mais des cloisons. Nous n'avons point à discuter ici sur la question de droit, si les réglemens leur sont applicables; notre auteur veut qu'on construise les pans de bois proprement dits comme on le fait encore aujourd'hui, à l'exception que les sabliers qui sont à chaque étage sont posés sur champ, ce qui leur conserve toute leur force, au lieu de l'être à plat, et sont taillés en talus du côté des chambres, afin de leur donner plus de largeur dans le haut. Ce talus se trouve caché par les corniches. Bullet les mettait, au contraire, à plat pour ménager en dehors une saillie, sur laquelle les plinthes, bandeaux, corniches étaient établis : on comprend que cela n'était pas nécessaire. Le même défend de mettre des cales sous les poitrails. Il n'en donne pas la raison : on doit au contraire en poser, mais ne les pas mettre plus hautes que de deux pouces. Ces cales

lattés avec lattes de cœur en chêne de trois en trois pouces. On sait du reste que toutes les défenses faites par les lois sur les bâtimens le sont non moins aux architectes, entrepreneurs, ouvriers et propriétaires, et la loi des 19 et 21 juillet 1791, article 2, confirme les réglemens touchant la voirie, la construction et la solidité des bâtimens.

empêchent la pierre de s'épaufrer. On doit aussi enduire de goudron les abouts qui portent sur la pierre.

DES ESCALIERS.

Les escaliers que l'on fait aujourd'hui sont généralement bien; ils sont à jour, avec un vide au milieu, et à limon ou à crémaillère, selon la forme d'assemblage des marches. A limon, lorsque les marches sont assujéties avec tenons et mortaises; à crémaillères, quand elles sont clouées par dessus, et que les moulures de chaque marche se pourtournent du côté de la rampe. Les assemblages doivent être justes et retenus avec des boulons de fer à chaque joint, et par d'autres boulons d'écartement à têtes carrées d'un bout, sur la face des limons ou de la crémaillère, et de l'autre bout, soit avec une clavette, soit une ancre, soit à scellement, suivant qu'il se trouve dans un pan de bois ou dans un mur.

Les marches d'un escalier sont dites pleines lorsqu'elles sont d'une seule pièce, et creuses lorsqu'elles n'ont pas d'épaisseur toute leur hauteur, et qu'on rapporte une contremarche sur la face du devant. Les marches ne doivent pas avoir moins de trois pouces d'épaisseur sur le devant, ni moins des dix-huit lignes à deux pouces sur le derrière, car le trop peu d'épaisseur a plusieurs inconvéniens : le premier est de rendre un mauvais son lorsqu'on monte et descend;

le second est que l'humidité du plâtre les fait gauchir; et le troisième est que quand il n'y a pas une épaisseur suffisante sur le derrière, les écoinçons qu'on est obligé de rapporter aux marches qui se trouvent dans les parties tournantes ne peuvent pas l'être avec solidité.

Le patin de l'escalier doit être posé sur un parpain en pierre dure, lequel doit aussi être posé sur un solide.

Les premières marches d'un escalier doivent être en pierre dure; on ne peut pas se dispenser d'en mettre au moins une de cette matière aux marches palières; et pour les empêcher de déverser, ce qui arrive souvent, on doit, si les abouts sont posés sur un pan de bois, les maintenir avec un boulon en fer qui traversera la sablière sur laquelle chaque bout sera posé: si c'est sur un mur, on y mettra de même un boulon qu'on fera descendre le plus bas possible dans le mur avec une ancre en travers; on peut au surplus imaginer tout autre moyen, d'après l'espèce de construction sur laquelle pose et pèse la marche.

COMPARAISON

DE LA VALEUR

DES MURS ET DES PANS DE BOIS

SOUS LE RAPPORT DE LA DÉPENSE.

CHAPITRE IX.

Afin de mettre sous les yeux des personnes qui font bâtir l'avantage qu'il y a de construire la face des maisons en pierre de taille au lieu de la faire en moellon ; comme aussi de la préférence qu'on doit donner aux murs en moellon sur les pans de bois, je vais donner le détail et le montant de la dépense de chacun de ces ouvrages.

Le mur de face sur la rue de la maison rue de Bourbon, n° 75, qui est construit en moellon à partir du dessous du soubassement qui règne avec les appuis des croisées du premier étage jusque sous l'entablement, me servira d'exemple.

DÉTAIL DE CE MUR CONSTRUIT EN MOELLON.

Il contient 46 pieds 6 pouces de longueur, y compris l'épaisseur de deux murs mitoyens, sur une hauteur de 30 pieds, déduction faite des bandeaux régnant avec l'appui des croisées, et de l'entablement, qui sont également en pierre dure et tendre à une face construite entièrement en pierre de taille; ce qui produit une superficie de .... 1395ᵖ 0° 0¹

Il convient de déduire le vide des quinze baies de croisées, savoir :

Les cinq du 1ᵉʳ étage, de chacune 4 pieds de largeur, sur 8 pieds 6 pouces de hauteur, y compris l'emplacement des linteaux ; ce qui produit............... 170ᵖ 0° 0¹

Les cinq du deuxième étage, de chacune 3 pieds 8 pouces de largeur, sur 8 pieds 4 pouces de hauteur, compris de même que dessus, et la maçonnerie sous l'appui des croisées; ce qui produit................... 152 9 4

Les cinq du 3ᵉ étage, de chacune 3 pieds 6 pouces de largeur, sur 7 pieds 10 pouces de hauteur, compris de même

A reporter... 322ᵖ 9° 4¹ 1395ᵖ 0° 0¹

Report.....	322ᵖ	9°	4ˡ	1395ᵖ	0°	0ˡ

que dessus; ce qui produit................ 137 1 0

Toute la déduction est de................... 459 10 4   459 10 4

Il reste pour la superficie réelle du mur ayant 18 pouces d'épaisseur 935ᵖ 1° 8ˡ ou 25 toises 1/2 17 pieds 1 pouce 8 lignes, à raison de 36 livres la toise, sans enduit, fait la somme de... 935ˡ 2ˢ 9ᵈ

La taille et sujétion du parement de tête des jambages au droit du vide contenant ensemble 215 pieds 4 pouces de hauteur, sur 1 pied 6 pouces de largeur, produit en superficie 8 toises 1/2 17 pieds, à raison de 9 livres la toise, fait la somme de........................... 80 15 0

La maçonnerie sous l'appui des croisées des deuxième et troisième étage, contenant 37 pieds 6 pouces de longueur pour les dix baies, sur 8 pouces de hauteur et 10 pouces d'épaisseur, ce qui produit en superficie une demi-toise 7 pouces, à raison de 20 livres la toise, fait la somme de............... 13 17 9

A reporter...... 1029ˡ 15ˢ 6ᵈ

Report......	1029ˡ 15ˢ 6ᵈ

L'enduit des deux côtés dudit mur produit le double de la superficie ci-dessus, qui, au quart de léger, est de...... 467ᵖ 6° 10¹

L'enduit des tableaux et embrasemens des baies, contenant ensemble 272 pieds 3 pouces de pourtour, sur 1 pied 8 pouces de largeur, compté aux trois quarts de léger compris les feuillures du dormant des croisées et les arêtes, ce qui produit.......... 340 3 9

La partie des embrasemens en contrebas des appuis, contenant ensemble 45 pieds de hauteur, sur 10 pouces de largeur, à demi de léger, produit.......... 18 9 0

Tous les enduits produisent.......... 826ᵖ 7° 7¹

A reporter...... 1029ˡ 15ˢ 6ᵈ

Report......	1029ˡ	15ˢ	6ᵈ

ou 22 toises 1/2 16 pieds 7 pouces 7 lignes de léger, à raison de 13 livres la toise, fait la somme de..... 298 8 7

La fourniture des linteaux en bois aux quinze baies de 6 pieds de longueur chaque, sur 18 à 8 pouces de gros, ce qui produit 30 pièces de bois de charpente, à raison de 10 livres la pièce, fait la somme de........................... 300 0 0

Le total de la dépense pour ce mur est de........................... 1628ˡ 4ˢ 1ᵈ

Si l'on veut savoir à combien revient chaque toise superficielle de ce mur, il faut ôter de cette somme celle de 13 livres 17 sous 9 deniers pour la maçonnerie sous l'appui des croisées, cette maçonnerie n'étant pas comptée dans la superficie de la face, ou, pour mieux dire, ayant été déduite avec le vide des baies, comme n'ayant pas toute l'épaisseur du mur, ci............... 13 17 9

Reste donc......................... 1614ˡ 6ˢ 4ᵈ

En divisant cette somme de 1614 livres 6 sous 4 deniers par 25 toises 1/2, 17 pieds 1 pouce 8 lignes, on aura 62 livres 2 sous 11 deniers pour chaque toise superficielle.

On voit par ce détail qu'une toise superficielle de mur percé de baies construit en moellons, de 18 pouces d'épaisseur, enduit des deux côtés et sur la face des tableaux et embrasemens, coûte 62 livres 2 sous 11 deniers, tandis qu'un mur plein construit de même ne coûte que 36 livres sans enduit, et 6 livres 10 sous pour les deux enduits, ce qui porte la dépense à 42 livres 10 sous.

Cette différence du prix de la toise entre les murs pleins et ceux percés de baies, quoique construits de même, a pour cause la plus value des paremens de tête des baies, l'enduit des tableaux et embrasemens, et la fourniture des linteaux en charpente.

Voici maintenant la valeur du même mur de face, mais construit en pierres de taille de Saint-Leu.

DÉTAIL.

La longueur est de 46 pieds 6 pouces sur une hauteur de 30 pieds, de même que le précédent, ce qui produit en superficie........ 1395ᵖ 0° 0¹

Il convient de déduire le vide des quinze baies de croisées, savoir :
Les cinq du premier étage, de cha-

A reporter...... 1395ᵖ 0° 0¹

Report......	1395ᵖ 0° 0ˡ	

cune 3 pieds 10 pouces de largeur sur 7 pieds 8 pouces de hauteur, ce qui produit........ 146ᵖ 11° 4ˡ

Celles du deuxième étage, de chacune 3 pieds 8 pouces de largeur sur 7 pieds de hauteur, ce qui produit.......... 128 4 0

Celles du troisième étage, de chacune 3 pieds 6 pouces de largeur sur 6 pieds 6 pouces de hauteur, ce qui produit.................. 123 9 0

Toute la déduction est de.......... 399ᵖ 6° 4ˡ   399 0 4

Il reste pour la superficie réelle   995ᵖ 11° 8ˡ

Sur une épaisseur de 18 pouces, produit en cube 1493 pieds 11 pᶜᵉˢ 6 lignes à raison de 2 livres 5 sous le pied, fait la somme de 3368ˡ 8ˢ 9ᵈ

Il convient d'ajouter pour les évidemens avec perte et déchet de la pierre dans la taille des som-

A reporter...... 3368ˡ 8ˢ 9ᵈ

	Report......	3368¹	8ˢ	9ᵈ

miers et des claveaux des plates-bandes droites au dessus des baies qui n'ont point été mesurées par équarrissage, laquelle perte et déchet sont évalués à 3 pieds cubes pour chaque baie; les quinze produisent 45 pieds, à raison de 2 livres 14 sous le pied, fait la somme de........................,............... 121 10 0

Les évidemens avec perte et déchet pour le dégagement des harpes formant liaison avec les murs mitoyens et avec celui de refend, évalué à 65 pieds, à raison de 2 livres 5 sous le pied, fait la somme de 146 5 0

Les harpes dans les mêmes murs produisent 97 pieds 6 pouces cubes, à raison de 2 livres 5 sous le pied, fait la somme de 219 livres 7 sous 6 deniers; mais comme ces harpes occupent une partie de mur qui doit être en moellon, il convient de déduire le prix de ce mur sur celui de la pierre, qui est de 71 livres 11 sous 1 denier. Le surplus de la différence est de..................... 147 16 5

La taille des paremens de ces

A reporter..... 3784¹ 0ˢ 2ᵖ

Report...... 3784^l 0^s 2^d

harpes, contenant ensemble 65 pieds de hauteur sur 1 pied de largeur, comptée double pour les deux paremens, produit.. 130^p 0° 0^l

La taille des paremens du mur de face, comptée double pour les deux côtés, produit............... 1991 11 4

La taille des tableaux et embrasemens des baies de croisées, contenant ensemble 266 pieds 8 pouces de pourtour sur 2 pieds 6 pouces de taille, compris l'évidement de l'embrasure et la feuillure intérieure, ce qui produit....... 666 8 0

Toute la taille des paremens produit... 2788 7 4
ou 77 toises 16 pieds 7 pouces 4 lignes superficielles, à raison de 10 livres 10 sous la toise, fait la somme de.................................. 813 6 10

A reporter...... 4597^l 7^s 0^d

Report...... 4597¹ 7ˢ 0ᵈ

Le réfouillement simple sur place au droit des alléges des croisées, contenant ensemble 55 pieds de longueur sur 8 pouces de hauteur et 10 pouces de largeur, produit en cube 30 pieds 6 pouces, à raison de 1 livre le pied, compris la demi-taille du premier parement au droit de ces évidemens, fait la somme de   30 10 0

Le total de la dépense de ce mur est de................................ 4627¹17ˢ 0ᵈ

En divisant cette somme de 4627 livres 17 sous par 26 toises et demi 6 pieds 1 pouce 8 lignes (car ici l'on doit ajouter une demi-toise 7 pieds pour la partie de mur sous les appuis des croisées qui a dû être retranchée du mur en moellon comme n'ayant qu'une faible épaisseur), on aura 173 livres 10 sous 5 deniers pour chaque toise superficielle de mur de 18 pouces d'épaisseur construite en pierre de taille de Saint-Leu, y compris le parement sur toutes les faces.

Ainsi l'on voit par les détails qui précèdent, que le mur de face sur la rue de cette maison, qui, construit en moellon, a coûté 1614 livres 6 sous 9 deniers, n'aurait coûté que 4627 livres 17 sous 4 deniers s'il était construit entièrement en pierre de taille, et que la différence du prix n'est que de 3013 livres 10 sous 3 deniers. Est-ce la peine de faire une pareille économie sur la dépense d'une maison dont la construction coûte 135,000 francs, outre le prix du terrain et les autres dépenses, telles que frais, faux-frais et intérêts de l'argent; ce qui porte la valeur de cette maison à 190,000 francs.

Le détail qui vient d'être fait l'est pour une façade de maison sans ornement; mais lorsqu'on en veut faire, la dépense diffère peu de celle qu'on fait pour les ornemens en plâtre, par la raison que les moulures en plâtre de la face des maisons se toisent de même que celles en pierre [1] et se paient à raison de 13 livres la toise, tandis que celles en pierre ne se paient que 12 livres. La différence n'est donc que pour la masse de la pierre et quelques évidemens, encore faut-il payer à part la masse des moulures qui sont faites en plâtre.

J'en conclus qu'entre le choix qu'on a à faire de construire les faces des maisons en moellon ou en pierre de taille, on doit donner la préférence à ce dernier.

[1] Il est vrai que je n'approuve pas cette manière de toiser les moulures en plâtre; j'ai fait voir, dans le chapitre du toisé, que c'était abusivement que des moulures traînées en plâtre, au moyen d'un calibre, étaient comptées comme des moulures taillées dans la pierre, et j'ai donné les bases du toisé qu'on doit suivre à l'égard des premières. Mais jusqu'à présent l'abus existe, et je dois partir du fait pour ne pas induire le lecteur dans des évaluations erronées.

DÉTAIL POUR CONNAITRE LA VALEUR DE CHAQUE TOISE SUPERFICIELLE DE PAN DE BOIS, TOUT VIDE DÉDUIT.

Afin de donner une juste idée de ce que coûte chaque toise superficielle de pan de bois, je vais donner le détail de trois différens pans de bois exécutés, et d'après le toisé qui en a été fait.

Le détail qui va suivre se rapporte à un des pans de bois de la première cour de la maison de la rue de l'Université, n° 88 bis.

ÉTAGE DE L'ENTRESOL.

Observation. La première colonne de chiffres indique la longueur de chaque morceau de bois qui compose ce pan de bois; la deuxième indique la dimension de la largeur de chaque face, ou la grosseur; la troisième est le résultat ou produit d'une face multipliée par l'autre face; et, enfin, la quatrième est le résultat du produit des faces multipliées par la longueur de chaque morceau, en pieds, pouces et lignes, dont chaque six pieds fait la pièce.

La sablière haute en 2 morceaux :

1 de 17ᵖ 3° sur 6	à 10 ½	2	3	1	2
1 de 25 0 sur 7	à 10	4	0	3	8
	A reporter......	6	3	4	10

Report......	6	3	4	10

La sablière basse en 3 morceaux :
1 de 14ᵖ 3° sur 7 à 10	2	1	10	3
1 de 14 6 sur 7 à 10 ¹/₂.....	2	2	9	7
1 de 13 9 sur 7 ¹/₂ à 10	2	2	3	10

Dix-neuf poteaux, dont 16 de chacun 5 pieds 9 pouces de longueur :

6 de .. 5 à 8 ... 20 0 0 ⎫				
3 de .. 5 ¹/₂ à 8 ... 11 0 0 ⎪				
2 de .. 5 à 7 ¹/₂ ... 6 3 0 ⎪				
2 de .. 5 ¹/₂ à 7 ¹/₂ ... 6 10 6 ⎬	9	5	10	9
1 de .. 6 ¹/₂ à 7 ... 3 9 6 ⎪				
2 de .. 5 à 9 ... 7 6 0 ⎪				
2 de .. 5 à 8 ¹/₂ ... 7 1 0 ⎭				

Les trois autres poteaux, dont 2 de chacun 6 pieds 9 pouces de longueur :

1 de .. 6 à 10 ¹/₂ ... 5 3 0 ⎫	2	1	1	6
1 de .. 7 à 11 ... 6 5 0 ⎭				
et 1 de 7 9 sur 6 à 9 ¹/₂	1	0	1	7

Cinq linteaux de chacun 4 pieds 3 pouces sur 5 à 7 ¹/₂ ... | 1 | 5 | 0 | 10 |

Dix potelets de chacun 1 pied 9 pouces sur 4 à 8.............. | 1 | 1 | 9 | 4 |

Un poteau cornier de 24 pieds 9 pouces sur 11 ¹/₂ à 11 ¹/₂ ..... | 7 | 3 | 5 | 6 |

A reporter......	37	3	10	0

ET DES PANS DE BOIS. 135

Report...... 37 3 10 0

HAUTEUR DU PREMIER ÉTAGE.

La sablière haute en 3 morceaux :
1 de 10ᵖ9° sur 6   à 8   .... 1 1 2 0
1 de 13 0 sur 6   à 8   .... 1 2 8 0
1 de 18 9 sur 6   à 8 ½ 2 1 3 4
La sablière basse en 5 morceaux :
1 de 6ᵖ0° sur 6   à 8 ½ 0 4 3 0
1 de 13 0 sur 5   à 7 ½ 1 0 9 3
1 de 5 6 sur 5   à 7 ½ 0 2 10 5
1 de 7 3 sur 5   à 7 ½ 0 3 9 4
1 de 10 3 sur 4 ½   à 8   .... 0 5 1 6
Treize poteaux, dont 9 de chacun
11 pieds 3 pouces de longueur :
1 de .. 5 ½ à 5 ½ .... 2 6 3⎫
1 de .. 4 ½ à 6 ½ .... 2 5 3⎪
2 de .. 5   à 7 ½ .... 6 3 0⎪
2 de .. 5   à 6 ½ .... 5 5 0⎬ 7 3 9 4
1 de .. 4 ½ à 7   .... 2 7 6⎪
1 de .. 5   à 7   .... 2 11 0⎪
1 de .. 5   à 5 ½ .... 2 3 6⎭
Les quatre autres poteaux, dont
deux de chacun 14 pieds 6 pouces
de longueur :
1 de .. 5 ½ à 9   .... 4 1 6⎫ 3 2 10 2
1 de .. 6   à 9   .... 4 6 0⎭

A reporter...... 57 2 4 4

Report...... 57 2 4 4

Les 2 autres poteaux de chacun 13 pieds 9 pouces de longueur :
1 de .. 8 à 10 ½ .... 7 0 0 ⎫
1 de .. 7 ½ à 10 ½ .... 6 6 9 ⎭ 5 1 0 11

Quatre décharges de chacune 11 pieds 9 pouces de longueur :
2 de .. 5 à 6 .... 5 0 0 ⎫
1 de .. 4 ½ à 6 ½ .... 2 5 3 ⎬ 3 1 11 5
1 de .. 5 ½ à 6 .... 2 9 0 ⎭

Quatorze tournisses de chacune 7 pieds 9 pouces sur 5 à 5 ½ .. 6 5 5 4

Cinq linteaux de chacun 4 pieds 3 pouces sur 5 à 7............... 1 4 3 11

Trois sablières de chacune 1 pied 9 pouces sur 5 à 7.......... 0 2 6 8

HAUTEUR DU DEUXIÈME ÉTAGE.

La sablière haute en 4 morceaux :
1 de 15ᵖ 0ᵒ sur 6 à 9 .... 1 5 3 0
1 de 8 6 sur 7 à 9 ½ 1 1 10 3
1 de 12 9 sur 6 à 8 .... 1 2 6 0
1 de 6 3 sur 6 ½ à 8 ½ 0 4 9 7

La sablière basse en 6 morceaux :
1 de 6ᵖ 3ᵒ sur 5 à 8 .... 0 3 5 8
1 de 8 6 sur 4 à 8 ½ 0 4 0 2
1 de 3 3 sur 4 à 7 ½ 0 1 4 3
1 de 8 6 sur 5 ½ à 8 ½ 0 5 6 3

A reporter....... 82 4 5 9

ET DES PANS DE BOIS. 137

	Report......	82	4	5	9
1 de 8ᵖ 9°sur 6 à 8		0	5	10	0
1 de 6 3 sur 4 ½ à 7 ½		0	2	11	2

Treize poteaux, dont sept de chacun 9 pieds de longueur :

1 de .. 5 à 5 ... 2 1 0 ⎫				
1 de .. 5 à 6 ½ ... 2 8 6 ⎪				
2 de .. 5 à 7 ... 5 10 0 ⎬	4	3	10	6
1 de .. 5 ½ à 7 ½ ... 3 5 3 ⎪				
1 de .. 5 à 5 ... 2 1 0 ⎪				
1 de .. 4 ½ à 6 ½ ... 2 5 3 ⎭				

Les 6 autres poteaux, dont 4 de chacun 12 pieds 6 p. de longueur :

1 de .. 5 à 9 ½ ... 3 11 0 ⎫				
1 de .. 5 à 7 ... 2 11 0 ⎬	4	2	5	8
1 de .. 5 à 6 ... 2 6 0 ⎪				
1 de .. 4 ½ à 9 ... 3 4 6 ⎭				

Les 2 autres poteaux de chacun 11 pieds 6 pouces de longueur :

1 de .. 9 ½ à 9 ½ ... 7 6 3 ⎫	4	1	0	5
1 de .. 7 à 9 ½ ... 5 6 6 ⎭				

Quatre décharges de chacune 9 pieds 6 pouces de longueur :

1 de .. 5 ½ à 5 ½ ... 2 6 3 ⎫				
2 de .. 5 à 5 ½ ... 4 7 0 ⎬	2	2	6	7
1 de .. 5 à 5 ... 2 1 0 ⎭				

Quatorze tournisses de chacune 6 pieds 9 pouces sur 4 ½ à 5....... 4 5 6 5

	A reporter......	104	4	8	6

138 COMPARAISON DES MURS

Report......	104	4	8	6
Cinq linteaux de chacun 4 pieds 3 pouces sur 4 ½ à 4 ½.............	0	5	11	8
Une sablière de 1 pied 6 pouces sur 5 à 8.....................	0	0	10	0

HAUTEUR DU TROISIÈME ÉTAGE.

La sablière d'entablement en trois morceaux :

1 de 10ᵖ 3° sur 6 ½ à 9	1	2	3	10
1 de 17 3 sur 6 ½ à 8	2	0	5	6
1 de 15 6 sur 6 ½ à 10	2	1	11	5

La sablière basse en 6 morceaux :

1 de 10ᵖ 9° sur 4 à 8	0	4	9	4
1 de 4 6 sur 4 ½ à 8 ½	0	2	4	9
1 de 8 6 sur 5 à 7	0	4	1	7
1 de 6 6 sur 4 ½ à 7 ½	0	3	11	10
1 de 4 3 sur 4 ½ à 7 ½	0	1	11	11
1 de 6 3 sur 4 à 8	0	2	9	4

Quatorze poteaux, dont 7 de chacun 8 pieds 3 p. de longueur :

1 de .. 5 à 5 ½ ...	2 3 6			
2 de .. 4 ½ à 7 ...	5 3 0			
1 de .. 4 ½ à 6 ½ ...	2 5 3	4	1	0	9
1 de .. 4 ½ à 9 ...	3 4 6			
1 de .. 4 ½ à 8 ...	3 0 0			
1 de .. 4 ½ à 5 ...	1 10 6			

A reporter.....	119	1	4	5

Report...... 119	1	4	5

Les 7 autres poteaux, dont 2 de chacun 10 pieds de longueur :

1 de .. 4 ½ à 9 ... 3 4 6 }	2	1	2	4
1 de .. 5 à 8 ½ ... 4 6 6 }				

Les cinq autres, dont

2 de 12ᵖ 3° sur 5 ½ à 10	3	0	8	6
1 de 9 4 sur 6 à 9	1	1	0	0
1 de 10 9 sur 7 à 10	1	4	5	5

Un poteau cornier de 18 pieds 6 pouces sur 9 ½ à 10 ½ 4 1 7 7

Quatre décharges de chacune 9 pieds de longueur.

2 de .. 5 à 5 ... 4 2 0 }				
1 de .. 5 à 6 ... 2 6 0 }	2	2	0	9
1 de .. 5 à 6 ½ ... 2 8 6 }				

Quatorze tournisses de chacune 5 pieds 9 pouces sur 4 ½ à 5..... 4 1 1 11

Cinq linteaux de chacun 4 pieds 3 pouces sur 4 ½ à 4 ½.... 1 9 1 0

Total général............... 140 4 7 11

Dans la construction de ce pan de bois, il a été employé 140 pièces 4 pieds 7 pouces 11 lignes de bois de charpente; je ferai remarquer que le pourtour de la cour étant construit en pans de bois, il existe quatre poteaux corniers pour les quatre faces; que par conséquent on n'en a compté qu'un seul pour cette face.

Voici maintenant quelle est la superficie de ce pan de bois.

Il contient 43 pieds de longueur, compris une épaisseur de pan de bois, sur 40 pieds 24 pouces de hauteur, ce qui produit.......... 1727ᵖ 2° 0¹

Il convient de déduire : 1° les cinq baies de croisées de l'entresol, de chacune 3 pieds 6 pouces de largeur sur 4 pieds de hauteur; ce qui produit.................. 70ᵖ 0° 0¹

Les cinq du 1ᵉʳ étage, de chac. 3 pieds 8 pouces de largeur sur 8 pieds de hauteur, déduction faite de l'appui; ce qui produit........... 146 8 0

Les cinq du 2ᵉ étage de chac. 3 pieds 7 pouces de largeur sur 7 pieds 6 pouces de hauteur, compris de même que celle du 1ᵉʳ étage; ce qui produit.............. 134 4 6

Les cinq du 3ᵉ étage, de chac. 3 pieds 6 pouces de largeur sur 6 pieds 11 pouces de hauteur, compris de même

A reporter.... 351 0 6   1727 2 0

Report....	351ᵖ 0°6ˡ		1727ᵖ 2° 0ˡ		

que dessus; ce qui produit...................... 121 5 6

Toute la déduction est de.................... 472 7 0   472 6 0

Il reste, pour la superficie réelle de ce pan de bois...................... 1254 8 0
ou 34 toises 1/2 12 pieds 8 pouces superficielles.

En divisant les 140 pièces 4 pieds 7 pouces 11 lignes de bois de charpente qui ont été employées dans la construction de ce pan de bois par 34 toises 1/2 12 pieds 8 pouces, on aura 4 pièces 0 pieds 2 pouces 10 lignes de charpente pour chaque toise superficielle.

Voici maintenant le détail d'un autre pan de bois tel qu'il est construit sur la face de la cour de la maison rue de Bourbon, n° 77,

SAVOIR :

Le filet ou poitrail qui supporte ce pan de bois ne sera pas compté, parce qu'il faut aussi un poitrail pour supporter un mur, et même un peu plus fort. Celui-ci ayant 13 sur 13 de grosseur sur une longueur de 34 pieds 3 pouces, la différence en plus pour supporter un mur peut être évaluée à 4 pièces, qui sera retirée sur la quantité de pièces que produira ce pan de bois.

COMPARAISON DES MURS

HAUTEUR DU PREMIER ÉTAGE.

La sablière haute en 2 morceaux :

1 de 22p 9° sur 6 ½ à 9 ½			3	1	6	7
1 de 10 0 sur 6 ½ à 8 ½			1	1	8	1

Sablière basse et appuis en 7 morceaux :

1 de 4p 3° sur 4 ½ à 9		0	2	4	8
2 de 4 3 sur 6 à 6 ½		0	4	7	2
1 de 2 0 sur 5 à 7		0	0	11	8
1 de 4 3 sur 5 à 6		0	1	9	3
1 de 3 3 sur 5 ½ à 7		0	1	8	10
1 de 2 6 sur 5 à 8 ½		0	1	5	8

Douze poteaux, dont 9 de chacun 11 pieds 3 pouces de longueur :

1 de .. 5 ½ à 6 .. 2 9 0					
4 de .. 5 ½ à 6 .. 11 9 0					
1 de .. 6 à 6 ½ .. 3 3 0		7	4	6	3
1 de .. 6 à 6 .. 3 0 0					
1 de .. 5 à 5 ½ .. 2 3 6					
1 de .. 5 ½ à 5 ½ .. 2 6 3					

Les trois autres poteaux, dont
1 de 13 pieds sur 4 ½ à 9 ..... 1 1 3 9

Les deux autres poteaux de chacun 10 pieds de longueur :

1 de .. 5 à 6 ... 2 6 0					
1 de .. 5 ½ à 6 ... 2 9 0		1	2	9	0

A reporter...... 17 0 8 1

ET DES PANS DE BOIS. 143

	Report......	17	0	8	1

Un poteau cornier de 23 pieds 6 pouces sur 10 à 10.............   5   2   7   8

Deux décharges de chacune 10 pieds 6 pouces de longueur.
1 de .. 6   à   6 ..   3   0   0 ⎫
1 de .. 5   à   5 ½ ..   2   3   6 ⎭   1   3   2   1

Six tournisses de chacune 6 pieds de longueur :
5 de .. 5   à   5 ½ .. 11   5   6 ⎫
1 de .. 4 ½ à   5 ..   1   10   6 ⎭   2   1   4   0

Quatre linteaux de chacun 4 pieds 6 pouces sur 5 à 5 ½...   1   0   10   4

Huit potelets de chacun 1 pied 9 pouces sur 5 ½ à 10 ½......   1   5   2   0

HAUTEUR DU DEUXIÈME ÉTAGE.

La sablière haute en deux morceaux :
1 de 22ᵖ 9 sur 6 ½ à 9   3   0   5   9
1 de 10 0 sur 6 ½ à 8   1   1   2   8

La sablière basse et appuis en neuf morceaux :
1 de 2ᵖ 3° sur 6   à 8   0   1   6   0
2 de 4   3 sur 5   à 5 ½   0   3   2   10
1 de 3   6 sur 5 ½ à 8   0   2   1   8
2 de 4   3 sur 5 ½ à 5 ½   0   3   7   2

                            A reporter......   35   2   0   3

COMPARAISON DES MURS

	Report......	35	2	0	3
1 de 2ᵖ 3°sur 5 ½ à 7 ½.....		0	1	3	2
1 de 4 9 sur 5 à 9		0	2	11	7
1 de 4 6 sur 6 à 7 ½.....		0	2	9	9

Douze poteaux, dont neuf de chacun 10 pieds 3 pouces de longueur :

4 de .. 5 à 6 ... 10 0 0	
2 de .. 5 à 5 ½... 4 7 0	
1 de .. 5 ½ à 8 ... 3 8 0	6 3 0 9
1 de .. 5 à 5 ... 2 1 0	
1 de .. 5 ½ à 5 ½... 2 6 3	

Les deux autres poteaux de chacun 8 pieds 6 pouces sur 5 à 5 ½..   1 0 5 10

Un poteau cornier de 19 pieds sur 8 ½ à 10 ½....................   3 5 7 5

Trois décharges de chacune 8 pieds 6 pouces de longueur :

2 de .. 4 ½ à 5 ... 3 9 0	1 1 8 1
1 de .. 4 à 5 ... 1 8 0	

Sept tournisses de chacune 5 pieds 3 pouces de longueur :

1 de .. 5 ½ à 5 ½... 2 6 3	
4 de .. 4 ½ à 4 ½... 1 8 3	
1 de .. 4 ½ à 5 ½... 2 0 9	1 0ᶜ 11 6
1 de .. 4 ½ à 5 ... 1 10 6	

	A reporter......	50	2	10	4

ET DES PANS DE BOIS. 145

| | Report...... | 50 | 2 | 10 | 4 |

Douze potelets de chacun 2 pieds de longueur :

1 de .. 6 à 6 ½ ... 3 3 0	}			
1 de .. 5 à 5 ½ ... 2 3 6				
1 de .. 5 ½ à 8 ... 3 8 0				
1 de .. 5 ½ à 7 ½ ... 3 5 3				
1 de .. 5 ½ à 5 ½ ... 2 6 3				
1 de .. 5 ½ à 7 ... 3 2 6	1	4	2	2
1 de .. 4 à 8 ... 2 8 0				
2 de .. 5 à 7 ... 2 11 0				
1 de .. 5 à 7 ½ ... 3 1 6				
1 de .. 4 à 6 ... 2 0 0				
1 de .. 3 ½ à 5 ... 1 5 6				

HAUTEUR DU TROISIÈME ÉTAGE.

La sablière haute en deux morceaux :

| 1 de 22ᵖ 9° sur 6 à 9 ½ ..... | 3 | 0 | 0 | 1 |
| 1 de 10 3 sur 6 à 9 ..... | 1 | 1 | 8 | 3 |

La sablière basse en neuf morceaux :

1 de 2ᵖ 3° sur 6 à 8	0	2	6	0
2 de 4 3 sur 5 à 5 ½	0	3	2	10
1 de 3 6 sur 5 ½ à 8	0	2	1	8
2 de 4 3 sur 5 ½ à 5 ½	0	3	7	2
1 de 2 3 sur 5 ½ à 7 ½	0	1	3	6

| | A reporter...... | 58 | 3 | 6 | 0 |

| | Report...... | 58 | 3 | 6 | 0 |

1 de 4p 9°sur 5   à 9 .....   0 2 11 7
1 de 4 6 sur 6   à 7 ½.....   0 2 9 9

Onze poteaux, dont neuf de chacun 9 p. 9 p. de longueur :

4 de .. 5   à 6   ... 10 0 0 ⎫
2 de .. 5   à 5 ½... 4 7 0 ⎪
1 de .. 5 ½ à 8   ... 3 8 0 ⎬ 6 1 1 8
1 de .. 5   à 5   ... 2 1 0 ⎪
1 de .. 5 ½ à 5 ½... 2 6 3 ⎭

2 de 8 pieds 6 pouces sur 5 à 5 ½..   1 0 5 10

Trois décharges de 8 pieds 6 pouces sur 4 ½ à 5...............   1 1 11 6

Sept tournisses de 5 pieds 3 pouces sur 5 ½ à 5 ½ 2 4 2 3

Douze potelets de 2 pieds de hauteur :

3 de .. 6   à 6   ... 9 0 0 ⎫
3 de .. 5 ½ à 5 ½... 7 6 9 ⎬ 1 3 10 9
3 de .. 5 ½ à 5   ... 6 10 6 ⎪
3 de .. 5   à 5   ... 6 3 0 ⎭

HAUTEUR DU QUATRIÈME ÉTAGE.

La sablière haute en deux morceaux :

1 de 16p 3°sur 8   à 9 ½.....   2 5 1 10
1 de 17 3 sur 8   à 9 ½.....   3 0 2 6

| | A reporter...... | 78 | 2 | 3 | 8 |

ET DES PANS DE BOIS. 147

	Report......	78	2	3	8

La sablière basse en huit morceaux :

1 de 4p 3° sur 4 ½ à 9 ½.....	0	2	6	4
1 de 4 3 sur 4 ½ à 6 ½.....	0	1	8	10
1 de 3 9 sur 5 ½ à 6 ½.....	0	1	10	6
1 de 4 3 sur 4 ½ à 5 ½.....	0	1	5	7
1 de 4 3 sur 5 à 5 ½.....	0	1	7	6
1 de 3 6 sur 5 ½ à 7	0	1	10	5
1 de 2 3 sur 5 ½ à 6 ½.....	0	1	1	6

Dix poteaux, dont neuf de chacun 9 p. 3 p. de longueur :

1 de .. 5 à 5 ½... 2 3 6 ⎫				
4 de .. 5 à 5 ... 8 4 0 ⎪				
2 de .. 4 ½ à 5 ½... 4 1 6 ⎬ 4	5	5	9	
1 de .. 5 à 6 ... 2 6 0 ⎪				
1 de .. 4 ½ à 5 ... 1 10 6 ⎭				
1 de 7 pieds 6 pouces sur 5 à 5 ½.	0	2	10	4

Trois décharges de chacune 8 pieds de longueur :

1 de .. 5 à 5 ½... 2 3 6 ⎫				
1 de .. 4 ½ à 5 ½... 2 0 9 ⎬ 1	3	9	4	
1 de .. 5 ½ à 6 ½... 2 11 9 ⎭				

Huit tournisses de chacune 6 pieds sur 5 à 5..................... 2 4 8 0

Quatorze potelets de chacun 2 pieds 3 pouces sur 5 à 7........ 2 3 0 2

Total général............... 92 4 3 11

Il a été employé 92 pièces 4 pieds 3 pouces 11 lignes de bois de charpente pour la construction de ce pan de bois.

Quant à la superficie, en voici le compte :

Il contient 32 pieds 0 pouces de longueur, compris une épaisseur de pan de bois sur 41 pieds 6 pouces de hauteur, ce qui produit.. 1318 00

Il convient de déduire seize baies de croisées, dont 4 sur la hauteur et 4 de front, contenant ensemble 14 pieds de largeur sur ensemble 28 pieds de hauteur, déduction faite des appuis; ce qui produit.. 392 00

Reste pour la superficie réelle........ 926 00
ou 25 toises 1/2 8 pieds 0 pouces.

En divisant les 92 pièces 4 pieds 3 pouces 11 lignes de bois de charpente qui ont été employées dans la construction de ce pan de bois, par 25 toises 1/2 8 pieds 0 pouces, on aura 3 pièces 3 pieds 6 pouces 6 lignes de charpente pour chaque toise superficielle.

DÉTAIL DE DEUX PANS DE BOIS DE REFEND CONSTRUITS A L'INTÉRIEUR DE LA MÊME MAISON, A REZ-DE-CHAUSSÉE.

Celui à droite.

La sablière haute de 16 pieds
6 pouces sur 8 à 8 1/2............ 2 3 7 0

ET DES PANS DE BOIS. 149

Report......	2	3	7	0

La sablière basse en trois morceaux de chacun 5 pieds 3 pouces de longueur:

1 de .. 6 à 9 ½...	4	9	0	⎫				
1 de .. 5 ½ à 10 ...	4	7	0	⎬	1	5	7	7
1 de .. 5 à 9 ½...	3	11	6	⎭				

Trois entre-toises:

1 de 4ᵖ 0° sur 6 à 11 ½.....	0	3	10	0
1 de 5 9 sur 6 ½ à 10 ½.....	0	5	6	0
1 de 5 3 sur 6 à 9 ½.....	0	4	6	11

Quatre poteaux:

2 de 13ᵖ 3° sur 6 à 10 ½.....	3	5	2	3
1 de 6 0 sur 5 ½ à 7	0	3	2	6
1 de 7 6 sur 5 ½ à 6	0	3	5	3

Six décharges:

2 de 7ᵖ 6° sur 5 ½ à 11 ½.....	2	1	2	1
1 de 7 10 sur 5 ½ à 6 ½.....	0	3	10	5
2 de 7 6 sur 5 ½ à 10 ½.....	2	0	0	4
1 de 5 9 sur 5 ½ à 6	0	2	7	7

Vingt-sept tournisses de chacune 4 pieds 3 pouces sur 5 à 6.   7   5   10   0

Le pan de bois à gauche.

La sablière haute de 18 pieds 9 pouces sur 8 à 9...............   3   0   9   0

La sablière basse en 2 morceaux:
1 de 8 pieds 9 pouces sur 6 à 10 ½.   1   1   7   10

A reporter......	29	2	10	9

Report......	29	2	10	9
1 de 4 pieds 9 pouces sur 6 à 9 1/2..	0	3	9	1
Deux entre-toises :				
1 de 8ᵖ 9° sur 6 à 9 1/2.....	1	0	11	6
1 de 4 0 sur 6 1/2 à 10	0	4	6	2
Quatre poteaux, dont deux de chacun 13 p. 3 p. de longueur :				
1 de .. 6 à 11 ... 5 6 0 ⎫				
1 de .. 6 à 10 1/2... 5 3 0 ⎭	3	5	8	10
1 de 5ᵖ 9° sur 5 1/2 à 6 1/2	0	2	10	2
1 de 6 9 sur 6 1/2 à 9 1/2	0	5	4	1
Huit décharges, dont quatre de chacune 6 p. 8 p. de longueur :				
2 de .. 5 1/2 à 10 ... 9 2 0 ⎫				
2 de .. 5 1/2 à 9 1/2... 8 8 6 ⎭	3	1	11	0
Les quatre autres de chacune 7 p. 3 p. de longueur :				
1 de .. 6 à 9 1/2... 4 9 0 ⎫				
1 de .. 5 à 9 ... 3 9 0 ⎬	3	2	6	10
2 de .. 5 1/2 à 9 1/2... 8 8 6 ⎭				
Vingt-trois tournisses de 4 pieds 6 pouces sur 5 à 6................	7	1	1	6
Un linteau de 4 pieds 3 pouces sur 5 1/2 à 9,....................	0	2	11	0
Trois potelets de 5 pieds 3 pouces sur 4 1/2 à 5 1/2............	1	1	2	6
Total pour les deux pans de bois	52	5	9	5

Il a été employé 52 pièces 5 pieds 9 pouces

5 lignes de bois de charpente pour la construction de ces deux pans de bois.

Quant à la superficie, en voici le compte :

Ils contiennent ensemble 31 pieds de longueur sur 13 pieds 6 pouces de hauteur, à partir du parpain jusqu'au dessus de la sablière haute; ce qui produit.................................. 418ᵖ 6°

A déduire une baie de porte, de 2 pieds 6 pouces de largeur sur 5 pieds 6 pouces de hauteur, ce qui produit.. 13 9

Reste.................................. 404ᵖ 9°
ou 11 toises 8 pieds 9 pouces pour la superficie de ces deux pans de bois.

En divisant les 52 pièces 5 pieds 9 pouces 5 lignes de bois de charpente qui ont été employés dans la construction de ces deux pans de bois, par 11 toises 8 pieds 9 pouces, on aura 4 pièces 4 pieds 3 pouces 3 lignes de charpente pour chaque toise superficielle.

Afin d'avoir une moyenne proportionnelle de la quantité de charpente qui entre dans chaque toise superficielle de pan de bois, on va réunir ensemble le total de la charpente qui a été employée dans chaque pan de bois, ainsi que la quantité de toises superficielles qu'elles en ont formées, pour ensuite faire une division générale du nombre de pièces par le nombre de toises, ce qui donnera cette quantité; savoir :

Dans la construction du premier pan de bois

il en a été employé.............. 140 4 7 11
  Dans celle du second......... 92 4 3 11
  Dans celle des 3ᵉ et 4ᵉ ensemble............................. 52 5 9 5
                Total général......... 286 2 9 3

La quantité de toises superficielles dont se composent ces pans de bois est, savoir :
  Le premier de................ 34 ½ 12 8
  Le second de................. 25 ½ 8 0
  Les 3ᵉ et 4ᵉ réunis............ 11 8 9
                Total général........ 70 ½ 11 5

En divisant 286 pièces 2 pieds 9 pouces 3 lignes par 70 toises 1/2 11 pieds 5 pouces, on aura 4 pièces 3 pouces pour chaque toise superficielle de pan de bois, à raison de 10 livres la pièce, prix moyen de la charpente, ce qui fait 40 livres 8 sous 4 deniers pour chaque toise superficielle, sans le hourdage ni les enduits.

Pour avoir la dépense entière de ce que coûte chaque toise superficielle de pan de bois, il convient d'établir le prix de la maçonnerie des pans de bois.

Jusqu'à ce jour on a constamment compté l'ouvrage en maçonnerie des pans de bois hourdés, lattés et ravalés des deux côtés à l'entier de léger, c'est à dire toise pour toise. C'est une erreur, puisque cet ouvrage ne peut être comparé avec aucun de ceux qui sont comptés de même, puisque la dépense est plus grande. Si les maîtres maçons et les ouvriers consentent à faire les ouvrages en pans de bois aux mêmes prix que les plafonds, les cloisons légères, etc., ce n'est que dans la certitude qu'ils ont de s'indemniser de la perte qu'ils éprouvent sur ces pans de bois, en faisant des ouvrages plus avantageux; car s'ils n'avaient que des pans de bois à hourder, latter et ravaler des deux côtés, ils ne pourraient pas le faire à moins de 16 livres la toise. C'est le prix que je vais mettre pour cet ouvrage. Ainsi 76 toises 1/2 12 pieds 11 pouces, à raison de 16 livres la toise, fait la somme de............ 1229 13 0

L'enduit des tableaux des baies de croisées des deux premiers pans de bois contenant ensemble 593 pieds 10 pouces de pourtour, sur 1 pied courant de léger, compris la feuillure intérieure et les arêtes, ce qui produit en léger 16 toises 17 pouces 10 lignes, à raison de 13 livres la toise, fait la somme de.... 214 8 10

Total...................... 1444 1 10

En divisant cette somme de 1444 livres 1 sou 10 deniers par 70 toises 1/2 11 pieds 5 pouces, on aura 20 livres 8 sous pour chaque toise superficielle, qui, ajoutée à celle de 40 livres 8 sous 4 deniers, fait 60 livres 16 sous 4 deniers.

D'après ces divers détails, il est clairement démontré qu'une toise superficielle de mur en pierre tendre de saint-Leu, de 18 pouces d'épaisseur, percé de baies avec parement sur toutes les faces, coûte.......................... 176 10 5

De même qu'une toise de mur en moellons, aussi percé de baies et enduit sur toutes les faces, coûte.. 62 2 11

De même qu'une toise de mur plein, sans baies de portes ni croisées, comme mur mitoyen ou autre en moellons, enduit des deux côtés, coûte.......................... 42 10 0

De même qu'une toise de pan de bois hourdé et ravalé sur toutes les faces, coûte....................... 60 16 4

J'ai additionné le produit de différens pans de bois, et j'ai toujours trouvé, à peu de chose près, le même résultat. La différence de la hauteur des planchers d'une maison ne change rien à la quantité de charpente qu'on emploie dans un pan de bois; car, plus les étages sont hauts, plus les poteaux et les décharges doivent avoir de grosseur; et plus ils sont bas, plus il y a de sablières et d'assemblages, et par conséquent plus il y a de longueur de bois, ce qui fait compensation avec le plus de grosseur des bois des étages les plus hauts. Il n'en résulte pas moins que tel que soit fait un pan de bois, il coûte toujours plus cher qu'un mur en moellon de 18 pouces d'épaisseur.

D'après les détails qui viennent d'être faits

concernant les pans de bois, il est facile de se rendre compte de la quantité de charpente qui doit entrer dans les pans de bois d'un bâtiment, lorsqu'on connaîtra la quantité de toise qu'il doit y en avoir.

Voici maintenant la quantité de charpente qui entre dans chaque toise superficielle de plancher, suivant que ces planchers ont plus ou moins de portée. Je ne ferai pas de détails, je vais donner le résumé de la quantité de charpente qui a été employée dans plusieurs planchers, ainsi que de la quantité de toises superficielles que contiennent chacun d'eux.

PLANCHERS DONT LES SOLIVES D'ENCHEVÊTRURE ONT 19 PIEDS 3 POUCES DE LONGUEUR.

Pour la construction d'un de ces planchers, il a été employé 28 pièces 9 pouces 8 lignes de charpente pour une superficie de 8 toises.

Pour un autre de même superficie, il a été employé 27 pièces 5 pieds 2 pouces 3 lignes.

Pour un autre dont la superficie est de 14 toises et demie 9 pieds, il a été employé 50 pièces 1 pied 7 pouces 8 lignes.

En ajoutant ensemble le nombre de pièces et celui de toises que contiennent ces trois planchers, et en divisant les pièces par les toises, on aura 3 pièces 2 pieds 9 pouces 3 lignes de charpente pour chaque toise superficielle.

PLANCHERS DONT LES SOLIVES D'ENCHEVÊTRURE ONT 16 PIEDS DE LONGUEUR.

Il a été employé pour un de ces planchers, 20 pièces 4 pieds 3 lignes de charpente dans une superficie de 6 toises 12 pouces.

Pour un autre plancher dont la superficie est de 15 toises 15 pieds, il a été employé 39 pièces 4 pieds 4 lignes de bois. En faisant la même division qu'aux précédens, on aura 3 pièces 1 pied 3 pouces 9 lignes pour chaque toise superficielle.

PLANCHERS DONT LES SOLIVES D'ENCHEVÊTRURE ONT 14 PIEDS DE LONGUEUR.

Il a été employé pour un de ces planchers, 24 pièces 1 pied 3 pouces 1 ligne de charpente dans une superficie de 8 toises; et pour un autre plancher contenant même superficie, il en a été employé 25 pièces 3 pieds 4 pouces 9 lignes; ce qui fait pour terme moyen, 3 pièces 8 pouces pour chaque toise superficielle.

PLANCHERS DONT LES SOLIVES D'ENCHEVÊTRURE ONT 11 PIEDS 9 POUCES DE LONGUEUR.

Il a été employé pour un de ces planchers, 12 pièces 2 pieds 6 pouces 5 lignes de charpente dans une superficie de 4 toises 6 pouces; et pour un autre dont la superficie est de 9 toises et demi 6 pieds, il en a été employé 27 pièces 1 pied 3 pouces 5 lignes : ce qui fait pour terme moyen 2 pièces 5 pieds 6 pouces pour chaque toise superficielle.

J'observerai que la mesure des planchers a été prise dans œuvre des murs et pans de bois, et que la portée des solives n'est point comptée dans la superficie.

La quantité de pièces de charpente qui entrent dans chaque toise superficielle de plancher, proportionnellement à la longueur des solives d'enchevêtrure, n'est pas malheureusement toujours la même, ainsi que cela devrait être dans tous les cas où la longueur des solives d'enchevêtrure est égale; car il arrive souvent que les pièces de bois d'un petit plancher sont plus fortes que celles d'un plus grand, bien que la portée des bois soit plus grande : c'est ce qu'il faut éviter. On sait bien que le bois qu'on emploie pour la charpente n'est pas tiré d'épaisseur, comme celui que l'on emploie pour la menuiserie; mais au moins, avec un peu de soin et d'attention, il est facile de le choisir de manière à ce que la grosseur soit, à peu de chose près, en rapport avec la longueur. On ne doit jamais souffrir que des solives ayant même longueur et faisant le même service aient jusqu'à un pouce de plus de grosseur sur chaque face, comme cela arrive communément; car si une solive de 8 à 9 pouces de grosseur est suffisante, pourquoi, dans le même plancher, y en aurait-il de même longueur, de 9 à 10 pouces de grosseur? C'est une dépense d'un cinquième en plus qui est tout-à-fait inutile, et la différence est encore plus grande sur une solive qui, au lieu d'avoir 7 à 8 pouces de grosseur, en aurait 8 à 9. Pour tous les bois de charpente tels que solives d'enchevêtrure, chevêtres, arbalestriers, entrées, faîtages, pannes, sablières, poteaux, et de même longueur et faisant le même service, on ne doit tolérer que six lignes sur chaque face, et à la rigueur que sur une seule, et encore que ce soit sur la hauteur.

RÉSUMÉ DE LA QUANTITÉ DE PIÈCES DE BOIS DE CHARPENTE QU'IL FAUT POUR CHAQUE TOISE SUPERFICIELLE DE PLANCHER, SUIVANT LA LONGUEUR DES SOLIVES D'ENCHEVÊTRURE.

LONGUEUR DES SOLIVES d'enchevêtrure.	RÉDUCTION en PIÈCES.	
11 9	2 5 6 0	
14 0	3 0 8 0	
16 0	3 1 3 9	pour chaque toise superficielle.
19 3	3 2 2 3	
24 0	4 3 0 0	

De la quantité de pièces de bois que l'on emploie pour la construction des combles des maisons suivant leurs différentes formes.

La quantité de pièces de bois qu'il faut pour la construction des combles, ne peut pas être appréciée avec autant de justesse que pour les planchers et pans de bois, parce que cela dépend du plus ou moins de mur qui se trouve dans l'intérieur du bâtiment, par la raison qu'on est dispensé de faire des fermes au droit de ces murs qui servent eux-mêmes de fermes et supportent l'about des pannes et faîtages. Je vais en donner un aperçu, en rapportant la quantité de pièces de bois employée dans la construction de trois combles de diverses formes.

Comble de la maison rue de Belle-Chasse, n° 10.

Ce comble est de forme triangulaire, dont la hauteur est de 15 pieds ou de moitié de la profondeur du bâtiment qui est de 30 pieds mesurée hors œuvre des murs.

Il a été employé à la construction de ce comble 78 pièces 5 pieds 2 pouces 8 lignes de bois pour une superficie de 31 toises 1/2. La mesure dans œuvre des murs, non pas suivant le rampant, mais horizontalement comme plancher, afin de le comparer avec ces derniers, ce qui fait à peu près 2 pièces 1/2 par toise, un peu moins que pour un plancher du même bâtiment, sans compter les lucarnes, et en faisant un simple faux plancher dans ce comble, il faut à peu près autant de charpente que pour un plancher.

COMBLE DE LA MAISON A L'ANGLE DES RUES DE L'UNIVERSITÉ ET DE BELLE-CHASSE.

Ce comble est aussi de forme triangulaire et à l'équerre, et dont le bâtiment a 34 pieds de profondeur.

Il a été employé 224 pièces 2 pieds 3 pouces de bois pour une superficie de 75 toises 1/2 2 pieds, mesurée comme le précédent; ce qui fait environ 3 pièces de bois pour chaque toise.

COMBLE DE LA MAISON RUE DE BOURBON, N° 75.

Ce comble est de forme circulaire sur la rue, et triangulaire sur la cour. La profondeur du bâtiment est de 34 pieds, et la hauteur du comble de 15 pieds.

Il a été employé 210 pièces 2 pieds 8 pouces de bois pour une superficie de 48 toises 12 pieds, mesurée de même que ci-dessus; ce qui fait 4 pièces 2 pieds 1 pouce 6 lignes pour chaque toise superficielle, environ un tiers de plus que pour un plancher du même bâtiment.

COMBLE DU BATIMENT SUR LA RUE DE LA MAISON RUE DE L'UNIVERSITÉ, N° 88 BIS.

Ce comble est de forme circulaire sur les deux faces, dont la hauteur est de 16 pieds et la profondeur du bâtiment 38 pieds. Il a été employé 208 pièces 5 pieds 2 pouces de bois pour une superficie de 40 toises 1/2 2 pieds, mesurée de même; ce qui fait 5 pièces 1 pied pour chaque toise superficielle.

Par ces divers résultats on voit qu'il y a assez de rapport entre la quantité de pièces de bois qui entre dans un comble, avec celle qui entre dans un plancher, par rapport à la profondeur des bâtimens, à l'exception cependant des combles circulaires, où il en faut davantage.

Pour me résumer, je dirai que, pour le comble de forme triangulaire d'une maison, il faut à peu près autant de charpente que pour le plancher de toute la superficie intérieure de la même maison; que pour un comble circulaire d'un côté et triangulaire de l'autre, il en faut environ un quart de plus; de même, enfin, que pour un comble de forme circulaire des deux côtés, il en faut environ un tiers de plus que pour un plancher du même bâtiment.

Ce qui vient d'être dit est pour les combles seulement, sans y comprendre les lucarnes, qui n'ont point été comprises dans ce résultat.

Je vais maintenant donner la quantité de charpente qui entre dans chaque lucarne suivant sa grandeur et sa forme.

Pour six lucarnes à la capucine dont la hauteur est de 5 pieds, et la largeur de 3 pieds 4 pouces, dans un comble à 45 degrés, il a été employé 44 pièces 5 pieds 7 pouces 6 lignes de bois, tout compris; c'est-à-dire plates-formes, poteaux, chapeaux, sablières, planchers, combles, chevrons supportant les jouées, et le remplissage de ces jouées, ce qui fait pour chaque lucarne 7 pièces 2 pieds 16 pouces 3 lignes de bois, dont 4 pièces 5 pieds 8 pouces 8 lignes de bois ordinaire, et le surplus bois façonné.

Pour six lucarnes semblables, mais dans la mansarde, il a été employé 31 pièces 2 pieds de bois, compris de même que dessus; ce qui fait 5 pièces 1 pied 4 pouces pour chaque lucarne, dont une pièce 3 pieds 6 pouces de bois ordinaire, et le surplus bois façonné.

Pour une lucarne à fronton de 6 pieds 3 pouces de hauteur, sur 3 pieds 6 pouces de largeur dans un comble circulaire, il a été employé 7 pièces 2 pieds 3 pouces 1 ligne de bois, dont 2 pièces 1 pied de bois ordinaire.

D'après ces détails, on voit qu'il est facile d'apprécier la quantité de charpente qu'il faut pour la construction d'un bâtiment.

DE LA QUANTITÉ DE PIÈCES DE BOIS QUE L'ON EMPLOIE DANS LA CONSTRUCTION DES ESCALIERS, SUIVANT LEUR GRANDEUR.

GRAND ESCALIER DE LA MAISON RUE DE L'UNIVERSITÉ, N° 88 BIS.

La cage de cet escalier, de forme demi-elliptique, a 18 pieds 6 pouces de longueur, sur 13 pieds de largeur ; le vide ou jour au milieu forme une ellipse de 9 pieds sur 4 pieds, dont les marches les plus courtes ont 4 pieds 6 pouces. Il est composé de 95 marches en bois, dont 4 palières. La courbe est à crémaillère, sur laquelle est pourtournée la moulure des marches. Elles ne sont pas pleines, elles sont garnies de contremarches et n'ont été comptées dans le cube que pour les deux tiers de leur hauteur.

Il a été employé dans la construction de cet escalier 163 pièces 4 pieds 6 pouces de bois, sans y comprendre les solives des paliers, ce qui fait une pièce 4 pieds 4 pouces 2 lignes pour chaque marche, y compris celles des paliers.

ESCALIER DE LA MAISON DE LA RUE DE BOURBON, N° 75.

Cet escalier est de même construction et de même forme que le précédent. La cage a 15 pieds de longueur, sur 12 de largeur ; le vide ou jour au milieu a 6 pieds 6 pouces sur 3 pieds 6 pouces. Il a 93 marches, comprises quatre de palier.

Il a été employé 153 pièces 4 pieds 3 pouces 2 lignes de bois, ce qui fait une pièce 3 pieds 11 pouces pour chaque marche.

ESCALIER DU BATIMENT ENTRE LES DEUX COURS DE LA MAISON RUE DE L'UNIVERSITÉ, N° 88 bis.

Cet escalier est de même construction et à peu près de même forme que les précédens. La cage a 13 pieds de longeur, sur 8 pieds de largeur; il est composé de 129 marches, comprises 5 de palier.

Il a été employé 167 pièces 1 pied 3 pouces 5 lignes de bois, ce qui fait 1 pièce 1 pied 9 pouces 4 lignes pour chaque marche.

ESCALIER DES CUISINES DE LA MÊME MAISON, RUE DE L'UNIVERSITÉ, N° 88 bis.

Cet escalier est avec limon; la cage a 12 pieds de longueur, sur 7 pieds 6 pouces de largeur; le jour au milieu a 5 pieds 6 pouces sur 8 pouces; il est composé de 122 marches, dont 7 de palier.

Il a été employé 111 pièces 5 pieds 5 pouces 2 lignes de bois, ce qui fait 5 pieds 6 pouces pour chaque marche.

Dans le cube de pièces de bois employées dans chacun de ces escaliers, les marches n'étant pas pleines, mais avec contre-marches rapportées, chacune de ces marches, qui ont de 6 pouces à 6 pouces et demi de hauteur, n'ont été comptées que pour les deux tiers de leur hauteur. Dans le devis d'un escalier où les marches seraient pleines, c'est-à-dire d'une seule pièce, on devrait ajouter 2 pouces de plus pour chaque marche multipliée par la longueur réduite de chacune d'elles, dont le produit serait aussi multiplié par la largeur que devraient avoir les marches. Ainsi, pour un escalier ordinaire dont les marches seraient de 4 pieds 6 pouces de longueur réduite sur 15 pouces de largeur, on ajouterait 1 pied 9 pouces 9 lignes pour chaque marche.

Lorsqu'on fait le devis d'un escalier, on est dans l'usage de ne compter qu'une pièce de bois par chaque marche, y compris les marches palières et le limon ou la crémaillère ; on voit que c'est une erreur, et qu'il faut qu'un escalier soit d'une bien petite dimension pour qu'on n'y emploie qu'une pièce de bois pour chaque marche. On aura, à peu de chose près, la mesure de ce qu'on devra compter, en consultant la quantité de pièces de bois qui a été employée dans chacun des escaliers ci-dessus, par rapport à leurs différentes grandeurs.

DÉPENSE GÉNÉRALE

DES MAISONS

FIGURÉES DANS LES PLANCHES DE CET OUVRAGE,

D'APRÈS LE RÉGLEMENT DES MÉMOIRES.

CHAPITRE X.

MAISON RUE DE BOURBON, N° 77 BIS.
(Planches 1, 2, 3, 4 et 5.)

Cette maison est élevée sur caves dans toute la superficie occupée par les bâtimens, d'un rez-de-chaussée, d'un entresol, de quatre étages carrés, dont un dans le comble, qui est de forme circulaire sur la rue et triangulaire sur la cour, avec chambres de domestique au dessus.

Les caves sont construites en moellon, les jambages de portes sont en pierre de taille. La face sur la rue est entièrement en pierre de taille, avec deux balcons régnant dans toute la longueur, placés au niveau de l'appui des croisées des troisième et quatrième étages. Les faces sur la cour sont en pans de bois. Dans l'intérieur, tous les planchers sont plafonnés et ornés de corniches, dont quelques unes sont ornées de sculptures. Le salon de chaque appartement et les chambres à coucher sont parquetés en bois de chêne posé en frise. Les salles à manger et les antichambres sont en carreaux de pierre et marbre; les portes des chambres sont en bois de chêne, assemblées à grand cadre, dont celles du premier et du second étage sont ouvrantes à deux ventaux, et celles des autres étages à un seul ventail.

Relevé des Mémoires.

Maçonnerie et terrasse............	26129 l.	17 s.
Charpente.	12267	»
Couverture......................	945	18
Menuiserie.	11767	10
Serrurerie......................	7062	14
Plomberie	1107	16
Marbrerie	1107	5
Sculpture	206	4
Peinture, vitrerie et papier.....	4227	17
Fumisterie	1235	2
Pavage	385	»
	66342 l.	3 s.
Honoraires de l'architecte	3317	2
Total.........	69659 l.	5 s.

MAISON RUE DE BOURBON, N° 77.
(Planches 6, 7, 8 et 9.)

Cette maison est élevée sur caves construites de même que celles de la précédente maison, d'un rez-de-chaussée et de quatre étages carrés, dont un dans le comble, qui est aussi semblable à celui de la précédente maison, avec chambres de domestique au dessus. La face sur la rue est construite en moellon à partir des poitrails, lesquels sont posés sur des piles et jambes étrières en pierre. Les cordons et l'entablement sont aussi en pierre ; sur ce dernier est un balcon régnant dans toute la longueur de la face. Le décors de l'intérieur des appartemens est semblable à celui de la précédente maison ; mais toutes les portes des quatre étages sont ouvrantes à deux ventaux.

Relevé des Mémoires.

Maçonnerie	28274 l. 10 s.
Charpente	17303 16
Couverture	1177 13
Menuiserie	10513 5
Serrurerie	8276 »
Plomberie	1175 »
A reporter	66720 l. 04 s.

Report.......	66720 l.	04 s.
Marbrerie.........................	2001	»
Sculpture.........................	237	5
Peinture et papier...............	4975	11
Fumisterie........................	1030	15
Pavage.............................	494	17
	75459 l.	12 s.
Honoraires de l'architecte......	3772	19
Total..........	79232 l.	11 s.

MAISON RUE DE BOURBON, N° 75.
(Planches 10, 11, 12, 13 et 14.)

Cette maison est élevée sur caves d'un rez-de-chaussée et de quatre étages carrés, dont un dans le comble, semblable à celui de la précédente maison, avec un entresol de chaque côté de la porte-cochère, pris dans la hauteur du rez-de-chaussée. La face sur la rue est construite partie en pierre dure et partie en pierre de Vergelet, dans la hauteur du soubassement jusqu'au niveau de l'appui des croisées du premier étage; le surplus de la hauteur est construit en moellon. Les cordons et l'entablement sont en pierre. Le décors de l'intérieur des appartemens des quatre étages est en tout semblable à celui de la précédente maison.

Relevée des Mémoires.

Maçonnerie	41575 l.	15 s.
Charpente	19252	5
Couverture	1763	»
Menuiserie	15121	1
Serrurerie	10385	2
Plomberie	1851	»
Marbrerie	4520	»
Sculpture	1275	16
Peinture, vitrerie et papier peint.	6831	15
Fumisterie	1562	»
Pavage	926	13
	105064 l.	17 s.
Honoraires de l'architecte	5252	05
Total	110317 l.	02 s.

MAISON RUE DE L'UNIVERSITÉ, Nº 88 BIS.
(Planches 15, 16, 17, 18, 19, 20, 21, 22, 23, 24 et 25.)

Cette maison se compose de quatre corps de bâtimens, dont celui sur la rue et celui entre les deux cours sont doubles en profondeur ; les deux en aile sont simples en profondeur. Ces quatre corps de bâtimens sont distribués en trois appartemens ; celui sur la rue est desservi par trois escaliers, indépendamment de deux autres petits pour le service de l'entresol ; les deux autres appartemens le sont par chacun deux escaliers. Ils sont élevés sur caves, d'un entresol et de quatre étages carrés, dont un dans le comble, qui est circulaire des deux côtés, avec chambres de domestique au dessus. La face sur la rue est construite en pierre de taille; le devant des croisées du premier étage est garni d'un balcon régnant dans toute la longueur de la face, et un autre moins riche placé sur l'entablement. Les faces dans l'intérieur des cours sont les unes en moellon et les autres en pans de bois. L'intérieur des appartemens est avec plafonds droits ornés de corniches et de sculptures; les chambres sont toutes parquetées, à l'exception des antichambres et des salles à manger, qui sont, les unes en carreau de pierre et de marbre, et les autres en pavé vénitien. Toutes les portes sont en chêne, et assemblées à grand cadre. Celles du bâtiment sur la rue sont à deux ventaux. Dans la seconde cour sont en aile à droite et à gauche les remises, avec greniers au dessus.

Relevé des Mémoires.

Maçonnerie........................135787 l. 17 s.
Charpente........................ 64527   11
Couverture...................... 4671   2

A reporter........204976 l. 10 s.

Report	204976 l.	10 s.
Menuiserie	36295	15
Serrurerie	41781	12
Plomberie	6764	05
Marbrerie	10225	12
Sculpture	10187	17
Stucateur	870	»
Peinture, vitrerie et papier	24762	11
Fumisterie	6374	01
Pavage	3216	16
	345464 l.	16 s.
Honoraires de l'architecte	17273	05
Total	362738 l.	01 s.

MAISON RUE BELLE-CHASSE, N° 10.
(Planches 26, 27 et 28.)

Cette maison est élevée sur caves d'un rez-de-chaussée et de quatre étages carrés, avec deux étages de chambres de domestique au dessus, dans le comble, qui est de forme triangulaire. La face sur la rue est construite entièrement en pierre de taille, sans ornemens aux croisées; les faces sur la cour sont en pans de bois; le décors des appartemens est semblable à celui de la maison rue de Bourbon, n° 77.

Relevé des Mémoires.

Maçonnerie........................	49221 l.	12 s.
Charpente.........................	18667	19
Couverture	2353	11
Menuiserie........................	15775	17
Serrurerie........................	12185	13
Plomberie	1116	»
Marbrerie	3173	2
Sculpture.........................	315	16
Peinture, vitrerie et papier......	4710	5
Fumisterie........................	1710	5
Pavage............................	361	»
	109591 l.	» s.
Honoraires de l'architecte......	5479	11
Total............1150701.	11 s.	

MAISON RUE SAINT-DOMINIQUE, N° 83.
(Planches 31, 32, 33, 34, 35 et 36.)

Cette maison est élevée sur caves d'un rez-de-chaussée et de trois étages carrés, avec chambres de domestique dans le comble qui est de forme triangulaire.

La face sur la rue est construite entièrement en pierre de taille. Les faces sur la cour sont en pans de bois. Le décors de l'intérieur des appartemens est semblable à celui des précédentes maisons ; les portes sont toutes à un seul ventail.

Relevé des Mémoires.

Maçonnerie....................	20817 l.	18 s.
Charpente.....................	6775	12
Couverture....................	850	13
Menuiserie....................	6121	»
Serrurerie.....................	4625	10
Plomberie.....................	316	01
Marbrerie.....................	1215	8
Sculpture.....................	311	»
Peinture, vitrerie et papier.....	2429	5
Fumisterie....................	895	»
Pavage........................	412	15
	44770 l.	02 s.
Honoraires de l'architecte.......	2237	10
Total..........	47007	12

MAISON A L'ANGLE DE LA RUE SAINT-DOMINIQUE ET LA NOUVELLE PLACE.

(Planches 37, 38, 39, 40, 41 et 42.)

Cette maison est élevée d'un rez-de-chaussée, de quatre étages carrés, dont un dans le comble, qui est circulaire sur les deux faces de la rue et de la place, avec chambres de domestique au dessus.

Les deux faces sur la rue et la place sont construites entièrement en pierre de taille dans toute la hauteur, avec un balcon au dessus de l'entablement. Les faces sur la cour sont en pans de bois. Le décor de l'intérieur des appartemens est semblable à celui de la précédente maison, ainsi que les portes qui sont toutes à un seul ventail.

Relevé des Mémoires.

Maçonnerie	81574 l.	10 s.
Charpente	20161	15
Couverture	3560	»
Menuiserie	20053	10
Serrurerie	11125	»
Plomberie	1652	05
Marbrerie	3122	»
Sculpture	1510	10
Peinture, vitrerie et papier	7180	»
Fumisterie	2175	»
Pavage	452	12
	152567 l.	02 s.
Honoraires de l'architecte	7628	07
Total	160195 l.	09 s.

MAISON A L'ANGLE DE LA PLACE ET DE LA RUE NEUVE DE BELLE-CHASSE (MAINTENANT RUE DE LASCASE.)

(Planches 43, 44, 45, 46, 47 et 48.)

Cette maison est élevée sur caves d'un rez-de-chaussée, d'un entresol et de deux étages carrés, avec un belvéder au dessus. Il n'y a que les piles et les jambes étrières qui sont construites en pierre; le surplus l'est en moellon, à l'exception de la première corniche du soubassement, du bandeau, de l'entablement et de la balustrade, qui est en pierre. Le décors de l'intérieur des appartemens est semblable au précédent; les portes du premier étage sont à deux ventaux.

Relevé des Mémoires.

Maçonnerie	24570 l.	12 s.
Charpente	6795	»
Couverture en zinc	1550	»
Menuiserie	7205	12
Serrurerie	5225	10
Plomberie	175	»
Marbrerie	602	»
Sculpture	998	15
Peinture, vitrerie et papier	2995	»
Fumisterie	410	10
Pavage	250	15
	50778 l.	14 s.
Honoraires de l'architecte	2538	18
Total	53317 l.	12 s.

MAISON RUE DE LASCASE.
(Planches 39, 49, 50, 51, 52, 53 et 54.)

Cette maison est élevée sur caves de trois étages carrés, et d'un quatrième dans le comble. Le mur de face, sur la rue, est construit en moellon, à l'exception des deux assises de retraite et des jambages de la porte cochère, qui sont en pierre, ainsi que les plinthes et l'entablement qui sont aussi en pierre. Le décors de l'intérieur est semblable aux précédentes maisons; les portes des trois étages carrés sont à deux ventaux.

Relevé des Mémoires.

Maçonnerie........................	40210 l.	00 s.
Charpente.........................	16171	00
Couverture	1650	00
Menuiserie........................	14785	15
Serrurerie........................	10271	10
Plomberie........................	520	00
Marbrerie	2024	10
Sculpture.	275	00
Peinture, vitrerie et papier...	10015	15
Fumisterie........................	1104	04
Pavage	1127	17
	98155 l.	11 s.
Honoraires de l'architecte.......	4907	15
Total........................	103063 l.	06 s.

MAISON RUE DE SÈVRES, N° 86.
(Planches 55, 56, 57, 58 et 59.)

Cette maison est élevée sur caves d'un rez-de-chaussée et de quatre étages carrés, dont un dans le comble qui est à la Mansard, avec chambre de domestique au dessus. La face sur la rue est construite en moellon, à l'exception des piles et jambes étrières du rez-de-chaussée qui sont en pierre. Il règne un balcon dans toute la longueur de la face, placé au dessus de l'entablement. La face sur la cour est en pan de bois. Le décors de l'intérieur des appartemens est semblable aux précédens. Les portes sont toutes à un seul ventail.

Relevé des Mémoires.

Maçonnerie................................	29271 l.	12 s.
Charpente..................................	11353	15
Couverture.................................	951	17
Menuiserie.................................	11010	14
Serrurerie..................................	9251	05
Plomberie..................................	1215	00
Marbrerie..................................	1611	17
Sculpture...................................	510	00
Peinture, vitrerie et papier...	5001	15
Fumisterie.................................	1251	10
Pavage......................................	800	17
	72230 l.	02 s.
Honoraires de l'architecte......	3611	10
Total......................	76841 l.	12 s.

Avant de donner le toisé des bâtimens, je crois devoir rapporter ici quelques pages écrites sur un sujet qui n'est pas le mien, et sur les élémens d'une science qui, sans m'être étrangère, n'est pas celle dont je fais profession : des notions de géométrie pour l'intelligence aisée des diverses opérations du toisé. Il m'a semblé qu'il serait agréable à mes lecteurs d'avoir sous la main un traité élémentaire de la science de l'étendue, lequel servît comme de préambule au traité de l'art de mesurer les corps. Ce procédé paraît rationnel. Si dans la découverte des connaissances humaines l'esprit va du particulier au général, du positif aux abstractions, la marche contraire est préférable dans l'enseignement. Or, l'étendue, qu'est-ce ? une abstraction, dont la mesure des corps nous donne seule l'idée.

Il va sans dire : 1º que ce travail préliminaire ne m'appartient pas ; 2º qu'il n'est ici qu'en forme de souvenir, et pour rafraîchir la mémoire de lecteurs déjà instruits.

GÉOMÉTRIE PRATIQUE

POUR

LA MESURE DES SURFACES PLANES ET DES SOLIDES.

CHAPITRE XI.

Définitions.

Les corps ont trois dimensions : *longueur, largeur* et *hauteur.*

Les surfaces ne réunissent que deux dimensions : *la longueur* et *la largeur.*

Une ligne est *une longueur* sans largeur ni hauteur.

On distingue plusieurs sortes de lignes : la *ligne droite*, la *ligne brisée* et les *lignes courbes*.

1º La *ligne droite* est le plus court chemin d'un point à un autre ; et le *point* est l'extrémité d'une ligne droite.

2º La *ligne brisée* est composée de lignes droites.

3º La *ligne courbe* n'est ni droite, ni composée de lignes droites comme la ligne brisée. La circonférence du cercle appartient à la famille des lignes courbes, laquelle comprend aussi les ellipses, les paraboles, hyperboles, spirales, etc., les lignes sinueuses.

La ligne *mixte* est composée d'une ou plusieurs parties droites, et d'une ou plusieurs parties courbes.

Un *angle* est formé par l'inclinaison de deux lignes qui se rencontrent en un point. Dans la *fig*. 1, les lignes AB et BC, qui se rencontrent au point B, forment un angle.

Les angles sont ou *droits*, ou *obtus*, ou *aigus*.

Quand une ligne droite en rencontre une autre, de telle sorte que les angles qu'elle forme à droite et à gauche sont égaux, ces angles s'appellent angles *droits*, et la première ligne est *perpendiculaire* à l'autre. Ainsi, dans la *fig*. 2, la ligne BD tombant sur la ligne AC, de manière que les angles ADB et BDC sont égaux, ces angles sont dits droits, et la ligne BD est perpendiculaire à la ligne AC.

Quand une ligne ne tombe pas perpendiculairement sur une autre ligne, elle fait des angles inégaux; le plus grand s'appelle angle *obtus*, et l'autre s'appelle *aigu*. Dans la *fig*. 3, la ligne BD tombant obliquement sur la ligne AC au point D, fait les angles BDA et BDC inégaux; le plus grand BDA s'appelle *obtus*, et le moindre BDC s'appelle *aigu*.

Les angles s'expriment par trois lettres, dont celle du milieu marque le point d'intersection des lignes ou le sommet de l'angle, *fig*. 3, et comme dans l'angle obtus BDA, et l'angle aigu BDC, le point D indique le sommet.

Deux ou plusieurs lignes sont dites *parallèles*, lorsque tous les points correspondans sont constamment à une distance égale : prolongées à l'infini, les lignes parallèles ne se rencontrent jamais. Voyez la *fig*. 4.

Superficies.

Il y a surfaces *planes* et surfaces *courbes*. La surface plane est celle à laquelle une ligne droite ou une règle s'applique exactement dans toute son étendue. La règle pénètre dans la surface courbe, et n'a que deux points communs avec elle.

L'écaille d'un œuf, la partie extérieure d'une boule offrent des surfaces courbes. Considérons d'abord les premières dans leurs différentes espèces.

Des Triangles.

Le triangle a trois côtés et trois angles : c'est la plus simple des figures polygonales.

Le triangle considéré par rapport à ses côtés est *équilatéral*, ou *isocèle*, ou *scalène*.

Le triangle *équilatéral* a ses trois côtés égaux, comme le triangle A, *fig*. 5.

Le triangle *isocèle* a deux côtés égaux, comme le triangle B, *fig*. 5.

Le triangle *scalène* a les trois côtés inégaux, comme le triangle C, *fig*. 5.

Considéré par rapport à ses angles, un triangle est *rectangle* lorsqu'il a un angle droit comme le triangle D, *fig.* 5.

Le triangle *équilatéral* de la *fig.* 5 A, est appelé aussi triangle *équiangle*. L'égalité des trois côtés entraîne l'égalité des trois angles, et réciproquement.

La *base* d'un triangle, considérée par rapport à l'angle qui est au sommet, est le côté opposé à ce même angle. Comme dans le triangle ABC, si l'on considère l'angle B pour le sommet, AC sera la base du triangle, *fig.* 5, A.

Il arrive souvent que la perpendiculaire ne tombe pas dans l'intérieur du triangle, comme on le voit *fig.* 6. Dans ce cas, l'on prolonge la base BC, et l'on abaisse de l'angle A la perpendiculaire AD ; puis, imaginant un arc CYE, décrit du point A, et avec le rayon AC, le point D où doit tomber la perpendiculaire est au milieu du prolongement CE de la base.

La surface du triangle est exprimée par le produit de BC par 1/2 de AD ; c'est-à-dire par le produit des deux nombres linéaires contenus dans ces deux lignes.

Des figures de quatre côtés, ou quadrilatères.

Le *carré* a les quatre côtés et les quatre angles égaux.

Parallélogramme, carré long ou *rectangle* (ces

trois noms sont synonymes), c'est une figure qui a les quatre angles droits et les côtés parallèles et égaux, MNOP, *fig.* 8.

Le *parallélogramme* ou *rhombe* a ses quatre côtés parallèles deux à deux, *fig.* 9.

Sous cette condition, et lorsque, outre cela, les quatre côtés sont égaux, la figure est un *losange*, *fig.* 10.

Le quadrilatère s'appelle *trapèze* lorsqu'il a deux côtés, AC et BD, *fig.* 11, parallèles; les deux autres côtés AB et CD ayant une direction quelconque.

Des polygones ou figures de plusieurs côtés.

Parmi les autres figures rectilignes, celles qui ont les angles et les côtés égaux sont appelées *régulières.*

Celles qui n'ont ni les côtés, ni les angles égaux, s'appellent figures *irrégulières.* Elles sont comprises les unes et les autres sous le nom général de *polygones.*

Des régulières, celles qui ont cinq côtés et cinq angles égaux, s'appellent *pentagones*, comme E, *fig.* 12.

Celles qui ont six angles et six côtés égaux s'appellent *hexagones*, comme F, *fig.* 13.

Celles qui ont sept côtés et sept angles égaux s'appellent *heptagones*, comme G, *fig.* 14, et ainsi du reste, comme de *l'octogone*, *enéagone*, *décagone*, *endécagone*, *dodécagone*.

Le Cercle, et figures dérivées du Cercle.

Le *cercle* est une surface comprise dans une ligne appelée *circonférence*, *fig*. 15. Cette circonférence est une ligne dont tous les points sont également distans d'un point intérieur que l'on appelle *centre*. Toutes les lignes droites menées de ce point à la circonférence sont égales entre elles, et se nomment rayons. Dans la *fig*. 15, ACBF, le centre est D, les lignes AD ou DB sont les *rayons* ou les *demi-diamètres*, et les lignes AB ou CF, qui passent par le centre, et qui se terminent à la circonférence, s'appellent *diamètres* du cercle.

Toute portion de circonférence du cercle s'appelle *arc*. Si une ligne est menée d'un point de la circonférence à un autre, sans passer par le centre, elle s'appelle *corde* de l'arc qu'elle soutient, comme la ligne CB, qui soutient l'arc CGB.

Un *secteur* de cercle est une figure comprise dans une partie de circonférence, et dans deux rayons, comme DCGB.

Un *segment* de cercle est une figure comprise dans une partie de la circonférence, et une corde, comme CGB.

L'*ellipse* est une figure oblongue comprise dans une seule ligne courbe.

Le centre est le point du milieu A, *fig*. 16.

Des *axes* ou *diamètres* sont les lignes qui passent par le centre et se coupent à angles droits. Elles sont terminées de part et d'autre à la circonférence ; telles sont les lignes DE, CB, dont l'une est le grand axe qui représente la longueur de l'ellipse, et l'autre le petit axe qui en représente la largeur. Si d'autres lignes passent par le centre de l'ellipse, et se terminent à la circonférence, elles sont ainsi appelées *diamètres*, comme la ligne GH.

L'ellipse a ses parties analogues à celles du cercle, comme secteur et segment, etc. Ainsi, la portion de la circonférence DHC, et les deux lignes AC et AD comprennent un secteur d'ovale; et la même portion DHC avec la ligne DC comprend un segment d'ellipse. Il y aurait encore d'autres choses à dire sur cette figure ; mais cela appartient à sa description.

Parmi les diverses autres courbes usitées en architecture, il y a encore les anses de panier, la spirale, la parabole et l'hyperbole, dont plusieurs auteurs ont parlé, et qui sont en général inutiles.

La *diagonale* est une ligne droite tirée d'un angle d'une figure rectiligne à l'angle opposé : dans le rectangle ACDB, la ligne BC est appelée *diagonale, fig.* 17.

Des Solides.

Les *solides* ont longueur, largeur et profondeur ; leurs extrémités sont des surfaces.

Le cube est un solide rectangle renfermé sous six surfaces carrées et égales, comme la figure 18; il est aussi appelé *hexaèdre*.

La *base* d'un cube est la superficie que l'on suppose être le fondement du corps.

Le parallèle pipède rectangle est un solide contenu sous six plans rectangulaires, et inclinés les uns sur les autres selon un angle droit, comme dans la figure 19.

Le *prisme* est un solide qui a pour base deux figures rectilignes égales et parallèles, et dont les faces latérales sont des figures rectilignes ou de rhombes, *fig.* 20.

La *pyramide* est un solide qui a pour base une figure rectiligne, et dont les lignes élevées au dessus de la base tendent toutes à un point que l'on appelle *sommet*, *fig.* 21.

Le *cylindre* est un solide qui a pour ses deux bases deux cercles égaux et parallèles, comme *fig.* 22.

On appelle *cylindre oblique* celui qui est incliné, *fig.* 23.

Le *cône* est un solide qui a pour base un cercle, et dont les lignes élevées au dessus tendent à un point appelé *sommet*, comme *fig.* 24. On appelle *cône oblique* celui qui est incliné, *fig.* 25.

La *sphère* est un solide renfermé sous une seule superficie circulaire, comme *fig.* 26.

L'*ellipsoïde* est un solide renfermé sous une seule superficie ovale, *fig.* 27.

Les *corps réguliers* sont des solides dont toutes les lignes ou côtés et toutes les superficies sont égales.

L'*angle solide* ou *matériel* est l'inclinaison de plusieurs lignes qui sont dans divers plans. L'angle A formé par les angles plans BAD, BAC et CAD, *fig.* 28, est un angle solide.

MESURE

DES SURFACES PLANES.

PROPOSITION PREMIÈRE.

Mesurer la superficie d'un carré.

Comme le carré a ses quatre côtés égaux, il faut multiplier un des côtés par lui-même, et le produit exprimera la superficie.

Exemple. Soit le carré AB, dont chacun des côtés ait 6 mesures, CAB, de 6 pieds 6 toises 6 pouces, etc. ; le produit de 6 par 6 donnera 36 pour la superficie, *fig.* 7.

PROPOSITION II.

Mesurer la superficie d'un rectangle.

Il faut multiplier le petit côté par le grand, ou le grand par le petit, et le produit exprimera la superficie.

Exemple. Au rectangle AB, *fig.* 8, soit le côté AC de 12 mesures, et le côté BC de 6 mesures; il faut multiplier 12 par 6, et l'on aura 72 pour la superficie.

PROPOSITION III.

Mesurer la superficie d'un triangle rectangle.

Il faut premièrement savoir que tous les *triangles rectangles* sont toujours la moitié d'un carré ou d'un rectangle : c'est pourquoi il faut mesurer les côtés qui comprennent l'angle droit, les multiplier l'un par l'autre, et la moitié du produit sera la mesure requise.

Exemple. Soit à mesurer le *triangle rectangle* ABC, *fig.* 29, dont le côté AB soit de 12 mesures, et le côté BC de 6 mesures : comme ces côtés comprennent l'angle droit ACB, il faut multiplier 12 par 6, et l'on aura 72, dont la moitié, 36, sera la superficie requise. On aura la même chose si l'on multiplie un de ces côtés par la moitié de l'autre.

PROPOSITION IV.

Mesurer la superficie de toutes sortes de triangles rectilignes.

De même que les *triangles rectangles* sont la moitié d'un *carré* ou d'un *rectangle*, tous les autres triangles sont toujours la moitié des mêmes figures dans lesquelles ces triangles peuvent être inscrits, comme il sera aisé de le connaître en supposant le triangle irrégulier ABC inscrit dans le rectangle EACD, *fig.* 30 ; car si du sommet B du triangle ABC on fait tomber sur AC la perpendiculaire BF, le même triangle sera divisé en deux autres triangles égaux aux deux triangles de complément AEB, CDB, qui composent le rectangle EACD; car le triangle AFB sera égal au triangle AEB ; et le triangle CFB sera égal au triangle CDB. Ainsi, dans tous les triangles rectilignes, de quelque espèce qu'ils puissent être, si l'on fait tomber une perpendiculaire de l'un des angles sur le côté opposé au même angle, et que l'on multiplie ce côté par cette perpendiculaire, la moitié du produit sera la superficie demandée; ou bien, si l'on veut multiplier une de ces deux lignes par la moitié de l'autre, on aura la même chose.

Exemple. Soit dans la figure précédente le côté AC de 9 mesures, et la perpendiculaire BF de 6 mesures. Si l'on multiplie 6 par 9, on aura 54, dont la moitié est 27 pour la superficie requise : ou bien si l'on multiplie 9 qui est le côté AC, par 3, moitié de la perpendiculaire BF, l'on aura la même superficie.

Autre manière de mesurer la superficie des triangles par la connaissance de leurs côtés.

Il faut ajouter les trois côtés ensemble, et de la moitié de leurs sommes soustraire chaque côté séparément; puis si l'on multiplie continuement la moitié par les trois restes, la racine carrée du produit sera la superficie du triangle proposé.

Exemple. Supposons que les trois côtés du triangle ABC soient 13, 14, 15, *fig.* 31 ; leur somme sera 42, dont la moitié est 21. De cette moitié si l'on ôte séparément 13, 14, 15, il restera 8, 7, 6. Puis, faisant le produit des quatre nombres 21, 8, 7, 6, c'est-à-dire en multipliant 21 par 8, l'on aura 168, qu'il faut multiplier par 7 : on aura pour second produit 1176, qu'il faut encore multiplier par 6. Le troisième produit sera 7056, dont la racine carrée 84 est la superficie requise du triangle.

PROPOSITION V.

Mesure des polygones réguliers.

Il faut prendre le périmètre ou circuit du *polygone régulier* proposé, multiplier ce périmètre par la moitié de la perpendiculaire qui tombera du centre de la figure sur le milieu d'un des côtés, et le produit sera la superficie requise.

Exemple. Soit proposé à mesurer l'*hexagone régulier* ABCDEF, *fig.* 32, dont chaque côté soit de 5 mesures, les six côtés contiendront 30 mesures. Il faut du centre G faire tomber sur ED la perpendiculaire GH, que je suppose être de 4 mesures. Multipliez 2, moitié de GH, par 30, somme des six côtés, et vous aurez 60 pour la superficie requise.

Pour trouver GH, élevez une perpendiculaire au milieu de DE et une autre au milieu de DC, l'intersection de ces deux perpendiculaires détermine le point G, et par conséquent GH.

Comme l'*hexagone* est très commun dans les bâtimens, nous en trouvons la superficie plus aisément en multipliant la ligne CB, *fig.* 33, par la ligne AH. Cette mesure n'est particulière qu'à l'*hexagone*, et la méthode indiquée dans cette proposition est générale pour tous les polygones quelconques *réguliers*. La proposition suivante donne la méthode pour les *irréguliers*.

PROPOSITION VI.

Mesurer les polygones irréguliers.

Sous le nom de *polygones irréguliers* sont comprises toutes figures rectilignes ou multilatères irrégulières. Pour en avoir la superficie, il faut diviser les figures en triangles qui aient tous un angle dans un de ceux de la figure que l'on veut mesurer, ensuite mesurer séparément chacun de ces triangles par la proposition vi ; après cela ajouter tous les triangles contenus dans la figure, et on aura la superficie requise de la figure proposée.

Exemple. Soit proposé à mesurer le *polygone irrégulier* ABCDEFG, *fig.* 34 : il faut prendre un des angles à volonté, comme ici l'angle C, et mener des lignes aux autres angles, comme CA, CG, CF, CE : on aura cinq triangles qu'il faut mesurer séparément par la méthode ci-devant expliquée ; toutes les superficies rassemblées donneront celle de la figure proposée. Comme si le triangle ABC contient 10 mesures, le triangle AGC 8, le triangle CGF 7, le triangle FEC 6, et le triangle ECD 9, en ajoutant tous ces nombres on aura 40 pour la superficie totale du *polygone* proposé.

Une même base pouvant appartenir à deux triangles à la fois, comme les bases AC, FC, l'opération s'abrége d'autant ; des deux élémens qui ont servi à la mesure d'un triangle, l'un peut être aussi employé dans l'évaluation du triangle contigu.

PROPOSITION VII.

Mesure des losanges.

On aura la superficie des *losanges* en multipliant une de leurs diagonales par l'autre.

Exemple. Soit proposé à mesurer le losange ABCD, *fig.* 35, dont la diagonale BD soit de 12 mesures, et la diagonale AC de 8 : il faut multiplier le produit de 12 par 8, et l'on aura 48 pour la superficie requise. Il en arrivera de même si l'on multiplie la moitié de 12, qui est 6, par 8 ; ce qui fait le même nombre, 48.

PROPOSITION VIII.

Mesurer les parallélogrammes.

Les parallélogrammes sont des figures dont les côtés sont parallèles deux à deux, mais qui n'ont pas les angles droits. Pour en avoir la superficie, il faut multiplier la base par la hauteur. Dans la figure 36, CD ou AB étant pris pour base, la hauteur est la perpendiculaire AD.

Exemple. Soit le *rhombe* ABCD, *fig*. 36, dont le côté AB soit de 10 mesures, et la perpendiculaire AP de 6 mesures : il faut multiplier 6 par 10, et l'on aura 60 pour la superficie.

PROPOSITION IX.

Mesure des trapèzes.

Quoique l'on puisse mesurer toutes les figures rectilignes par la règle générale que j'ai donnée (proposition iv), de les réduire en triangles, j'expliquerai cependant la mesure particulière des *trapèzes*.

Exemple. Soit le *trapèze rectangle* ABCD, *fig*. 37; que le côté AC soit de 7 mesures, et le côté BD, de 9 : il faut ajouter ensemble les deux côtés AC et BD, leur somme sera 16, dont la moitié 8 sera multipliée par 10, qui est le côté CD perpendiculaire sur AC et B, et l'on aura 80 pour la superficie requise.

Les *trapèzes* que par extension nous nommerons *isocèles*, *fig.* 38, sont ceux qui ont toujours deux côtés parallèles, mais en même temps les angles sur les mêmes côtés égaux. Or, ces figures sont mesurées en ajoutant ensemble les deux côtés parallèles, et multipliant la moitié de leur somme par la perpendiculaire qui tombera de l'un des angles égaux sur le côté opposé.

Exemple. Soit proposé à mesurer le *trapèze isocèle* ABDC, *fig.* 39, dont le côté AB est parallèle à CD, et dont l'un est de 6 et l'autre de 10 mesures : la moitié de leur somme est 8, qu'il faut multiplier par la perpendiculaire AP de 7 mesures ; ce qui donnera 56 pour la superficie requise.

Le *trapèze* quelconque ABCD, *fig.* 40, ou ABCD, se traite de la même manière que le précédent. Il faut faire la demi-somme des deux bases et la multiplier par la hauteur AP.

PROPOSITION X.

Mesure du cercle.

Pour avoir la superficie d'un cercle, il faut multiplier toute la circonférence par le quart du diamètre, ou tout le diamètre par le quart de la circonférence.

Exemple. Soit proposé de mesurer le *cercle* ABCD, *fig.* 41, dont le diamètre AC ou BD soit de 35 mesures ; la circonférence est environ de 110. Il faut ensuite multiplier $27\frac{1}{2}$, le quart de la même circonférence, par 35, diamètre du cercle, et l'on aura $962\frac{1}{2}$ pour la superficie requise. Il en arrivera de même si l'on multiplie le quart du diamètre par toute la circonférence.

Au moyen du diamètre, on trouve la circonférence en multipliant la première quantité par $\frac{22}{7}$, ou si l'on veut plus de rigueur, par $\frac{314}{100}$ ou $\frac{31}{10}$; la circonférence donne le diamètre par une opération inverse. Les multiplicateurs sont $\frac{7}{22}$, $\frac{10}{31}$ et $\frac{100}{314}$. Le dernier donne le résultat le plus exact.

PROPOSITION XI.

Mesure d'une portion de cercle.

Les portions de cercle s'appellent *secteur* ou *segment*.

Un secteur est une portion de cercle qui est comprise entre deux demi-diamètres ou rayons, et un arc, comme ABGC, *fig*. 42.

Un segment de cercle est une portion comprise entre un arc et une droite dont les deux extrémités touchent la circonférence ; tel est CED, *fig*. 42.

Pour mesurer un *secteur* de cercle, comme ABGC, il faut savoir que la *superficie d'un secteur de cercle est à toute la superficie du même cercle, comme la portion de la circonférence du même secteur est à toute la circonférence du cercle.*

GÉOMÉTRIE PRATIQUE. 197

Par exemple. Soit proposé à mesurer le *secteur* ABGC, *fig.* 42 : supposant la superficie du cercle précédent de 962½, et la portion de l'arc BGC la cinquième partie de toute la circonférence du cercle, le *secteur* sera la cinquième partie de la superficie du même cercle : ainsi la superficie de tout le cercle BCD étant de 962½, la superficie du *secteur* ABGC de ce même cercle sera 192½.

Pour la superficie d'un *segment* de cercle, il faut premièrement trouver le *secteur* comme dessus, et soustraire de ce *secteur* le triangle fait des deux côtés du *segment* et de la corde du *segment*. Par exemple : pour avoir la superficie du *segment* CED, il faut mesurer tout le *secteur* CADE, et en soustraire le triangle CAD : restera le *segment* CDE, dont on aura la superficie.

PROPOSITION XII.

Mesure d'une ellipse.

La superficie de l'*ellipse* est à la superficie d'un cercle, dont le diamètre est égal au petit axe de la même ellipse, comme le grand axe est au petit ; et par conséquent le grand axe est au petit axe comme la superficie de l'ellipse est à la superficie d'un cercle fait du petit axe. Ainsi, pour avoir la superficie d'une *ellipse*, il faut premièrement trouver la superficie d'un cercle fait du petit axe, et augmenter cette superficie selon la proportion qu'il y a du petit axe au grand.

Exemple. Supposons que le petit axe AB soit 35, *fig.* 43, et le grand axe CD 50 ; le cercle qui aura 35 pour diamètre contiendra 962 $\frac{1}{2}$ de superficie : ainsi, en ordonnant la règle de proportion suivante, on dira, 35 : 50 :: 962 $\frac{1}{2}$ est à un autre nombre ; il viendra 1375 pour la superficie requise.

Autre manière de mesurer l'ellipse.

Multipliez le grand diamètre 50 par le petit diamètre 35, le produit sera.............. 1750

Prenez-en la moitié...................... 875
Plus le quart............................ 437 $\frac{1}{2}$
Et le septième du quart................. 62 $\frac{1}{2}$

La surface de l'ellipse sera............. 1375

PROPOSITION XIII.

Mesure des portions de l'ellipse.

Les secteurs IKD, les segmens DCO de l'ellipse sont aux secteur et segment du cercle de projection ABCD, *fig.* 44, comme le grand diamètre de l'ellipse est au petit diamètre de la même figure. Le cercle de projection est évidemment égal à celui que l'on construirait avec le petit diamètre.

Exemple. Supposons que la superficie du cercle ABCD soit encore de 992 $\frac{1}{2}$, et que la superficie de l'ellipse soit 1375 : les deux secteurs IKD,

NLH seront entr'eux comme 35 à 50, c'est-à-dire comme les deux axes. Que le secteur IKD soit la septième partie du cercle, il contiendra $137\frac{1}{2}$; si l'on mène les lignes à plomb, elles répondront aux mêmes parties du secteur LNH de l'ellipse : ainsi, pour en trouver la superficie, on dira par une règle de proportion, $35 : 50 : : 137\frac{1}{2}$ est à un autre nombre, qui sera $196\frac{3}{7}$ pour la superficie du secteur LNH de l'ellipse.

Les *segmens* d'ellipse seront mesurés par la même méthode : car, par exemple, si l'on veut avoir la superficie du segment d'ellipse CHM, il faut connaître le segment du cercle DCO qui lui répond, et l'augmenter suivant la proportion du petit axe au grand axe, et ainsi de même dans toutes les autres portions d'ellipses.

PROPOSITION XIV.

Mesure d'un espace parabolique.

Soient la base 14, et l'axe 9, *fig.* 45, il faut multiplier la base 14 par les $\frac{2}{3}$ de l'axe, savoir 6; le produit 84 sera la surface demandée.

Une parabole est une courbe, *fig.* 45, dont tous les points sont également distans d'un point F, qu'on appelle *foyer* de la courbe, et d'une ligne MN qu'on appelle *directrice*.

MESURE

DE LA SUPERFICIE DES CORPS SOLIDES.

PROPOSITION PREMIÈRE.

Mesure de la surface convexe d'un cylindre.

La superficie convexe d'un cylindre est égale à la superficie d'un rectangle, dont un côté fera la hauteur d'un cylindre, et l'autre côté la circonférence du cercle de la base. Ainsi, en multipliant la hauteur du cylindre proposé, par la circonférence du cercle de sa base, on aura la superficie convexe du cylindre.

Supposons que la hauteur du cylindre ACBD, *fig.* 46, soit de 15 mesures, et que les bases opposées de ce cylindre soient des cercles parallèles dont la circonférence soit 26; il faut multiplier 15 par 26, et l'on aura 390 pour la superficie requise.

PROPOSITION II.

Mesure de la superficie d'un cylindre dont l'un des bouts est coupé par un plan oblique à l'axe.

Il faut mesurer la surface de la partie du cylindre proposé, depuis sa base qui est perpendiculaire à l'axe, jusqu'à la partie la plus base de la section oblique, comme si le cylindre n'avait que cette longueur, et ensuite mesurer le restant de ce qui est oblique comme si c'était un morceau séparé, et de ce restant en prendre la moitié et l'ajouter à la partie mesurée d'abord, et l'on aura la superficie requise.

Exemple. Soit le cylindre ABDC, *fig*. 47, dont la partie AB est coupée obliquement à l'axe : il faut mesurer la partie AEDC comme un cylindre dont les deux bases sont parallèles et perpendiculaires à l'axe. La hauteur de cette partie étant supposée de 8 mesures, et la circonférence de la base de 21, ce cylindre AEDC contiendra 168 mesures en superficie. Il faut ensuite mesurer la partie BE, que je suppose de 4 mesures, et la multiplier par 21 de circonférence; le produit sera 84 dont la moitié est 42, qu'il faut ajouter avec les 168 : on aura 210 mesures pour la superficie entière. La surface est toujours la moitié de la surface cylindrique entière, de même base et de même hauteur.

Cette proposition peut servir à mesurer les berceaux coupés obliquement.

PROPOSITION III.

Mesure de la surface convexe d'un cône.

Pour mesurer la surface convexe d'un cône droit, il faut mesurer la circonférence circulaire de la base, et multiplier cette circonférence par la moitié du côté du même cône, ou le côté par la moitié de la circonférence, et l'on aura la surface requise.

Exemple. Soit le cône droit ABC, *fig.* 48 : que la circonférence de sa base circulaire AECD soit de 35 mesures, et son côté BA de 18 mesures ; il faut multiplier 35 par 9, moitié de 18 ; on aura 315 pour la surface requise.

Si le cône proposé à mesurer est oblique, c'est-à-dire qu'il ait un côté plus long que l'autre, il faut ajouter ensemble le grand et le petit côté, et de leur somme en prendre le quart, qui, multiplié par la circonférence de la base, donnera la surface requise.

Exemple. Soit le cône oblique ABCD, *fig.* 49 : que sa base ADCE, qui est circulaire et oblique à l'axe, ait 25 mesures de circonférence, le côté AB 20, le côté BC 16 ; il faut ajouter 16 et 20, qui font 36, dont le quart est 9 qu'il faut multiplier par 25, circonférence de la base, et l'on aura 225 pour la surface demandée.

Cette règle peut servir à mesurer les trompes droites et obliques.

PROPOSITION IV.

Mesure de la surface convexe d'un cône tronqué.

Il faut ajouter ensemble la circonférence de la base du cône et celle de la partie tronquée, prendre la moitié de leur somme, qu'on multipliera par le côté du même cône, et l'on aura la mesure demandée.

Exemple. Soit proposé à mesurer le cône tronqué ABCD, *fig.* 50 ; il faut ajouter ensemble les circonférences CHDG et ALBO, que je suppose être 56, dont la moitié est 28, qu'il faut multiplier par un des côtés AD ou BC, que je suppose être 16, et l'on aura 448 pour la surface requise.

Si le cône tronqué est oblique, et que les bases soient parallèles, il faut mettre ensemble le grand et le petit côté, et en prendre la moitié qu'on multipliera par la moitié de la somme des deux circonférences ; et on aura la superficie requise.

Exemple. Soit le cône oblique tronqué ABCD, *fig.* 51 ; que les circonférences des bases soient ensemble 48, la moitié sera 24 : le plus grand côté AD soit 18, et le petit côté BC soit 12, leur somme est 30 : en multipliant 15, moitié de la somme des côtés, par 24, moitié de la somme des circonférences des bases, l'on aura 330 pour la surface requise.

PROPOSITION V.

Mesure de la surface convexe d'une sphère.

Que l'on multiplie la circonférence du plus grand cercle de la sphère par son diamètre, et le produit exprimera la surface. Un grand cercle de la sphère est donné par l'intersection d'un plan qui passe par le centre de ce solide.

Exemple. Supposons que le diamètre AC de la sphère, *fig.* 52, soit 35, la circonférence du plus grand cercle ABCD sera 110; il faut donc multiplier 35 par 110, et l'on aura 3850 pour la surface.

On aura encore la même surface, en multipliant le carré du plus grand diamètre de la sphère par $3\frac{1}{7}$: ainsi, le diamètre étant 35, le carré de 35 est 1225, qu'il faut multiplier par $3\frac{1}{7}$, et l'on aura 3850 pour la surface, comme ci-devant.

PROPOSITION VI.

Mesure de la superficie convexe d'une portion de sphère.

Multipliez le grand diamètre de la sphère par la plus grande hauteur de la portion proposée; vous aurez un rectangle qu'il faut multiplier par $3\frac{1}{7}$ pour avoir l'expression cherchée.

Exemple. Soit proposé à mesurer la superficie convexe de la portion de sphère ABC, *fig.* 53 : que le grand diamètre BD soit de 35 mesures, et que BE, la plus grande hauteur de la portion à mesurer, soit de 12 : il faut multiplier 12 par 35; on aura 420 qu'il faut multiplier par $3\frac{1}{7}$, pour avoir 1320, qui est la superficie requise.

On peut encore mesurer cette superficie par une règle de proportion, en disant : Comme le diamètre de la sphère est à la superficie de la même sphère, la hauteur de la portion est à la superficie de la même portion. Ainsi, supposant que le diamètre de la sphère soit 35, et la superficie 3850, comme ci-devant, la hauteur de la portion BE étant 12, par la règle de proportion on trouvera 1320 pour la superficie.

PROPOSITION VII.

Mesure de la superficie convexe d'une zône de sphère.

Soit la zône ABGC, *fig.* 54, dont on cherche à connaître la surface.

Il faut multiplier la circonférence dont BC est le diamètre, par la hauteur HO; le produit sera la surface demandée.

Exemple. Soit le diamètre BC 14, sa circonférence sera 44, qu'il faut multiplier par la hauteur HO, supposée 6; le produit 176 sera la surface demandée.

PROPOSITION VIII.

Mesure de la superficie d'un solide elliptique, ou d'un ellipsoïde.

Il faut premièrement savoir que la superficie d'un solide elliptique est à la superficie d'une sphère inscrite dans le même sphéroïde, comme le grand axe est au petit. Ainsi, ayant trouvé par les propositions précédentes la superficie de la sphère inscrite dans le même sphéroïde proposé, il faut augmenter cette superficie selon la proportion du petit axe au grand.

Exemple. Soit AB, *fig.* 55, diamètre de la sphère inscrite dans le sphéroïde ACBD, de 35 mesures, la superficie sera 3850 : que le grand axe du sphéroïde soit 45, il faut faire cette proportion, $35 : 45 :: 3850 : x$; par la règle de trois on trouvera que x égale 4950, qui est la surface convexe du sphéroïde.

Cette proposition peut servir pour mesurer les voûtes dont les plans sont ovales; car quoique l'on ne mesure ici que la surface convexe, la mesure est la même pour une superficie concave; on peut supposer que ces voûtes ne sont que la moitié d'un sphéroïde concave.

On peut encore mesurer par cette règle toute autre partie que la moitié d'un sphéroïde; car puisque la superficie d'une sphère dont le diamètre est le petit axe du sphéroïde, est à la superficie du même sphéroïde comme le petit axe est au grand, on peut, en gardant la même raison, trouver toutes les parties du même sphéroïde.

Observation pour la surface du paraboloïde.

Cette méthode peut servir aussi à trouver la surface d'un paraboloïde. La différence du sphéroïde elliptique au paraboloïde est peu de chose quant à la pratique.

STÉRÉOMÉTRIE

ou

MESURE DES SOLIDES.

PROPOSITION PREMIÈRE.

Mesure de la solidité d'un cube.

Le cube est un solide rectangle dont toutes les faces sont des carrés égaux entre eux, et tous les angles solides droits. Pour mesurer le cube, il faut avoir la superficie de l'une de ses faces par les précédentes propositions, et multiplier cette superficie par un des côtés du cube ; le produit donnera la solidité.

Exemple. Soit à mesurer le cube A, *fig.* 56, dont chaque côté a 6 mesures ; la superficie de l'un de ces côtés sera 36 ; il faut multiplier par 6 un des côtés du cube, et l'on aura 216, nombre qui exprime la solidité.

PROPOSITION II.

Mesure d'un parallélepipède rectangle.

Il faut multiplier la superficie de la base du solide par sa hauteur, et on aura la solidité.

Exemple. Soit à mesurer le solide B, *fig.* 57; que la superficie de sa base soit de 24 mesures, et sa hauteur de cinq; multipliez 24 par 5, et vous aurez 120, nombre qui exprime la solidité.

PROPOSITION III.

Mesure d'un parallèlepipède rectangle coupé obliquement à sa hauteur perpendiculaire.

On considère ce solide comme composé de deux autres solides qu'on mesure séparément.

Exemple. Soit le solide AE, *fig.* 58; la face ABDC opposée à l'oblique contient 24 mesures en superficie; la moindre hauteur BF est de 5 mesures, et la plus grande DE de 8 : multipliez 24 par 5, et vous aurez 120 pour la solidité du rectangle compris dans le solide AE. Prenez ensuite la moitié du produit de la même superficie ABDC que vous multiplierez par 3, excès de la grande hauteur DE sur la moindre BF, et vous aurez 36, qui, ajoutés à 120, la première solidité trouvée, vous donneront 156 pour toute la solidité requise.

Autre méthode.

Multipliez le nombre qui représente la surface ABCD par le nombre d'unités de longueur contenues dans la ligne MN, laquelle joint le point M, milieu de FE, avec le point N, milieu de BD.

PROPOSITION IV.

Mesure de la solidité des prismes et des cylindres droits.

Soit à mesurer un prisme droit, dont les bases sont triangulaires : il faut mesurer la superficie de l'une des bases, la multiplier ensuite par la hauteur du prisme, et on aura la solidité requise.

Exemple. Soit le prisme triangulaire AB, *fig.* 59, dont les côtés sont perpendiculaires aux bases : supposons que la superficie de l'une de ses bases soit 18, et la hauteur AB 15 ; il faut multiplier 15 par 18, et on aura 270 pour la solidité requise.

En général, les prismes dont les bases seront d'autres figures parallèles entre elles et perpendiculaires aux côtés, doivent se mesurer de même. Soit le prisme CD, *fig.* 60, dont les bases sont pentagonales ; il faut chercher la superficie de l'une de ses bases, et la multiplier par la hauteur CD pour avoir la solidité.

Il en est de même des prismes dont les bases sont des trapèzes, comme le prisme EF, *fig.* 61.

On mesure aussi de cette manière la solidité des colonnes et des cylindres droits. On a, par exemple, à mesurer la solidité du cylindre droit HI, *fig.* 62, dont les bases sont des cercles parallèles et perpendiculaires à l'axe ; il faut chercher la superficie de l'une de ses bases, et la multiplier par la hauteur HI.

Quand les bases des cylindres sont des ellipses, on mesure la superficie de l'une de ses bases, et on la multiplic par la hauteur, comme ci-dessus.

PROPOSITION V.

Mesure des primes et des cylindres obliques.

Les prismes obliques sont ceux dont les bases et les côtés sont parallèles entre eux, mais dont les mêmes bases sont obliques par rapport aux côtés. Pour les mesurer, il faut de l'extrémité de l'une des bases faire tomber une perpendiculaire sur l'autre base, et multiplier la hauteur de cette perpendiculaire par la superficie de la base sur laquelle tombe la perpendiculaire.

Exemple. Soit le prisme A, *fig.* 63, dont les bases ne sont point perpendiculaires aux côtés : il faut de l'extrémité B faire tomber BC perpendiculairement sur la base DEF, multiplier la superficie de cette base par BC, et l'on aura la solidité.

Il en sera de même des cylindres obliques ; car, pour avoir la solidité du cylindre B, *fig.* 64, dont les bases sont obliques par rapport aux côtés, il faut de l'extrémité C faire tomber perpendiculairement sur la base A la ligne CD : cette ligne étant multipliée par la superficie de l'une des bases, donnera la solidité du cylindre oblique.

PROPOSITION VI.

Mesure des pyramides et des cônes.

On aura la solidité des pyramides et des cônes droits, en multipliant leur base par le tiers de la perpendiculaire qui tombe du sommet sur les mêmes bases.

Exemple. Soit à mesurer la pyramide ABCDE, *fig.* 65, dont la base a 12 mesures en superficie. Il faut du sommet A faire tomber perpendiculairement sur la base BCDE la ligne AG, que je suppose être de 9 mesures. Il faut multiplier le tiers de 9 par 12, ou le tiers de 12 par 9, et on aura 36 pour la solidité cherchée.

Il en est de même de toutes les pyramides dont les bases sont triangulaires, pentagonales, hexagonales, etc.

Les cônes seront mesurés du même; car ayant multiplié la superficie de leurs bases circulaires par le tiers de la ligne qui tombe perpendiculairement du sommet sur la base, on aura la solidité requise. Par exemple, je suppose que la base ADCE, *fig.* 66, soit de 25 mesures, et que la perpendiculaire BF soit de 12; si l'on multiplie le tiers de 12 par 25, on aura 100 pour la solidité du cône proposé.

Les pyramides et les cônes obliques seront aussi mesurés par cette méthode. Par exemple, supposons que le sommet de la pyramide oblique *fig.* 67, ne tombe point perpendiculairement sur la base BDCE, il faut prolonger DC, et du sommet A faire tomber la perpendiculaire AG : le tiers de cette hauteur multipliée par la base BDCE, donnera la solidité.

Il en est de même des cônes, *fig.* 68, et de tous les solides pyramidaux.

PROPOSITION VII.

Mesure des pyramides et des cônes tronqués.

Les pyramides et les cônes droits tronqués sont mesurés en multipliant la surface de la base inférieure par la surface de la base supérieure ; la racine carrée du produit donnera la surface moyenne qu'il faut ajouter aux deux autres : on multipliera ensuite leur somme par le tiers de l'axe, et le produit sera la solidité de la pyramide ou du cône tronqué.

Exemple. Soit la pyramide oblongue, *fig.* 69, dont un des côtés de la base inférieure soit 18, et le petit côté 6, la surface aura 48.

Que le grand côté de la base supérieure soit 12, et le petit côté 4, la surface sera 48.

Il faut multiplier 108 par 48, le produit sera 5184, dont la racine carrée 72 sera la surface moyenne qu'il faut ajouter à 108 et 48 ; leur somme sera 228, qu'on multipliera par 4, le tiers de la hauteur de l'axe supposé ici de 12 ; le produit donnera 912 pour la solidité de la pyramide tronquée.

On trouvera de même la solidité du cône droit tronqué, en multipliant la surface de la base par la surface supérieure; la racine carrée du produit sera le cercle moyen qu'on ajoutera aux deux autres, et on multipliera leur somme par le tiers de l'axe.

Il est encore une autre méthode plus compliquée que celle ci-dessus, mais plus sensible, qui est de prolonger et finir la pyramide ou le cône, en mesurer la solidité par la proposition précédente, et en retrancher la partie tronquée, ce qui se fait ainsi :

Supposons le cône tronqué ABED, *fig.* 70; que le diamètre de la base soit de 42 pieds; conséquemment son rayon sera de 21 pieds; le diamètre du cercle supérieur de 14 pieds, son rayon sera de 7 pieds, la hauteur de l'axe de 30 pieds.

Pour connaître l'axe total, il faut ôter 7 pieds de 21 pieds, il restera 14, qui est la différence du grand rayon sur le petit, et faire ensuite cette proportion, 14 : 30 : : 21 : x, c'est-à-dire, la différence du grand au petit rayon est à l'axe du cône tronqué, comme le grand rayon de la base est à l'axe total qu'on trouvera être de 45.

Connaissant donc l'axe total du cône et sa base, on en trouvera, par la proposition précédente, la solidité, qui sera de 20790; on en ôtera, suivant la même proposition, la petite pyramide qui aura 15 pieds d'axe, un cercle de 154 pieds en superficie, et 770 pieds de solidité; ainsi, ôtant 770 de 20790, il restera pour la solidité du cône tronqué 20020.

Tous les autres corps pyramidaux droits tronqués sont mesurés par la même méthode.

PROPOSITION VIII.

Mesure des pyramides et cônes tronqués obliquement.

Il faut savoir que les corps pyramidaux peuvent être tronqués par des plans obliques à l'axe, et que la manière de les mesurer ne diffère pas de la règle précédente.

Exemple. Soit à mesurer la pyramide droite CAB, *fig.* 71, tronquée par un plan DE oblique à l'axe, ou qui n'est pas parallèle à la base AB ; il faut, par les règles ci-devant expliquées, mesurer la pyramide entière CAB, que je suppose de 55 mesures, et ensuite mesurer la partie CDE par la méthode que j'ai donnée ci-devant pour la mesure des pyramides obliques, laquelle partie je suppose être de 18 mesures ; j'ôte après cela 18 de 55, il reste 37 mesures pour la solidité de la pyramide tronqué DABE.

PROPOSITION IX.

Mesure de la solidité de la sphère.

La solidité d'une sphère s'obtient en multipliant sa superficie convexe par le tiers du demi-diamètre, ou toute la superficie convexe par tout le diamètre ; il faut prendre la sixième partie du produit, et l'on aura par l'une ou l'autre de ces deux pratiques la solidité requise.

Exemple. Soit à mesurer la solidité de la sphère ABCD, *fig.* 72, dont le diamètre soit de 35 mesures, la circonférence sera 110, et sa superficie convexe sera par conséquent 3850, qu'il faut multiplier par 35 : l'on aura 134750, dont il faut prendre la sixième partie, laquelle est 22458 $\frac{1}{3}$.

PROPOSITION X.

Mesure des portions de la sphère.

Les portions d'une sphère sont ou un *secteur* ou un *segment solide* de sphère ou une zone ; on connaîtra la mesure du segment par celle du secteur : il faut donc commencer par la mesure du secteur. J'appelle *secteur* de sphère, un corps solide pyramidal, comme HIDK, composé d'un segment de sphère IDK, et d'un cône droit HIK, qui a son sommet H au centre de la sphère, et dont la base est la même que celle du segment IDK ; ce solide sera à toute la solidité de la sphère, comme la superficie de sa base IDK est à toute la superficie de la sphère.

Exemple. La solidité totale de la sphère étant $22458\frac{1}{3}$, et sa superficie de 3850, si la superficie de la base du secteur est le sixième de la superficie de la sphère, c'est-à-dire est de $641\frac{2}{3}$, il faut prendre le sixième de la solidité de la sphère, et l'on aura $3743\frac{1}{18}$ pour la solidité requise.

Si la portion proposée est un *segment* de sphère, comme IDK, fig. 73, il faut mesurer d'abord le secteur entier comme ci-devant, et ensuite la partie IHK, qui est un cône droit. Il faut soustraire ce cône de tout le secteur, et on aura la solidité du segment IDK.

Si c'est une zône comme BC, EG, et la portion d'axe FH, elle se mesure ainsi :

Soit le diamètre BC du grand cercle 35, sa surface sera de $962\frac{1}{2}$.

Le diamètre EG du petit cercle soit 32, sa surface sera $804\frac{4}{7}$.

La portion d'axe FH soit de 9:

1° Il faut multiplier $962\frac{1}{2}$ par 6 (deux tiers de 9); le produit sera.......................... 5775

2° On multipliera encore $804\frac{4}{7}$ par 3 (tiers de 9); le produit sera................ 2423
                                                                    ─────
                                                                    8188

3° On joindra les deux produits ensemble, et leur somme $8188\frac{5}{7}$ sera la solidité de la zône.

PROPOSITION XI.

Mesure des polyèdres réguliers.

Les corps réguliers sont mesurés par des pyramides dont le sommet est le centre ; l'une des faces est la base de la pyramide.

Exemple. Soit à mesurer un dodécaèdre, *fig.* 74. Supposons que la superficie de l'un de ses pentagones soit de 5 mesures, et la perpendiculaire HA de 12 : il faut multiplier 12 par 5, et on aura 60, dont le tiers 20 est la solidité d'une des pyramides. Si l'on multiplie 20 par 12, qui est le nombre des faces du dodécaèdre, on aura 240 pour la solidité requise.

Cette règle servira pour mesurer tous les autres corps réguliers, comme l'*octaèdre* et autres, même irréguliers, pourvu que l'on puisse imaginer un centre commun à tous les sommets des pyramides, dont les faces seront les côtés ou pans du corps solide à mesurer.

PROPOSITION XII.

Mesure d'un ellipsoïde.

Le solide en question est formé par la révolution d'une demi-ellipse autour de ses axes.

La connaissance de la mesure des ellipsoïdes donne le moyen de mesurer le solide des voûtes de four, dont les plans sont elliptiques. Pour les mesurer, il faut savoir que tout ellipsoïde est quadruple d'un cône dont la base a pour diamètre le petit axe, et pour hauteur la moitié du grand axe de l'ellipsoïde.

Exemple. Soit à mesurer l'ellipsoïde ACBD, *fig.* 75, dont le petit axe AB soit 12 et le grand axe CD 20, dont la moitié CE sera 10 ; il faut trouver le solide du cône, dont le diamètre de la base soit 12, et l'axe CE soit 10. On trouvera par les règles précédentes que le cône CAEB contiendra en solide 377 $\frac{1}{7}$; qu'il faut quadrupler, et on aura 1508 pour la solidité requise.

PROPOSITION XIII.

Mesure d'un paraboloïde

Un paraboloïde est un solide formé par la révolution d'une demi-parabole autour de son axe.

Soient la base 14 et l'axe 9, *fig.* 76 : la surface du cercle qui a pour diamètre 14 sera 154, qu'il faudra multiplier par 4 $\frac{1}{2}$, moitié de l'axe : le produit donnera 193 pour la solidité du paraboloïde.

TOISÉ GÉNÉRAL

DES

OUVRAGES EN BATIMENT.

CHAPITRE XII.

DE LA MAÇONNERIE.

Bien que l'usage soit de toiser les ouvrages en bâtimens dans l'ordre contraire de leur construction, en commençant par les parties les plus élevées, comme les souches de cheminées, et de continuer en descendant d'étage en étage et en finissant par les fondations, je ne prendrai pas cette marche; je commencerai par les fondemens, je suivrai l'ordre de la construction, lequel paraît plus rationnel, au moins dans un traité.

Je ne vois pas même pourquoi, dans la pratique, on ne ferait pas de même : l'usage contraire n'a rien d'obligé; au reste, il n'a pas non plus d'inconvéniens, et l'on est libre de le conserver ou de le changer.

La partie du bâtiment qui demande le plus de détails et de développemens, et dans laquelle on a introduit le plus d'usages, est certainement la maçonnerie. Ce qu'on appelle *usage* en général, est un mode de compensation entre telle partie d'ouvrage qu'on omet de toiser, et telle autre que l'on compte pour plus que sa mesure réelle, ou bien entre des matériaux non fournis et un excédent de main d'œuvre. La raison ou le prétexte de ces usages est, du moins quant aux mesures, le peu d'intérêt que présenterait le résultat d'un calcul exact et d'autant plus long. Mais pour la compensation entre les matériaux et la main d'œuvre, elle est tout-à-fait inadmissible, et sans excuse, vu la variation des prix et de main d'œuvre et de matériaux : la compensation ne serait réelle qu'autant que la proportion se trouverait toujours la même entre les choses compensées et quant aux quantités et quant aux prix, soit qu'ils fussent fixés, soit que les mêmes causes d'enchérissement ou de bon marché influassent également et en raison directe sur la main d'œuvre et sur les matériaux; et c'est ce qui ne se rencontre que très rarement, par pur hasard, et même sans qu'on puisse s'en assurer. En sorte que toutes les fois qu'on emploie cette prétendue compensation, il y a lésion au préjudice de l'une ou de l'autre des parties.

Il est beaucoup plus simple et plus exact de toiser chaque ouvrage pour ce qu'il est réellement.

Il y a néanmoins des ouvrages qui peuvent être confondus, je dirai plus, qui doivent l'être, et cela pour éviter une trop grande répétition ; sans cela il y aurait presque autant d'articles dans la récapitulation des divers articles d'un mémoire, que dans le mémoire même. Ainsi les légers ouvrages et les tailles de pierre de toute nature seront, chacun dans leur espèce, confondus et évalués proportionnellement à l'unité qui leur sert de base.

DES OUVRAGES EN PIERRE DE TAILLE.

Tous les ouvrages en pierre, quelle que soit la nature de la pierre, seront mesurés et timbrés séparément, en indiquant la nature de la pierre ainsi que la forme de l'ouvrage auquel elle est employée ; c'est-à-dire qu'on expliquera si c'est pour assises ordinaires ou réglées, soit sur la longueur, soit sur la hauteur, soit des deux tout à la fois ; si l'ouvrage est sur plan droit ou circulaire, comme aussi si c'est pour voûtes, plates-bandes, colonnes, angles, bornes, marches, seuils, appuis, etc. Tous ces ouvrages seront comptés en cube, et tout vide quelconque sera déduit.

Tout morceau de pierre d'une autre forme que la rectangulaire sera mesuré par équarrissage, c'est-à-dire suivant le cube qu'il est censé avoir eu avant la taille. Je dis censé, parce qu'il arrive quelquefois qu'un morceau de pierre, mesuré ainsi, produit, après avoir été taillé, un cube plus grand que celui qu'il avait avant la taille, suivant que la forme primitive du morceau se prêtait plus ou moins à l'ouvrage. Mais comme le choix des morceaux dépend de l'habileté et de l'attention de l'entrepreneur, c'est à lui qu'en bonne justice appartient le profit qui résulte de ce choix intelligent.

Tout évidement fait dans ces morceaux, pour former soit des harpes, soit des claveaux, des crossettes, des voussoirs, des assises circulaires ou tout autre chose, sera déduit du cube énoncé.

Les dalles depuis un jusqu'à trois pouces d'épaisseur seront comptées en superficie, en indiquant s'il y a un ou deux sciages. La pose et le coulis pour le scellement de ces dalles seront comptés avec le prix de la pierre.

Les morceaux rapportés par incrustement seront comptés séparément, et l'incrustement sera compté comme refouillement, en indiquant la nature de la pierre refouillée, ainsi que le nombre de côtés conservés, afin de pouvoir y mettre un prix.

MÉTHODE POUR CONNAITRE EXACTEMENT LE CUBE DE LA PIERRE MISE EN ŒUVRE, ET CELUI DES ÉVIDEMENS DE PLUSIEURS MORCEAUX RÉUNIS DANS UNE VOUTE, OU TOUT AUTRE OUVRAGE SEMBLABLE.

Pour connaître exactement le cube de la pierre mise en œuvre et celui des évidemens provenant des morceaux ainsi réunis, on commencera par mesurer chaque morceau par équarrissage, c'est-à-dire d'après la forme qu'il avait avant d'avoir été taillé sur toutes ses dimensions, longueur, largeur, hauteur ou épaisseur. La superficie ou le cube de chaque morceau seront mis en colonne afin d'en faire l'addition, ce qui donnera le total du cube de pierre qu'il a fallu pour l'ouvrage dont il s'agit.

Pour avoir la quantité de pieds cubes de pierre mise en œuvre, c'est-à-dire celle qui existe réellement dans l'ouvrage, et celle par conséquent de l'évidement provenant de tous les morceaux évidés, on fera le cube de toute la masse composée de tous les morceaux: en déduisant les vides, le surplus sera la pierre mise en œuvre; la différence entre le cube et celui de tous les morceaux mesurés par équarrissage sera le cube des évidemens avec perte et déchet de la pierre.

Exemple.

Soit la fermeture d'une baie en plein cintre, *fig.* 7.

Les deux premiers claveaux A formant assises, de chacun 4 pieds 2 pouces sur 1 pied 4 pouces, ensemble produisent.................... 11 ^{p} 1° 4^l

Ceux B de chacun 2 pieds 5 pouces sur 1 pied 9 pouces, ensemble produisent........................... 8 5 6

A reporter........ 19 ^{p} 6° 10^l

Report........	19ᵖ	6°10ⁱ	
Ceux C de chacune 5 pieds 2 pouces, sur 2 pieds 2 pouces, ensemble produisent..............................	22	4	8
Ceux D de chacun 3 pieds 9 pouces, sur 2 pieds 8 pouces, ensemble produisent..............................	20	0	0
Ceux E de chacun 3 pieds, sur 3 pieds 4 pouces, ensemble produisent	20	0	0
Ceux F de chacun 2 pieds, sur 4 pieds 5 pouces, ensemble produisent	17	8	0
La clef de 2 pieds, sur 4 pieds 2 pouces, produit.......................	8	4	0
Le tout produit en superficie.....	107	11	6
Sur 2 pieds d'épaisseur produit en cube.................................	215	11	0
Dont en œuvre la longueur réduite de la face occupée par les claveaux qui est de 11 pieds 10 pouces, sur 8 pieds de hauteur, ce qui produit.............................	94ᵖ 8° 0ⁱ		
Moins le vide de la baie, qui est la surface d'un demi-cercle de 8 pieds de diamètre...................... 25 1 8			
Le surplus produit...... 69 6 4			
Sur 2 pieds d'épaisseur, produit en cube.................................	139	0	8
Le cube des évidemens est de....	76ᵖ 10°	4ⁱ	

On voit que le cube de la pierre mise en œuvre est de 139 pieds 0 pouce 8 lignes, et celui des évidemens avec pertes et déchet de la pierre, de 76 pieds 10 pouces 4 lignes.

Lorsqu'il y aura plusieurs voûtes jointes ensemble, on formera le cube de toute la masse dans laquelle elles sont comprises, en ajoutant toutes les saillies, s'il y en a, et en déduisant tous les vides, sans avoir égard aux différentes natures d'ouvrages ni de matériaux. Si l'ouvrage est composé de plusieurs natures de pierre ou autres matériaux, on commencera par détailler le plus cher, et ainsi de suite jusqu'à l'avant-dernier : le dernier n'aura pas besoin d'être détaillé, quand même il serait placé en divers endroits; la différence qu'il y aura entre le cube général et celui résultant du détail de toutes les différentes natures de matériaux ou d'ouvrages sera son cube.

Pour les morceaux de pierre de formes irrégulières qui auront nécessité un ou plusieurs évidemens, ils seront mesurés par équarrissage, pour former le cube de la pierre employée; puis, afin de connaître le produit des évidemens, on s'y prendra de la manière indiquée dans le premier exemple.

Dans la déduction qu'on fera de chaque nature d'ouvrages sur le cube général, on aura soin de n'y pas comprendre le cube de l'évidement des morceaux, parce qu'alors il y aurait double emploi, et que le cube de tous les détails, joint au restant qui n'a pas été détaillé, ne serait pas semblable au cube général; au contraire, il serait plus grand que ce dernier de tout le produit des évidemens.

Par cette manière d'opérer, on voit qu'il ne peut pas y avoir d'erreur dans le cube des voûtes, quelles que soient les diverses natures de matériaux dont elles sont composées, puisqu'il faut toujours que le produit de tous les détails réunis soit égal à celui du cube de la masse entière.

DES ÉVIDEMENS FAITS DANS LA PIERRE, ET DE LA TAILLE DES PAREMENS APRÈS L'ÉVIDEMENT.

On appelle évidement toute partie de pierre jetée bas sur le chantier pour dégagement soit de harpes, soit d'avant-corps, de pilastres, de colonnes, de crossettes, de claveaux, de voussoirs, d'assises circulaires, etc.

Morisot dit à ce sujet que tous ces évidemens seront déduits du cube énoncé, afin qu'à cette pierre jetée bas il ne soit allouée ni bardage, ni pose. Oui, cette pierre jetée bas qu'on appelle évidement, doit être comptée séparément, mais non pas comme l'entend Morisot, car, de son calcul il résulte que l'évidement n'est pas payé. Il estime un pied cube d'évidement avec perte et déchet en pierre franche, à raison de 2 livres 15 sous 8 deniers, et le pied cube de la même pierre mise en œuvre, à raison de 2 livres 8 sous 5 deniers. La différence est de 7 sous 3 deniers qu'il accorde pour chaque pied cube d'évidement simple ; puis ensuite il ne compte la taille du parement après l'évidement, que pour moitié de taille. En comptant ainsi, l'évidement ne se trouve pas payé.

La raison que donne Morisot, c'est qu'il n'y a, dit-il, ni bardage, ni montage, ni pose, ni fichage de cette pierre jetée bas sur le chantier : il y a erreur dans cette manière de voir, car la pratique nous prouve tous les jours qu'il en coûte autant et quelquefois plus pour le bardage, le montage, la pose et le fichage d'un morceau de pierre évidé, que si le même morceau était sans évidement, à moins cependant que l'évidement ne soit considérable, ce qui arrive rarement. Un morceau de pierre évidé exige beaucoup plus de soin et de précaution, par la grande quantité d'arêtes qui s'y trouvent.

C'est d'après toutes ces considérations que les évidemens et la taille du parement fait après l'évidement, seront considérés et évalués.

Tout évidement qui n'aura pas au moins 3 pouces de profondeur sera compté non en cube, mais de la manière ci-après indiquée, sous le nom de double taille.

Tout évidement qui aura au moins 3 pouces de profondeur, sera compté en cube ; le prix de chaque pied cube d'évidement simple sera égal à celui de chaque pied superficiel de taille de parement layé et ragréé. Ainsi, en supposant qu'une toise superficielle de parement vaille 23 livres 8 sous, le pied étant de 13 sous, ce prix sera celui de chaque pied cube d'évidement simple ; ce prix sera ajouté à celui du pied cube de la même pierre mise en œuvre.

L'évidement ainsi compté, la taille du parement après l'évidement sera comptée pour taille entière.

L'évidement, ou double taille, pour dégager des pilastres ou tout autre saillie dans une assise dont le parpain n'excède pas 12 pouces compris la saillie, sera considéré tout autrement. Voici pourquoi :

C'est qu'on suppose qu'une assise dont l'épaisseur n'excèderait pas 12 pouces a été prise dans un morceau de 3 à 4 pieds de largeur, qu'il a fallu débiter à la scie, et que, par conséquent plusieurs des morceaux qui en proviennent se trouvent avoir deux sciages. Donc s'il y a un évidement dans un des morceaux, le sciage au droit de l'évidement se trouve perdu : il n'en faut pas moins tenir compte à l'ouvrier ou à l'entrepreneur. Il n'en est pas de même d'un évidement fait dans une assise dont le parpain a au moins 15 à 18 pouces d'épaisseur, sans y comprendre la saillie formée par l'évidement, comme pour dégagement de harpe ou de pilastre sur la face d'un mur, parce qu'une assise de cette épaisseur étant prise dans un morceau de pierre de même largeur que le précédent, il n'a fallu qu'un sciage pour débiter ce morceau, et que ce sciage sert pour le parement de la face non évidée. Ces évidemens, taille et double taille seront évalués ainsi :

Tout évidement ou double taille jusqu'à 3 pouces de profondeur se mesurera dans toute sa longueur et hauteur, en ajoutant toutes les faces des saillies dégagées ; le produit sera compté pour taille entière : ensuite on mesurera la longueur et la hauteur de chaque partie évidée, sans rien ajouter pour les saillies, et le produit sera compté pour demi-taille. Si l'évidement a 4 pouces de profondeur jusqu'à 6 pouces, la mesure sera prise de même, et la double taille sera comptée pour deux tiers de taille entière. Les tailles ainsi comptées, il n'est pas dû d'évidement.

L'évidement et la taille pour embrasement de porte ou de croisée non évasé avec tableau et feuillure, seront comptés de même, selon la profondeur de l'évidement : pour ceux dont l'embrasement est évasé, on y ajoutera un sixième ; si l'embrasement est formé de plusieurs morceaux en plan, comme pour un mur d'une grande épaisseur, il n'y aura que les morceaux évidés qui seront comptés ainsi ; le surplus le sera comme taille ordinaire.

DES TAILLES EN GÉNÉRAL.

Pour servir d'unité à l'évaluation de toutes les tailles, on prendra celle d'un parement droit layé et ragrée, comme étant la plus simple et la plus connue de toutes. Je ne prendrai pas pour unité la même taille sans ragrément, comme Morisot l'a fait, parce que cela peut occasioner quelque surprise de la part d'un entrepreneur peu scrupuleux, au préjudice du propriétaire, par la raison que ce dernier entend par taille de parement un parement fini et non pas un parement au prix duquel il faut ajouter un quart pour le ragrément. Il vaut beaucoup mieux retrancher la valeur du ragrément, lorsqu'il n'a pas eu lieu (ce qui arrive rarement), que d'être obligé de l'y ajouter sur tous les paremens. C'est d'après cette unité que toutes les autres tailles vont être évaluées.

DES TAILLES CIRCULAIRES,

La taille circulaire d'un parement doit être comptée en sus de la superficie réelle et en raison de la difficulté du travail, selon que le diamètre est plus ou moins grand, et par conséquent selon que la courbe s'éloigne ou se rapproche de la droite.

Ainsi les tailles circulaires doivent être classées comme il suit :

Toute taille circulaire en plan ou en élévation, dont le diamètre aura moins de 3 pieds, et dont l'ouvrage se compose de plusieurs morceaux, sera comptée une fois et demie.

La taille ainsi comptée, il ne sera compté aucun évidement, à moins que ce ne soit pour la partie concave, et que l'évidement ait au moins 8 pouces de profondeur mesurée au milieu, tout évidement moindre étant inappréciable.

La même taille, dont le diamètre aura jusqu'à six pieds, sera comptée une fois et un tiers.

La même, dont le diamètre sera au dessus de 6 pieds, sera comptée une fois et un quart.

La taille circulaire du parement de la calotte d'une niche sera comptée, pour plus value, le double de ce qui est compté pour la taille circulaire suivant la grandeur du diamètre, c'est-à-dire que celle dont le diamètre est au dessous de 3 pieds sera comptée deux fois, jusqu'à six pieds une fois et deux tiers, et au dessus de six pieds de diamètre, une fois et demie.

La même taille, dont l'ouvrage ne sera composé que d'un seul morceau, comme tête de marche, mardelle de puits, borne, cippe, piédestal ou autres, la taille sera comptée une fois un quart.

DU RAGRÉMENT DES TAILLES DE PAREMENT.

Il est essentiel de connaître la valeur du ragrément des tailles de parement, afin de pouvoir extraire ce ragrément lorsqu'il n'aura pas eu lieu.

Le ragrément sur place de toute taille de parement layé sur plan droit ou circulaire, entre pour un cinquième dans l'évaluation qui a été faite de chacune d'elles; ainsi, lorsqu'on aura à ôter le ragrément d'un parement droit qui n'aura pas été fait, on ôtera un cinquième, soit sur le prix, soit sur la superficie : de même, si c'est un parement circulaire, la déduction du cinquième se fera non seulement sur la superficie réelle, mais aussi sur la plus value accordée ci-dessus en raison de la courbe; car cette forme est une cause de difficulté aussi bien pour le ragrément que pour la taille.

La taille pour arrondissement de colonne galbée [1] sur la hauteur, se compte deux fois sa superficie réelle; il ne sera pas compté d'évidement.

Si le ragrément sur place n'a pas eu lieu, on déduira un quart de la superficie doublée, parce que le galbe d'une colonne ne se fait en partie que lors du ragrément.

La taille du parement d'une colonne qui sera d'un seul morceau en plan comme en élévation, sera comptée pour une fois et trois quarts.

Toutes ces évaluations, comme celles qui suivent, ne sont pas sans doute mathématiques, correctes, ce qui est aussi impossible qu'inutile; mais elles sont équitables, c'est-à-dire le plus rapprochées possible de la justice.

[1] Les ouvriers entendent par colonne galbée celle dont le fût diminue en ligne courbe et non en ligne droite, ce qui donne plus de grace à la colonne.

DES SAILLIES EN PIERRE ET DES MOULURES DONT ELLES SONT COMPOSÉES, ÉVALUÉES ET COMPTÉES COMME TAILLE DE PAREMENT DROIT.

Les saillies dont il va être parlé, et qu'on emploie pour l'ornement des édifices, sont les corniches, les architraves, les frontons, les chambranles, les cadres, les impostes, les archivoltes, les consoles, etc. Les membres qui composent ces saillies s'appellent moulures; les moulures peuvent être considérées séparément par leurs noms particuliers et par leurs figures. Pour bien entendre le toisé et l'évaluation de ces moulures, il faut en faire une espèce d'analyse, en sorte qu'on puisse savoir ce que peut valoir chaque membre simple en particulier, et ensuite comment ils peuvent être comptés dans la composition entière des corps qu'ils doivent former.

C'est à peu près ainsi que s'explique Bullet: bien qu'il annonce qu'il indique la manière dont chaque membre de moulure doit être compté, il leur donne à tous la même valeur, sans avoir égard non seulement à leur grandeur, mais encore au plus ou moins de travail de ces diverses moulures, qui n'est pas le même.

Jusqu'ici on a toujours compté chaque membre de moulure pour six pouces de taille, et chacune de ces moulures couronnée d'un filet pour un pied, sans avoir égard ni à leur grandeur ni à leur forme. Cette manière de compter les moulures n'est pas très exacte, non seulement pour le plus ou moins de grandeur qu'elles peuvent avoir, mais encore par les diverses formes qu'on leur donne : c'est ce que je vais démontrer.

L'usage de compter chaque moulure séparément pour six pouces est inexact; en voici la preuve. Par exemple, les moulures dont se compose un entablement placé à une grande hauteur, sont et doivent être beaucoup plus grandes que celles dont se composent les couronnemens de croisées, les chambranles, les plinthes, les chapitaux, etc. Il arrive souvent que des couronnemens de croisées, des plinthes ou autres saillies sont composés d'un plus grand nombre de moulures que ne l'est un entablement, bien que la masse de ce dernier soit souvent quatre fois aussi forte que celle des premiers. Nécessairement il y a plus d'ouvrage pour former les moulures de l'entablement qui sont beaucoup plus grandes, que pour former celles des autres saillies qui sont plus petites, de même que le travail de chaque moulure diffère suivant la forme qu'on lui donne. En jetant un coup-d'œil sur chaque membre de moulure, il est facile d'en faire la comparaison : puisqu'elles n'ont pas la même forme, le travail en est différent, par conséquent l'évaluation doit être faite en raison du travail. Mais on dira : Quand on compte chaque moulure couronnée d'un filet pour un pied, il y a compensation de la moulure avec le filet. Cela peut être vrai dans certains cas et ne pas l'être dans certains autres : il suffit que cette méthode ne soit pas toujours exacte pour ne pas la suivre. Pour qu'on puisse mieux juger de l'ancienne méthode avec celle que je propose, on va rapporter cette ancienne méthode et la faire suivre d'observations.

MOULURES SIMPLES, PLANCHE 8, SYSTÈME DE BULLET.

« La doucine A est comptée pour un demi-pied.

« Le talon B est compté pour un demi-pied.

« L'ove C, ou quart de rond, ou échine, est compté pour un demi-pied.

« Le tore D, ou demi-rond, est compté pour un demi-pied.

« La scotie, ou trochile, ou rond creux, est compté pour un demi-pied.

« L'astragale F, ou tondin, est comptée pour un demi-pied.

« Le filet G, qui sert à couronner et séparer les autres moulures, est compté pour un demi-pied.

« Le même filet H, avec une portion d'arc au dessous, appellé congé, est compté pour un demi-pied.

« La gorge I est comptée pour un demi-pied.

« La couronne K est comptée pour un demi-pied, sans la mouchette G.

« La brayette L est comptée pour un demi-pied.

« Il faut, dit Bullet, 72 pieds de longueur de ces moulures simples pour faire une toise.

« 1° On compte, dit-il, les profils simples ou couronnés pour un pied, le dessus de ces moulures n'étant ni parement ni refouillé dans la pierre, comme le dessus d'une corniche.

« 2° La moulure simple, dit Séguin, pour être comptée à 6 pouces, doit avoir un angle et une arête, ainsi que les filets d'avant-corps (pl. 9, des profils I et J, fig. 1), ou deux angles et une arête, s'il y a un tore ou une baguette. (Profils T et U, pl. 8.)

« 3° Si le dessus des moulures forme angle avec pente et adoucissement (profils *c* et *d*, pl. 9, fig. 1), ou est dégagé d'un plafond (profils *g* et *h*), il est compté 6 pouces de plus. Ainsi les quatre profils *c*, *d*, *g* et *h* seront comptés à un pied et demi, le dessus et le dégagement compris.

« 4° Les profils *b*, *d*, *m*, fig. 1, de niveau, représentant trois faces, non compris le dessus, ne seront comptés qu'à un pied, parce que ces trois faces ne forment que deux angles et deux arêtes; l'angle dépendant du plafond ne devant pas être compris, ces profils tirés à plomb suivant les lignes ponctuées ne présentent que deux faces par le dessous, et seront également comptés à un pied.

« 5º Les profils *a, c, e*, fig. 1, tirés de niveau, représentent la même chose que les précédens tirés à plomb, et se comptent à un pied. Ces mêmes profils tirés à plomb représentent les précédens tirés de niveau, et ont trois faces apparentes par dessous, lesquelles trois faces ne valent également qu'un pied, sans y comprendre la pente ni le dégagement du filet.

« Un talon est la même chose qu'une doucine renversée de côté ; un talon renversé de côté la même chose qu'une doucine, et ne peuvent se former, ni l'un ni l'autre, sans avoir un listel ou plate-bande au retour de la partie concave : ces deux moulures étant les mêmes doivent être comptées également pour 6 pouces sans filet, et pour un pied avec filet.

« 6º Les arêtes en avant-corps ou en arrière-corps *i, j, k, l*, fig. 1, formant bandeaux, pilastres, tables saillantes ou renfoncées, refend, etc., se comptent pour 6 pouces de profil ; elles ont un angle et une arête vive ou arrondie, sinon on ne compte rien, parce que tout avant-corps est composé d'un angle et d'une arête.

« 7º Lorsqu'il se trouve des doubles filets (profil *p*), ou un filet et un boisement (profil *q*), ils doivent être comptés pour un pied à cause des deux angles et des deux arêtes ; mais si le filet qui couronne la moulure est en taillis sur le nu du mur (profil *r*), la moulure, le filet et le dégagement valent un pied et demi, parce que ce corps de moulures est composé de trois angles et de trois arêtes. »

C'est ainsi que l'évaluation des moulures en pierre s'est faite jusqu'aujourd'hui, c'est-à-dire que certaine moulure qui demande un emploi de temps de plus du double que certaine autre, telle que le simple filet avec la baguette, est évaluée et payée de même.

Avant de fixer l'évaluation des moulures, il est essentiel d'expliquer en peu de mots l'importance de leur travail comparé entre elles.

La doucine A, pl. 8, est, comme le dit judicieusement Séguin, la même chose qu'un talon renversé, et ni l'un ni l'autre ne peut se former sans listel ou plate-bande au retour de la partie concave; ainsi le listel ou dessus qui couronne ou plutôt qui termine la doucine M, ne représente autre chose que la plate-bande au retour de la partie concave du talon, et ne doit par être compté, à moins qu'il n'y ait refouillement par dessus; ce refouillement n'a lieu que lorsqu'il y a peu de saillie.

Pour former cette doucine ou le talon N qui est semblable, il faut faire une partie ronde et une partie creuse, tandis que le quart de rond O n'est composé que d'une seule partie ronde, et le cavet ou gorge P n'est composé que d'une seule partie creuse. Bien que la doucine et le talon se composent tout à la fois d'un quart de rond et d'une gorge, ils ne doivent pas pour cela avoir la valeur de ces deux moulures, par la raison que la jonction de la partie ronde avec la partie creuse dont est composée la doucine ou le talon, est plus facile à faire que le quart de rond et la gorge séparément.

Une doucine ou un talon compris la plate-bande au retour de la partie concave, sont égaux en travail aux trois quart d'un quart de rond et d'une gorge réunis.

Le quart de rond O et la gorge P tenant à peu près le milieu pour le travail entre toutes les autres moulures, comme étant formés l'une d'une partie ronde et l'autre d'une partie creuse, serviront d'unité pour l'évaluation de toutes les moulures.

Le tore R, le demi-rond F, l'astragale et le tondin G, la baguette H, seront semblables pour le travail. Pour former ces trois membres de moulures, il faut, lorsque le listel est fait (car il est impossible de former aucune de ces moulures avant d'avoir fait ce que les ouvriers appellent un carré); il faut, dis-je, faire un arrondissement par dessus et un par dessous. Ce travail est moins long que celui de la doucine ou du talon, et un peu plus que celui du quart de rond et de la gorge ; il est égal à une fois et un tiers celui de l'une ou de l'autre de ces deux dernières moulures.

La baguette, pl. 11, fig. 12, est un membre de moulure à peu près semblable à l'astragale G ; on l'appelle baguette parce qu'elle est dégagée par dessous. Cette moulure est la plus difficile à faire, elle est égale en travail à une fois et deux tiers celui du quart de rond.

La couronne J, dit Bullet, sera comptée pour un demi-pied sans la mouchette; mais si cette couronne était faite telle qu'elle est figurée avec une gorge dans le haut, elle vaudrait plus d'un demi-pied; cette gorge ne peut faire partie de la couronne, mais bien du listel, qui ordinairement couronne cette mouchette.

Le travail de cette couronne est égal à celui du quart de rond, parce que lorsqu'il n'y a pas de mouchette le dessous (soffite) en fait partie.

Le listel G, que l'on compte aussi pour 6 pouces, est le membre de moulure le plus simple et le plus facile à faire. Le travail de ce listel est égal aux deux tiers de celui du quart de rond; mais lorsqu'il a une gorge par dessous, comme à la fig. L, il vaut moitié de plus, c'est-à-dire qu'il est égal au quart de rond.

ÉVALUATION EN TAILLE DES MOULURES EN PIERRE.

Toute moulure avant d'avoir été profilée a été épannelée, comme au profil fig. 3, pl. 10; indiqué par la ligne ponctuée. Cet épannelage est compté soit en cube soit en superficie, suivant la grandeur du profil entier. Pour avoir le cube de l'épannelage, la mesure en sera prise comme pour mesurer un chanfrein de l'angle le plus saillant du haut à celui le plus rentrant du bas : cette dimension formera la base du triangle, que l'on réduit à moitié suivant les règles géométriques, sans ajouter d'autres développemens : le reste de la taille fera partie de l'évaluation de chaque moulure. Mais si le triangle ne formait que 18 pouces, comme par exemple 6 sur 6 dont moitié pour le triangle 18, l'épannelage sera pourtourné et compté pour moitié de taille ; au dessus de cette dimension il sera compté en cube.

Ainsi qu'on l'a dit, c'est le quart de rond O et la gorge P qui serviront d'unité pour l'évaluation des autres moulures, bien qu'il soit plus difficile de faire la gorge que le quart de rond, et en général toute partie creuse que la même bombée ; mais la différence n'est pas assez grande pour pouvoir en faire une distinction. Ces deux moulures, considérées comme unité, seront comptées pour chacune six pouces de taille.

La doucine M et le talon B seront comptés chacun pour 9 pouces.

Le tore D, l'astragale ou tondin F, seront comptés pour chacun 6 pouces.

La couronne K, sans la mouchette, sera comptée pour 4 pouces.

Le listel H, sans gorge par dessous, sera compté pour 4 pouces, et avec la gorge pour 6 pouces.

L'évidement ou taille pour dégager la mouchette G, sera compté pour 6 pouces, la mouchette comprise ; mais lorsque la saillie aura plus de 6 pouces la mesure en sera prise, à partir de la première moulure de la cimaise inférieure jusqu'à l'arête de la couronne, et la taille sera comptée pour sa largeur même, en ajoutant 3 pouces pour la gorge et l'arête intérieure de la mouchette, l'arête et la gorge se faisant ensemble.

En général, si dans la composition d'un profil il se trouve des moulures qui, développées au cordeau (les droites comptées pour une fois en ajoutant 2 pouces pour l'arête, et les circulaires pour une fois et demie), produiraient plus qu'elles ne sont évaluées, l'excédant devra être compté pour taille, car pour l'évaluation des petites moulures on n'a eu égard qu'à leurs formes et à leur travail, et non à leur développement. Il est donc juste que lorsque des moulures se trouvent avoir un développement produisant plus qu'elles ne sont évaluées, cet excédant de taille soit compté. Par ce moyen, la taille des moulures se trouve rangée dans la classe des tailles ordinaires.

Après avoir donné la manière de compter chaque moulure séparément, il est essentiel d'indiquer comment elles doivent être comptées dans la composition entière des profils.

DE LA MANIÈRE DE COMPTER LES MOULURES DANS LA COMPOSITION ENTIÈRE D'UN PROFIL.

Soit la corniche A, fig. 3, pl. 10, la doucine A est comptée pour 9 pouces avec son listel ou plate-bande au retour de la partie concave, comme au talon renversé; le dessus taillé en pente, soit au droit d'un lit ou soit après un évidement, sera compté pour sa superficie réelle à *l'unité* de taille; mais si le dessus n'a pas été taillé, et que l'arête supérieure ne soit que dressée pour recevoir la couverture, cette arête sera comptée pour 2 pouces.

Le filet sous la doucine est compté pour 4 pouces.

Le talon *b* est compté de même que la doucine, 9 pouces, compris la plate-bande au retour de la partie concave.

La couronne *c* est comptée pour 4 pouces, compris l'arête au dessous.

L'évidement de la mouchette *d* est compté pour 6 pouces, compris la gorge et l'arête intérieure.

Le filet *e* est compté pour 4 pouces.

La denticule *f* est comptée pour 4 pouces sans les coupures.

Le filet au dessous est compté pour 4 pouces.

Le talon *g* est compté de même que celui sous la doucine, pour 9 pouces. Cette corniche vaut 4 pieds 5 pouces sans la taille du dessus.

CORNICHE FIG. 4.

Le listel *a* est compté 4 pouces sans la taille de dessus.

Le talon *b* est compté pour 9 pouces.

La couronne *c* est comptée pour 4 pouces.

L'évidement de la mouchette est compté pour 6 pouces.

Le filet au dessous pour 4 pouces.

Le quart de rond *d* pour 6 pouces.

L'astragale *e* pour 8 pouces.

Le filet au dessous, avec la gorge, pour 6 pouces.

Cette corniche vaut 3 pieds 11 pouces sans la taille du dessus.

CORNICHE FIG. 5.

La doucine A est comptée pour 9 pouces.

Le filet par dessous pour 4 pouces.

Le quart de rond *b* pour 6 pouces.

La couronne *c* pour 4 pouces.

Le talon *d* du modillon pour 9 pouces.

La plate-bande *e* du modillon pour 4 pouces.

La mouchette du modillon pour 6 pouces.

Le filet sous le modillon pour 4 pouces.

Le quart de rond *f* pour 6 pouces.

Le filet par dessous pour 4 pouces.

Le talon *g* pour 9 pouces.

Cette corniche vaut 5 pieds 5 pouces sans l'évidement des modillons ni la taille du dessus.

Une corniche avec modillons se compte d'abord comme s'il n'y avait pas de modillons, suivant son profil, ainsi qu'on l'a fait pour la corniche C, fig. 5.

Les modillons se comptent en sus ainsi :

Pour les modillons dont la distance entre eux

sera moindre de 12 pouces, on prendra le pourtour des trois faces intérieures sans rien ajouter pour les angles; ce pourtour sera compté double et calculé suivant le profil du modillon.

Les modillons dont la distance entre eux sera depuis 12 jusqu'à 15 pouces, seront mesurés de même et comptés une fois et demie; on ajoutera au pourtour ainsi compté 6 pouces pour les angles rentrans et 3 pouces pour les angles saillans.

Ces modillons étant ainsi comptés, il n'est rien dû pour le refouillement.

Les modillons dont la distance entre eux sera de 15 pouces et au dessus, seront mesurés de même, en ajoutant 6 pouces pour chaque angle rentrant et 3 pouces pour chaque angle saillant. Le pourtour ne sera compté qu'une fois, et, dans ce dernier cas, le refouillement du métope sera compté séparément en cube, dont chaque pied équivaudra à un pied et demi de taille.

Tout modillon simple *e* couronné d'un talon (fig. 5), qui, mesuré et compté de la manière qui vient d'être expliquée, ne produit pas au moins 6 pieds de taille, sera compté pour 6 pieds; si c'est un modillon double (pl. 11, fig. 1re), il sera compté pour 8 pieds de taille; et celui fig. 2, avec une moulure entre les deux plates-bandes, pour 10 pieds.

Ces évaluations ne sont pas arbitraires; on sent que plus les objets sont petits, plus le travail est difficile et exige d'en être soigné. Or, la toise ne saurait être appliquée à des ouvrages qui font plutôt partie de la sculpture que de la taille de la pierre.

DES DENTICULES REFOUILLÉS DANS LA PIERRE.

Chaque refouillement de denticule simple, sans filet ou languette à l'intérieur, de 10 lignes de hauteur environ, sera compté pour 4 pouces de taille, et avec filet ou languette, pour 6 pouces.

Idem, de 18 lignes de hauteur, sans filet, sera compté pour 6 pouces; avec filet, 9 pouces.

Idem, passé 18 lignes jusqu'à 3 pouces de hauteur, simple, sera compté pour 8 pouces, et avec filet pour 12 pouces.

Idem, passé 3 pouces jusqu'à 5 pouces de hauteur, sera compté pour 12 pouces, et avec filet 15 pouces.

Je sais que la plupart sont dans l'usage de compter généralement le refouillement de chaque denticule, grand comme petit, pour 6 pouces lorsqu'ils sont simples, et pour 12 ceux avec languettes. Cela n'est pas équitable. Certainement, plus le denticule est grand, plus il y a d'ouvrage dans le refouillement.

DES PROFILS POUR CHAMBRANLES DE PORTES OU DE CROISÉES, TABLES SAILLANTES OU RENFONCÉES.

Le profil fig. 3, pl. 11, est pris dans l'épaisseur de la pierre sans aucune saillie; le talon est compté pour 9 pouces, et le dégagement qui forme une arête avec le nu du mur est compté pour 3 pouces; le profil vaut 1 pied.

Le profil fig. 4, avec une plate-bande, vaut 1 pied 4 pouces.

Le listel qui couronne le talon (fig. 5) est en saillie sur le nu du mur; ce dégagement est compté pour 6 pouces, les deux plates-bandes chacune 4 pouces et la baguette 10 pouces; le profil vaut 3 pieds. Mais si au lieu d'une baguette entre les deux plates-bandes il n'y a qu'un simple dégagement de plate-bande (fig. 4), le profil ne vaut que 2 pieds deux pouces.

Dans les profils (fig. 6 et 7) pour tables saillantes et renfoncées, qui ne sont composés que de filets, chacun sera compté pour trois pouces, ces filets n'ayant ordinairement pas plus de 6 lignes de saillie; mais au dessus de 6 lignes ils seront comptés pour 4 pouces; aux filets qui seront terminés par une gorge (fig. 8), on ajoutera 2 pouces pour la gorge.

DES REFENDS TAILLÉS DANS LA PIERRE.

Le refend simple A, pl. 9, fig. 2, de 6 à 8 lignes de profondeur, sera compté pour 8 pouces, de 12 à 15 lignes pour 1 pied; passé 15 lignes à 2 pouces, pour 15 pouces.

Dans les refends C, dont les arêtes seraient fortement arrondies, chaque arrondissement sera compté pour 2 pouces; mais si les arêtes ne sont arrondies qu'avec la rape, on ne comptera rien pour cet arrondissement; le temps passé pour ce travail est compensé par le moins de sujétion qu'il a fallu pour conserver les arêtes.

Le refend triangulaire B, d'un pouce à 15 lignes de profondeur, sera compté pour 8 pouces; passé 15 lignes, à 2 pouces pour 1 pied.

Au refend composé D il sera ajouté 4 pouces pour chaque filet.

Le refend composé E, circulaire dans le fond, sera compté de même que celui carré, en ajoutant 4 pouces pour chaque filet.

Le refend composé F, le fond carré et les arêtes en chanfrein, sera compté de même, en ajoutant 3 pouces pour chaque chanfrein. Ce travail est plus facile que pour faire un filet.

DES CANNELURES DES COLONNES ET DE PILASTRES.

Les cannelures pl. 11, fig. 9, qu'on appelle à vive-arête, n'y sont pas, n'y peuvent pas être; on est forcé de laisser assez de force à cette arête pour qu'elle se maintienne et ne s'écorne pas. Lorsque les cannelures sont formées, on doit arrondir les arêtes. Ce travail est plus long que pour les cannelures à listel, puisque ce listel se trouve fait en faisant le parement de la colonne ou du pilastre; ainsi chaque cannelure à vive-arête sera comptée pour 6 pouces, et 2 pouces pour chaque arête, ce qui fait 8 pouces.

Les cannelures à listel (fig. 10) seront comptées

pour 6 pouces; à celles avec filets (fig. 11) on ajoutera 4 pouces de chaque côté, ce qui fait 10 pouces. S'il y a des canons ou gaudrons dans les cannelures, on ajoutera 4 pouces en plus valeur des cannelures.

La taille du dessus et du dessous de la saillie des cordons, bandeaux, appuis, etc., faite au droit d'un lit, sera comptée pour 3 pouces de taille.

DES LONGUEURS ET POURTOURS DES CORNICHES, PLINTHES OU AUTRES.

Les longueurs et pourtours des corniches, couronnemens, frontons, chapiteaux, bases ou autres, se mesurent différemment, suivant que ces ouvrages ont plus ou moins de grandeur; car plus les ouvrages sont petits, plus ils sont difficiles à faire, et produisent peu au toisé en proportion du temps qu'ils ont consommé; il est donc essentiel que le mode de mesurer soit varié suivant les circonstances.

Toute corniche pour couronnement de portes, de croisées ou avant-corps, dont la longueur n'excédera pas six pieds, mais qui se retournera sur les côtés et se terminera sur le nu du mur, sera mesurée par le milieu en ajoutant 3 pouces pour chaque angle saillant. Mais si les corniches ou autres moulures se pourtournent sur les côtés et ensuite sur le nu du mur, on ajoutera à la longueur 4 pouces pour l'angle rentrant.

Quant aux corniches dont la longueur excédera 6 pieds, il ne sera rien ajouté pour les angles. Si les retours ont moins de 3 pieds, on ajoutera 4 pouces pour les angles rentrans et rien pour les saillans. Au dessus de cette dimension, on n'ajoutera jamais rien.

Le pourtour des bases et chapiteaux des colonnes se prendra au milieu et se comptera deux fois pour ceux dont le diamètre n'excédera pas 23 pouces, et une fois et demie pour ceux dont le diamètre excédera 2 pieds.

Pour le toisé des frontons, on distinguera les parties rampantes de la partie horizontale; celles-là ont ordinairement une moulure de plus que celle-ci; il faut la compter lorsqu'elle y est. Les parties rampantes seront mesurées à la moulure la plus saillante, en y ajoutant les retours, lesquels sont composés des mêmes moulures qu'elles. Quant à la partie de niveau, elle sera mesurée à la couronne, suivant le profil, non pas entier, mais déduction faite des moulures supprimées.

Tout fronton dont la longueur mesurée à la couronne excédera 6 pieds, la mesure sera prise au milieu comme aux corniches de niveau.

Ce qui prouve que la manière dont on a compté les moulures jusqu'à ce jour est arbitraire, c'est que les ouvriers qui travaillent à la tâche se plaignent souvent d'avoir un mauvais profil; ils appellent un mauvais profil celui dans la composition duquel il y a beaucoup de moulures, telles que doucine, talon renversé et baguette, comme étant les plus dificiles à former. Désormais d'après le mode que je propose, chaque moulure étant comptée pour ce qu'elle vaut, ou, autrement dit, en raison du temps qu'exige sa façon, justice sera faite dans tous les cas à l'ouvrier.

TOISÉ DES OUVRAGES EN MOELLONS, EN PLATRAS ET EN BRIQUES.

Le toisé des ouvrages en moellons, en platras et en briques se fait de même.

La maçonnerie des reins de voûtes, scellement de bornes, et tous autres ouvrages qui ne seront pas élevés entre deux lignes, mais seulement bloqués, sera comptée en cube et timbrée massif.

Les murs, tant en fondation qu'en élévation, qui seront élevés entre deux lignes, seront confondus et comptés soit en cube soit en superficie, mais en designant leur épaisseur; tout vide sera déduit. Dans l'épaisseur du mur, on déduira celle des enduits; dans le vide des baies on comprendra la place occupée par les linteaux, mais seulement quant à la largeur des baies : les abouts qui portent sur le mur sont pour le scellement des linteaux.

Les murs de clôture seront timbrés séparément. Morisot dit : « Lorsqu'on prendra leur hau-
« teur, il ne sera rien ajouté pour le chaperon,
« soit à un, soit à deux égoûts, mais la mesure
« de ce mur sera prise dans sa plus grande dimen-
« sion, et la pente sera comptée comme pleine. »

Cette manière de compter les chaperons n'est

pas exacte, par deux raisons : la première c'est que les chaperons se font différemment selon les pays. A Paris et dans les environs les égoûts et l'enduit du dessus se font en plâtre ; mais le mur est fait tantôt en bon moellon hourdé en mortier de chaux et sable ou de plâtre, tantôt en mauvais moellons de rebut, hourdés en terre, avec chaîne en plâtre seulement. Or, comme il y a une différence sensible entre le prix de ces deux murs, et que le chaperon est toujours fait de même, il ne peut donc pas y avoir compensation du chaperon avec le mur, puisque dans le dernier cas le chaperon étant compté avec le mur serait payé moins cher que dans le premier. La seconde raison, c'est qu'un chaperon coûtera plus à deux égoûts qu'à un seul. Cependant cette façon-ci serait payée plus cher que l'autre dans le système combattu, puisque le chaperon à un seul égoût a plus de hauteur que celui à deux égoûts, et que pour celui à deux égoûts il faut faire un échafaud de chaque côté du mur, tandis que pour celui à un seul égoût c'est le même échafaud qui a servi à faire le mur, qui sert à faire le chaperon.

Il est donc juste que les chaperons en général soient comptés séparément pour ce qu'ils sont, en linéaire, en indiquant l'épaisseur du mur et en expliquant : 1° le procédé et les matériaux employés pour la confection du chaperon ; 2° s'il est à un ou à deux égoûts : au moyen de quoi la hauteur du mur ne sera plus comptée, bien entendu, que jusque sous l'égoût. Quant aux chaperons parisiens, je veux dire faits en plâtre, ils seront comptés, savoir : Celui à deux égoûts, pour 2 pieds 6 pouces de légers, et celui à un égoût, pour 15 pouces. Mais comme il faut un rang de moellons d'environ 8 pouces de hauteur du côté de la sommité pour former le chevet, et que ce rang de moellons ne forme, à cause de la pente, que la moitié de l'épaisseur, on ajoutera à la mesure du mur 4 pouces en sus de la hauteur jusqu'à l'égoût.

Tout parement de tête au pourtour des baies sera compté séparément en superficie, et timbré *parement en moellons*, en expliquant si le moellon est dur ou tendre, et si les baies sont droites ou cintrée.

Les murs de fosses faits en pierre de meulière seront toisés de même que ceux en moellon et timbrés séparément.

Les paremens en moellon taillé dit *piqué* seront comptés séparément, en expliquant si ces paremens sont sur plan droit ou circulaire. On conçoit que les moellons dans une voûte en berceau étant placés de manière à ce que les coupes ou lits forment les joints, la surface de chacun de ces moellons formant la douelle est assez étroite pour n'avoir pas nécessité un parement cintré; la façon d'un cintre n'est donc pas due, et il est juste de confondre le parement de ces voûtes avec un parement droit. Mais quant aux murs circulaires en plan, les moellons étant posés sur leurs lits horizontalement, la face circulaire qu'ils présentent est plus grande que dans l'autre système de construction; on a été obligé de les tailler circulairement : il faut en conséquence payer ce surcroît de travail en le comptant pour ce qu'il est. Dans le prix de ces paremens on comprendra la taille des lits et des joints, ainsi que le déchet du moellon.

Les voûtes seront, de même que les murs, comptées en cube ou en superficie, et timbrées sous leurs noms particuliers, en indiquant la nature de la voûte, soit en berceau, soit d'arête, soit en arc de cloître, ogive, ou autre. Que ces voûtes soient comptées en cube ou en superficie, les reins seront comptés séparément et timbrés massifs.

TOISÉ DES VOUTES EN MOELLON.

Les différentes méthodes de toiser et d'évaluer les voûtes en berceau ou autres, suivies par Bullet et Séguin, ne peuvent pas être appliquées régulièrement à toutes les voûtes, par rapport au plus ou moins de grandeur de leur diamètre.

Quant à Morisot, sans adopter ni rejeter les méthodes de cet auteur, il en a imaginé une pour les voûtes en berceau peut-être moins défectueuse, mais encore inapplicable à plusieurs espèces de voûtes; sans compter que la forme qu'il a prise en rend d'ailleurs l'emploi difficile. En effet, il a dressé un tableau de voûtes de dif-

DE LA MAÇONNERIE. 255

férens diamètres : on conçoit qu'il doit en avoir omis un très grand nombre, et qu'il faut chercher avec plus ou moins de peine celle dont on a besoin dans un cas donné. Cet auteur n'a pas parlé des voûtes d'arête ni de celles en arc de cloître.

De toutes ces méthodes, il en est une qui peut servir pour le toisé des voûtes en berceau, quel que soit leur diamètre, ou qu'elles soient surbaissées ou surmontées : c'est celle dont le toisé se fait géométriquement, sans aucune compensation ni évaluation pour les reins, et par laquelle on a facilement le cube que contient la voûte et celui de ses reins. Avant de l'indiquer, il est essentiel de faire l'observation suivante, afin de savoir pour combien d'épaisseur elles doivent être comptées par rapport à la grandeur du diamètre.

Toute voûte, de telle nature qu'elle soit, dont le diamètre n'excèdera pas 12 pieds, ne sera comptée que pour 1 pied d'épaisseur ; le surplus fera partie des reins. Celle qui aura jusqu'à 15 pieds de diamètre sera comptée pour 1 pied 3 pouces d'épaisseur ; et celle qui aura plus de 15 pieds de diamètre, pour 1 pied 6 pouces d'épaisseur.

EXEMPLE POUR SERVIR AU TOISÉ DES VOUTES EN MOELLON OU AUTRES MATÉRIAUX.

Je suppose une voûte en berceau plein cintre (pl. 12, fig. 1), de 17 pieds de diamètre dans œuvre, et 20 pieds compris l'épaisseur des deux murs ou de la voûte, sur 10 pieds de hauteur ; ce qui produit une superficie de 200 pieds, sur une longueur supposée de 20 pieds ; produit en cube .... 4000 ᵖ 6 ᵖ

Il convient de déduire le vide de 17 pieds de diamètre, ce qui produit en superficie 113 pieds 6 pouces, sur 20 pieds de longueur ; produit en cube.. 2272   6

                          Il reste............. 1727   6

Le pourtour de la voûte, mesuré au milieu de son épaisseur, qui est de 29 pieds 10 lignes, sur 1 pied 6 pouces d'épaisseur, et 20 pieds de longueur, produit un cube de...... 872   6

Le surplus pour les reins est de   855   5

Pour les voûtes surbaissées ou en anse de panier, on aura recours aux règles géométriques rapportées au commencement de ce chapitre.

Si une voûte est construite en moellon ou en meulière, et qu'il s'y trouve des chaînes de pierre ou seulement quelques morceaux, on compte à part ce qui est en pierre, et on déduit leur emplacement du cube total de la voûte.

« Si l'espace qui est voûté n'est pas d'équerre ou à angles droits, dit Miché, c'est-à-dire que la place voûtée est biaise, mais que les murs opposés sont parallèles entre eux, comme le plan de la voûte ABCD, fig. 2, il ne faut pas prendre la largeur de la voûte suivant les lignes AB ou CD, mais sur une ligne menée d'équerre sur les murs AC ou BD, comme la ligne AE, et prendre la hauteur de la voûte pour être mesurée comme ci-devant.

« Si une voûte en berceau est plus large à un bout qu'à l'autre, et que les deux bouts soient parallèles, ce qu'on peut appeler *voûte en canonnière*, comme la voûte fig. 3, contenue entre les murs GI, HK, il faut ajouter ensemble les circonférences des arcs des deux bouts de la voûte, comme GLH, INK, et prendre la moitié de leur somme, qu'il faut multiplier par la ligne du milieu OP, pour avoir la superficie de ladite voûte.

« Quand la place est irrégulière, que les murs ne sont ni égaux en longueur, ni parallèles entre eux, comme on le voit fig. 4, voici comme l'on doit procéder : On divise en deux parties égales chacun des quatre côtés aux points H, I, K, P, l'on prend sur le diamètre H, I, la circonférence du cintre de la voûte, puis on multiplie cette circonférence par la longueur K, P, milieu de la voûte, et l'on a la superficie requise. »

DES VOUTES D'ARÊTE ET EN ARC DE CLOITRE.

« Les voûtes d'arête, dit avec raison Séguin, se composent de deux berceaux croisés, qui s'enlèvent mutuellement l'un à l'autre deux portions de cylindre, ce qui forme quatre lunettes. (Voyez pl. 13.)

« Les voûtes de cloître, continue-t-il, ou arcs de cloître, sont formées des mêmes portions de cylindre qui se trouvent enlevées aux voûtes d'arête de semblable dimension, c'est-à-dire de quatre portions de cylindre formant triangles mixtiliques, qu'on appelle arcs de cloître, et dont la réunion forme la voûte de cloître : d'où il suit que l'une des voûtes est nécessairement le complément de l'autre, admettant toujours qu'elles sont l'une et l'autre de semblable dimension, et que ces deux voûtes réunies formeraient un berceau de double longueur et de semblable diamètre [1]. »

« Pour avoir la superficie d'une voûte d'arête, dit Desgodet, commençons par établir la superficie réelle d'une voûte en berceau de 14 pieds de longueur; sa superficie réelle et géométrique est de 308 pieds, dont le double est 616, que

[1] Pour les personnes qui ne voudraient pas s'occuper de calculs, voici un moyen bien simple de se rendre compte de ce résultat : Faites en relief, avec un morceau de bois ou tout autre chose, un demi-cylindre ABCD, pl. 10, fig. 6, représentant la surface intérieure d'une voûte en berceau ayant en longueur le double de son diamètre; ensuite divisez en deux parties égales, au point EF, ce demi-cylindre, vous aurez la figure de deux voûtes en berceau, dont la longueur sera égale au diamètre; ensuite divisez chacune de ces deux parties en quatre autres parties d'après les diagonales AEFD et EBCF, réunissez les quatre parties 1, 2, 3, 4, vous aurez la surface intérieure d'une voûte d'arête; réunissez les quatre autres parties 5, 6, 7, 8, vous aurez la surface intérieure d'une voûte en arc de cloître.

doivent produire une voûte d'arête et une voûte de cloître chacune de 14 pieds de longueur et 14 pieds de diamètre.

« Pour avoir la superficie intérieure d'une voûte d'arête, continue-t-il, il faut ôter la longueur du diamètre de celle de la circonférence, prendre le quart du restant, l'ajouter au même diamètre, et en multiplier la somme par la longueur d'un côté. Voici l'exemple qu'il donne pl. 13, *fig*. 5.

« Soit le côté AB ou AC, de 14 pieds de diamètre; sa circonférence sera 22 : ôtez le diamètre 14, il restera 8, dont le quart est 2, qui, ajouté au diamètre 14, leur somme sera 16, laquelle étant multipliée par 14, longueur d'un côté, le produit sera 224 pour la superficie intérieure de la voûte. Suivant ce principe, il faut savoir que la voûte d'arête est à la voûte de cloître en même raison que 4 est à 7, et que toutes deux ensemble font 11, et sont égales à la superficie d'une voûte en berceau en plein cintre de la longueur de toutes les deux. »

Le toisé de ces deux espèces de voûtes se fait géométriquement, de même que celles en berceau.

Pour la déduction du vide de celles d'arêtes, plein cintre sur un plan carré, on multipliera la surface du plan par les $\frac{22}{24}$ de la hauteur de la voûte; et pour celle en arc de cloître, on multipliera de même la surface du plan par les $\frac{16}{24}$ de la hauteur. Ces calculs sont bons pour la pratique, et ne diffèrent que très peu de la réalité.

Pour séparer ce qui est voûte d'avec ce qui est rein, on multipliera la superficie de chacune des voûtes par leur épaisseur : la différence entre ce cube et celui de toute la masse, déduction faite du vide, est celui des reins.

Après avoir compté séparément le cube d'une voûte, soit d'arête ou soit en arc de cloître, et celui de ses reins, on comptera la superficie intérieure de chaque voûte pour moitié de légers : ceci est pour l'enduit qu'on est obligé de faire sur les cintres en charpente, afin de donner une forme régulière aux voûtes.

Les arêtes ou les angles rentrans de ces voûtes seront comptés, leur longueur développée, sur 1 pied 6 pouces de taille, soit de moellon piqué ou essemillé. Cette plus value a pour but d'indemniser l'entrepreneur de la difficulté de former les angles ou les arêtes, ainsi que de la perte du moellon.

DES LÉGERS OUVRAGES.

Bien qu'on ait déjà expliqué dans les considérations générales sur le toisé, ce qu'on entendait par légers ouvrages, il est essentiel de le rappeler dans ce chapitre d'une manière plus étendue, afin de mieux faire comprendre la manière dont on doit en faire le toisé et l'évaluation.

Les légers ouvrages se comptent en superficie, et consistent dans les tuyaux de cheminée pigeonnés, dans les planchers et plafonds de toute espèce, dans les aires en plâtre, dans les scellemens de lambourde, dans les pans de bois et cloisons, dans les ravalemens sur mur, dans tous les crépis, gobtages et enduits, dans les tableaux et embrasemens, dans les corniches, refends en plâtre, solins, scellemens, ainsi que dans toute espèce de jointoyement, et autres petits ouvrages en plâtre. Dans le toisé seront déduits tous vides quelconques, ainsi que les enduits qui n'auront pas eu lieu dans les intérieurs au droit de l'épaisseur des planchers, cloisons, corniches, ou autres semblables : tous ces ouvrages seront réduits suivant qu'il sera expliqué, et seront timbrés sous le titre commun, *légers*.

OBSERVATION ESSENTIELLE AVANT D'ENTRER DANS L'ÉVALUATION DES LÉGERS.

Morisot considère les tuyaux de cheminée pigeonnés comme pouvant servir d'unité pour l'évaluation des légers, qu'il appelle ouvrages en plâtre.

Voici ce qu'il dit à ce sujet :

« Les tuyaux de cheminée pigeonnés et enduits des deux côtés seront considérés comme *l'unité* de tous les ouvrages que l'on connaît sous le titre de légers; c'est d'après l'évaluation de ces tuyaux, que tous les ouvrages en plâtre dont il va être mention, seront réduits en raison de ce que chacun d'eux y est relatif.

« L'on a adopté, continue-t-il, les tuyaux de cheminée plutôt que tout autre pour servir d'unité aux ouvrages en plâtre, parce qu'ils ont paru réunir trois avantages sur les autres natures.

« 1° Par rapport à la désignation générale, ils sont plutôt *ouvrages en plâtre* que beaucoup d'autres, puisqu'ils ne sont composés que de cette matière.

« 2° En ce qu'il occupent un terme moyen dans leur valeur, entre tous les ouvrages en plâtre, et qu'il est plus facile, dans les réductions, d'augmenter que de soustraire.

« 3° Parce qu'aussi toutes les fois que l'on aura besoin de connaître le prix de l'unité des ouvrages en plâtre, le détail en sera plus abrégé, n'étant composé que d'un élément, *le plâtre;* au lieu que dans tous les autres, tels que plafond, pan debois, etc., il entre la latte, le clou, et même des platras: les détails en conséquence, en prenant ces derniers pour unité, en deviendraient plus longs. Cet avantage seul suffit donc pour déterminer à préférer, comme unité, les languettes en plâtre plutôt que tout autre ouvrage. »

Ce que dit Morisot à ce sujet peut avoir quelque fondement; mais il n'a pas réfléchi à l'inconvénient qu'il y avait de prendre pour servir d'unité aux ouvrages en plâtre *légers,* les tuyaux de cheminée qu'il évalue moins que les plafonds, les cloisons, etc. Cet inconvénient est plus grand qu'on ne le pense ; car l'habitude qu'ont depuis long-temps non seulement les architectes, les entrepreneurs et les ouvriers, mais encore les personnes qui font bâtir, de considérer les plafonds, les cloisons, les tuyaux de cheminée comme unité, suffirait seule pour conserver cette unité et le nom de *légers* à tous ces ouvrages. En adoptant le changement d'unité fait par Morisot, il peut en résulter un véritable préjudice aussi bien envers les entrepreneurs conciencieux, qu'envers les propriétaires ; voici comment.

Par exemple, qu'un propriétaire qui désire faire bâtir s'adresse à plusieurs entrepreneurs, pour que chacun lui soumette le prix des ouvrages qu'il entend faire éxécuter : bien certainement il donnera la préférence à celui qui en apparence lui fera le meilleur marché, mais qui entend évaluer ses ouvrages conformément à l'unité fixée par Morisot, ce qui les mettrait, les uns à $\frac{3}{24}$ et les autres à $\frac{4}{24}$ plus cher que ces mêmes ouvrages évalués d'après l'unité connue jusqu'à ce jour. Une raison semblable m'a fait prendre pour unité, en fait de taille, celle des paremens droits avec ragrément ; il en est de ce changement d'unité pour l'évaluation des tailles et celle des légers, comme de la substitution du mètre à la toise, qui n'est que très peu adopté dans les travaux pour le compte des particuliers.

Morisot a aussi changé le dénominateur commun dont on s'est toujours servi jusqu'à ce jour, et dont on se sert encore, pour l'évaluation des tailles et des légers ; il a pris $\frac{1}{24}$ au lieu de $\frac{1}{12}$: certainement le premier vaut beaucoup mieux que le second. Le dénominateur 24 a l'avantage de mettre en rapport, avec plus de justesse, toutes les évaluations avec l'unité commune ; mais personne ne s'y conforme : on suit toujours l'ancien usage.

Morisot reproche avec raison, suivant moi, à tous ceux qui ont écrit avant lui, d'avoir suivi les usages qu'eux-mêmes blâmaient. Un usage qui n'a pas pour fondement la raison est un abus ; un abus en ce qu'il profite aux uns au détriment des autres, dans l'apparence de la légalité ; de telle sorte que ceux qui souffrent ne sont pas recevables à se plaindre.

Morisot veut aussi que le toisé fasse l'objet d'une profession, et la vérification l'objet d'une autre. Cela devrait être ainsi, car il arrive souvent que c'est le même toiseur qui a fait le mémoire pour le compte de l'entrepreneur, qui est chargé d'en faire la vérification pour le compte du propriétaire ; et tel scrupuleux qu'il soit, la balance penchera toujours d'un côté, et ce sera toujours du côté de l'entrepreneur : on est rarement bon censeur de soi-même.

L'ouvrage de Morisot, bien qu'il ne donne pas de grands détails sur la manière dont on doit faire le toisé des ouvrages en bâtimens, est encore le meilleur que je connaisse ; mais on ne peut s'en servir que dans les travaux exécutés pour le compte du gouvernement, parce que ces travaux sont dirigés et vérifiés par des hommes pour la plupart instruits dans cette partie.

D'après toutes ces considérations, et pour me conformer à l'usage suivi par la grande majorité des entrepreneurs, des ouvriers et des propriétaires, je me suis décidé à conserver aux ouvrages en plâtre le nom de légers, et l'unité qui sert de base pour l'évaluation des autres ouvrages, c'est-à-dire les plafonds sur lattis jointif, ceux avec auget carré, les cloisons légères de 3 pouces, et les languettes de cheminée pigonnées : non que ces ouvrages aient un parfait rapport entre eux, mais la différence est si peu sensible, qu'ils peuvent être confondus sans inconvénient, ni porter de préjudice à l'une ni à l'autre des parties.

Ainsi ces quatre espèces d'ouvrages étant considérés comme l'unité de légers, il reste à fixer la valeur de chacun des autres ouvrages qui y est relatif, et à expliquer la manière dont chacun se fait, le temps qu'il demande, la quantité de matériaux qu'il emploie, comparés entre eux et avec l'unité.

COMPARAISON DES PLAFONDS FAITS SUR LATTIS JOINTIF AVEC CEUX FAITS AVEC AUGETS CARRÉS.

Dans l'origine des plafonds avec augets entre les solives, on comptait ces plafonds une fois et un sixième, par la raison qu'on lardait de clous l'entre-deux des solives et que les augets étaient cintrés en gorge, au lieu d'être carrés comme on les fait aujourd'hui, ce qui valait beaucoup mieux : alors le sixième était dû pour indemniser l'ouvrier de la valeur du clou, du plâtre et du temps qu'il fallait de plus pour cet ouvrage ; mais pour les augets carrés il n'est rien dû au dessus de l'unité ; car s'il y a une différence entre les plafonds sur lattis jointif avec ceux en augets, ces derniers coûtent plutôt un peu moins qu'un peu plus que les premiers: pour ceux sur lattis jointif, il y a plus de lattes et de clous, pour ceux avec augets il y a plus de plâtre, ce qui fait compensation: l'un et l'autre doivent être comptés pour l'unité.

Dans le cas où quelqu'un de ces ouvrages ne serait pas entièrement terminé, voici comment chacun d'eux devra être compté.

Un plancher dont il n'y aura de fait que les augets (carrés), et qui ne sera pas enduit par dessous, sera compté pour $\frac{5}{12}$; mais si les augets sont cintrés en gorge avec clous lancés entre les solives, il sera compté pour $\frac{7}{12}$.

Le crépi et l'enduit après l'auget sera compté pour $\frac{7}{12}$ de légers. Les entrevous entre les solives

DE LA MAÇONNERIE.   267

seront comptés pour $\frac{7}{12}$ de la superficie entière du plancher, sans aucune déduction pour l'emplacement des solives.

DES CLOISONS LÉGÈRES.

Les cloisons légères peuvent se diviser ainsi : le lattis $\frac{1}{12}$ pour chaque coté ; l'hourdage $\frac{2}{12}$, et l'enduit $\frac{4}{12}$ pour chaque coté.

Les tuyaux de cheminée dont l'enduit sur la face extérieure ne sera pas fait, seront comptés pour $\frac{8}{12}$ et l'enduit pour $\frac{4}{12}$, par la raison que ces enduits exigent souvent de forte charge, c'est-à-dire une forte épaisseur de plâtre pour dresser et mettre à plomb ces tuyaux de cheminée, ainsi que la difficulté de faire les enduits sur les retours, ce qui exige des ceuillies d'angles et d'arêtes.

Les aires en plâtre de deux pouces d'épaisseur sur bardeau ou sur lattes non clouées seront comptées $\frac{8}{12}$; les mêmes sur lattes clouées sur les solives avec quatre clous, seront comptées pour $\frac{9}{12}$; les mêmes sans bardeaux ni lattes seront comptés pour $\frac{6}{12}$.

DU RAVALEMENT DES PANS DE BOIS.

Jusqu'à ce jour on a compté les pans de bois hourdés, lattés et ravalés des deux cotés pour l'unité de légers : c'est une erreur au préjudice de l'ouvrier et de l'entrepreneur ; car les pans de bois qui ont ordinairement de 8 à 9 pouces d'épaisseur, sont hourdés soit en platras ou soit en moellons : les bois dont ils sont composés ne sont pas dressés comme ceux de menuiserie ; donc il faut pour cet ouvrage plus de temps et plus de matériaux que pour une simple cloison de 3 pouces d'épaisseur; par conséquent leur évaluation doit être en raison de ce surcroît de travail et de matériaux.

D'après plusieurs expériences, j'ai reconnu qu'un pan de bois hourdé, latté et ravalé des deux côtés devait être compté pour une fois et un quart.

Dans le cas où un pan de bois ne sera pas entièrement terminé, voici comment il doit être compté, savoir : l'hourdage, compris fourniture de platras $\frac{4}{12}$, les platras non fournis $\frac{3}{12}$, le lattis $\frac{1}{12}$ pour chaque côté, l'enduit de la face qui aura été dressée $\frac{4}{12}$, et l'enduit de celle qui n'aura pas été dressée $\frac{5}{12}$. Voici pourquoi cette différence. Lorsqu'on établit un pan de bois, les diverses pièces ou morceaux de bois qui le composent sont assemblés de manière à affleurer d'un côté, de sorte qu'il n'y a qu'une face de dressée, c'est toujours l'extérieure : il faut donc moins de temps et moins de plâtre pour faire l'enduit de cette face, tandis que l'autre présente plus d'irrégularités, par la raison que les bois n'ont pas tous la même épaisseur ; il est donc juste que l'enduit qui est fait sur la face non dressée soit payé plus cher que celui qui l'est sur la face opposée. Peut-être dira-t-on que les faces extérieures des pans de bois exigent un échafaudage ; cela est vrai : mais je répondrai

DE LA MAÇONNERIE.

que cet échafaudage sert pour faire l'entablement, les plinthes, bandeaux et autres ouvrages dont on décore ordinairement ces faces, ce qui indemnise l'entrepreneur de la différence en plus de cet échafaudage, avec celui qu'il faut faire pour l'enduit de l'intérieur.

Le recouvrement en plâtre fait sur des bois avec lattis, tels que poutres sablières, pannes, jambes de force, etc., sera compté pour $\frac{9}{12}$ y compris les cueillies d'arête.

DES CRÉPIS ET DES ENDUITS.

Le crépi et l'enduit pour tableau et embrasement de baies sur mur en moellons sera pourtourné et compté pour $\frac{9}{12}$ y compris les arêtes et la feuillure entre le tableau et l'embrasement.

Le crépi simple sur mur neuf en moellon sera compté pour $\frac{2}{12}$.

Le même fait sur vieux mur avec hachis des anciens, sera compté pour $\frac{3}{12}$.

Le crépi et l'enduit sur mur neuf sera compté pour $\frac{4}{12}$.

Le même sur vieux mur avec hachis des anciens sera compté pour $\frac{5}{12}$.

Le crépi et l'enduit pour ravalement sur vieux mur de face sans charge extraordinaire avec échafaudage et hachis des anciens, sera compté pour $\frac{6}{12}$.

OUVRAGES QUI SE MESURENT A LA TOISE COURANTE.

Les plinthes, bandeaux ou autres saillies de 6 pouces environ de largeur sur 12 à 18 lignes de saillie, seront comptés pour 6 pouces, compris les arêtes ; les mêmes qui auraient plus de 6 pouces de largeur, le surplus sera compté pour moitié de légers.

La fermeture des cheminées sera comptée pour 4 pouces courans de légers.

Le couronnement des têtes de cheminée au pourtour extérieur, avec ou sans mouchette, cette mouchette se faisant avec la même règle, et en même temps, sera compté pour 6 pouces, compris l'enduit du dessus.

La plinthe en contre-bas sera comptée pour 6 pouces, si elle est détachée du haut et du bas ; mais si elle n'est détachée que du bas, et adoucie par le haut, elle sera comptée pour 4 pouces.

Tout solin d'environ 4 pouces de large sera compté pour 3 pouces de légers.

Les petits solemens pour calfeutrement de croisées, chassis dormans ou autres semblables, seront comptés pour 2 pouces ; mais il faut que les arêtes ou les enduits auxquels ils joignent soient hachés afin de pouvoir y introduire le plâtre mêlé de musique ou poussier, afin de les lier avec les anciens plâtrés : sans cette précaution, ces solemens tombent presque aussitôt qu'ils sont faits.

Le bouchement des lézardes sur mur, sans de grands échafauds, sera compté pour 2 pouces.

Le même sur plafond avec échafaud ou à l'échelle sera compté pour 3 pouces.

La descente des commodités non isolée, en pots de 8 à 9 pouces de diamètre non vernissés, et recouverte en plâtre, sera comptée pour $\frac{10}{12}$.

La même isolée sera comptée pour l'unité.

Un tuyau de ventouse en pots de terre de 3 pouces de diamètre, recouvert en plâtre, sera compté pour $\frac{5}{12}$.

DES CORNICHES ET AUTRES MOULURES EN PLATRE.

L'usage de compter les corniches et moulures en plâtre sur le même pied que celles en pierre, est abusif : le travail dans ces deux sortes d'ouvrages est bien différent.

Les moulures en pierre se font toutes à la main et séparement les unes après les autres, tandis que celles en plâtre se font toutes ensemble, en si grand nombre qu'elles soient, par le moyen d'un calibre.

Lorsque les règles sur lesquelles on traîne les corniches sont posées, il n'en coûte pas plus pour former 10 moulures que vingt. En toisant les moulures d'après l'ancien usage, il en résulte souvent qu'une corniche d'entablement ou toute autre semblable pour laquelle on a employé deux ou trois fois plus de plâtre que pour une corniche d'appartement, est payée moins cher que cette dernière, qui est non pas réellement plus façonnée, mais plus compliquée.

Dans toutes les corniches et moulures en plâtre, la seule différence qui existe est dans le raccordement des angles selon le plus ou moins de moulures qui s'y trouve; c'est d'après ces considérations que toutes les corniches et moulures en plâtre seront évaluées.

Pour faire une corniche quelconque, il faut premièrement tirer le niveau et l'aplomb des murs, ensuite poser les règles ; il en est de même pour faire un chambranle de porte ou de croisée, une plinthe, un bandeau, ou tout autre ouvrage orné de moulures. Il faut tenir compte à l'ouvrier ou à l'entrepreneur de ce premier ouvrage, qui est le même pour tous, sans avoir égard au nombre de moulures dont se composent ces divers objets.

Le profil d'une corniche quelconque (excepté celle d'un plafond), soit pour couronnement de porte, de croisée et de leur chambranle, soit pour petit entablement, plinthe, bandeau, chapiteau, archivolte, imposte, ou tout autre en plâtre qui sera traîné ou formé d'un seul coup, ne sera pas compté pour moins de 2 pieds 6 pouces de profil ; il le sera pour 3 pieds (jamais pour plus), si, par le nombre de moulures dont il est composé, il produit au moins 5 pieds, étant détaillé et compté comme les moulures en pierre.

L'évaluation du profil des corniches de plafond qui seront traînées et formées d'un seul coup, ne sera pas comptée pour moins de 3 pieds, quel que soit le petit nombre de moulures dont sera composé le profil; il sera compté pour 4 pieds, si par le nombre de moulures dont il est composé, il produit au moins 6 pieds, étant détaillé et compté comme les profils en pierre; il sera compté pour 5 pieds (mais jamais pour plus), si le profil détaillé et compté de même produit au moins 12 pieds : cette augmentation dans le chiffre de l'évaluation est pour la plus valeur du raccordement des angles.

Dans toute corniche dont la masse mesurée comme un chanfrein, de l'angle le plus saillant du haut à l'angle le plus rentrant du bas, réduite à moitié suivant les règles géométriques, produit plus de 18 pouces, chaque pouce excédant sera compté pour $\frac{1}{12}$ courant de légers. Exemple : Je suppose un profil de 6 pouces de saillie et 6 pouces de hauteur, le produit est 36, dont moitié pour le triangle 18; il n'est rien dû pour ce profil. A 8 pouces de saillie et 8 pouces de hauteur, le produit est 64, dont moitié pour le triangle est 32, nombre qui excède 18 de 14 pouces. Après avoir compté la corniche comme il est dit ci-dessus, on comptera en sus 14 pouces de légers, et ainsi des autres masses.

Si la masse des corniches est faite en moellon ou plaquette, on compte cette masse pour ce qu'elle vaut.

DES LONGUEURS ET POURTOURS DES CORNICHES, PLINTHES OU AUTRES ORNEMENS EN PLATRE.

La manière de prendre la longueur et le pourtour des corniches, couronnemens, frontons, chapiteaux, bases et autres ouvrages de moulures en plâtre, a beaucoup de rapport avec la manière de mesurer celles en pierre : elle en diffère cependant un peu par rapport au travail, qui n'y a de rapport que pour le raccordement des angles, lesquels ne peuvent se faire qu'à la main.

Toute corniche en plâtre pour couronnement de portes, de croisées ou tout autre avant-corps, dont la longueur n'excèdera pas 6 pieds, mais qui se retournera sur les côtés et se terminera sur le nu du mur, sera mesurée par le milieu, et les deux retours seront doublés; si la longueur dépasse 6 pieds jusqu'à 12 pieds, il ne sera doublé qu'un seul retour; passé cette dimension, il ne sera rien ajouté en plus value pour les retours; aux mêmes corniches qui se pourtourneront sur le nu du mur, ce qui nécessairement forme un angle rentrant qu'il faut raccorder à la main, on ajoutera pour chaque angle une longueur égale à la saillie de la corniche, mais seulement dans le cas où la longueur de la partie qui est sur le mur aurait moins de 6 pieds; et une seule saillie pour deux angles si elle passe 6 pieds jusqu'à 12 pieds; et rien si elle passe cette dernière mesure.

Pour les chambranles soit de portes, soit de

croisées, ou de tout autre encadrement, la mesure se prend au milieu, et on n'ajoute rien pour les angles si le pourtour est de 12 pieds; mais au dessous de 12 pieds, moitié des angles sont dus; et au dessous de 6 pieds ils sont tous dus.

La mesure des frontons se prend en deux parties, celles rampantes à la partie la plus saillante, et celle de niveau au milieu. L'angle du haut et les retours se comptent comme aux corniches droites.

Les moulures circulaires plein cintre, soit en plan, soit en élévation, seront pourtournées au milieu et comptées comme celles droites sans aucune plus value pour le cintre, par la raison qu'elles ne sont pas plus difficiles à former que les droites, qu'au contraire il est certains cas où les circulaires sont plus faciles à faire que les droites.

Par exemple, n'est-il pas plus facile de faire les moulures d'une niche circulaire, soit en plan, soit en élévation, que celles d'une pareille niche qui est carrée?

Pour une niche circulaire, la corniche se fait d'un seul coup, tandis que pour celle carrée il faut s'y prendre à trois fois et faire le raccordement des deux angles. Il serait donc injuste de payer plus cher celle qui est la plus facile à faire, de même qu'une archivolte est plus facile à faire qu'un chambranle carré qui se fait aussi en trois fois et laisse deux angles à raccorder; tandis que l'archivolte n'a pas d'angle, puisqu'elle est circulaire. Ce cintre ne laisse que les deux naissances à raccorder : il n'est dû de plus valeur qu'autant que ces moulures ne sont pas plein cintre en élévation, parce qu'alors il les faut faire en plusieurs fois. Dans ce cas elles seront comptées une fois et un quart; mais pour les circulaires en plan, soit plein cintre, soit elliptiques ou autrement, elles ne seront comptées qu'une fois seulement. Si cet ouvrage a nécessité des cercles ou des règles circulaires, ce sera pour le compte du propriétaire, ainsi qu'en général tous les calibres.

La mesure des corniches de plafond se prend au milieu; il ne sera rien ajouté pour le raccordement des angles, à moins qu'il ne se trouve plus de quatre angles dans une pièce dont le pourtour de la corniche ne formerait pas une longueur de plus de 48 pieds. Dans ce cas, le nombre d'angles qui excèderait quatre sera compté en plus valeur; cette plus valeur sera pour chaque angle de la saillie de la corniche qu'on ajoutera à son pourtour.

RÈGLE GÉNÉRALE POUR LA LONGUEUR ET LE POURTOUR
DES CORNICHES ET MOULURES EN PLATRE.

Corniches de plafond.

L'entrepreneur doit un angle pour chaque partie de corniche (ce que les ouvriers appellent branche) de 12 pieds de longueur sans aucun ressaut qui en interrompe la ligne. Il n'est dû de plus valeur que dans le cas ci-après :

Dans une pièce de 6 à 8 pieds carrés, ou dont le pourtour ne dépasse pas 24 à 32 pieds, tous les angles seront comptés en plus value. De même, dans une pièce dont le pourtour aura moins de 48 pieds, on comptera une plus valeur pour deux angles, c'est-à-dire que deux angles ne seront pas comptés ; et dans une pièce dont le pourtour sera de 48 pieds et au dessus, il ne sera compté de plus valeur que pour ceux en sus de quatre.

Dans toute corniche et moulure dont la longueur est moindre de 6 pieds, les angles sont dus, et pour celle dont la longueur dépassera cette mesure, on suivra la proportion indiquée ci-dessus pour les corniches de plafond.

DES REFENDS ET BOSSAGES EN PLATRE.

Les refends et bossages que l'on fait aux faces des maisons pour figurer des pierres d'appareils, se font, soit avec un calibre, comme pour les corniches, soit avec des règles qui sont fournies par le propriétaire : leur évaluation doit être en raison de leur travail.

Les bossages en plâtre ne doivent pas avoir plus de 15 à 18 lignes de saillie, parce que la trop forte épaisseur de plâtre nuirait à leur solidité.

Pour former des refends de quelque forme qu'ils soient, il faut premièrement faire la division des assises sur le mur : lorsque ce travail préparatoire est fait, les ouvriers ont l'habitude de faire séparément les refends en divers sens; par exemple, tous ceux de niveau d'abord, et puis tous ceux qui tombent d'aplomb. Ce n'est que lorsque les refends sont faits, qu'ils remplissent et font l'enduit des bossages. Ce travail ne vaut rien.

Souvent l'arête des refends se détache du bossage, les plâtres étant mal liés, ce qui arrive parce que le plâtre n'est pas gaché également pour le bossage et pour l'arête, et que souvent l'un et l'autre sont faits de différente qualité de plâtre.

Pour que l'ouvrage soit bon et solide, il faut que les règles qui servent à former les refends soient posées au pourtour de chaque bossage, et que les refends et l'enduit soient faits en même temps (en termes d'ouvrier, d'un seul plâtre). Ce travail est plus long; mais l'ouvrage en est meilleur.

Le refend A (pl. 9) carré, et celui G, ont des arêtes arondies; le travail est le même, puisque l'arrondissement se fait avec l'arête par le moyen de la règle, et que l'arête ainsi arrondie est plus facile à maintenir que celle qui est vive : ils seront comptés l'un et l'autre pour 8 pouces de légers.

Le refend B triangulaire est plus facile à faire, la règle sort plus facilement; les angles qu'il forme étant obtus, les arêtes sont plus faciles à former ou à maintenir (en termes d'ouvrier). Ce refend se compte pour 6 pouces de légers.

Les demi-refends se comptent de même que les refends entiers.

Le refend triangulaire F, avec un carré dans le fond, se fait également avec une règle ; mais il est plus difficile à faire, à raison du plus grand nombre d'arêtes à maintenir. Il se compte pour 10 pouces de légers.

Les demi-refends se comptent pour 8 pouces de légers.

Dans la mesure de la longueur on ajoutera 1 pouce pour chaque angle, toujours à raison de la difficulté de maintenir les arêtes.

Indépendamment des refends ainsi comptés, le remplissage et l'enduit des bossages sera compté en superficie et évalué en légers sur mur neuf suivant la profondeur du refend : ainsi, celui de 9 lignes à 1 pouce, pour un tiers ; et celui depuis 15 lignes jusqu'à 18, pour moitié.

Les petits refends, ou autrement dit les joints d'appareil tirés au crochet se comptent pour 1 pouce, c'est-à-dire qu'il en faut 72 toises de long pour une toise de légers.

Les mêmes qui auront été tracés sur le crépi, et dont l'emplacement aura été haché et rempli en plâtre fin avant de faire l'enduit, afin de les faire plus réguliers au crochet, seront comptés pour 3 pouces de légers.

DES TROUS ET SCELLEMENS, ET AUTRES OUVRAGES QUI SE COMPTENT EN LÉGERS.

Les trous et les scellemens qu'on fait dans la pierre sont faciles à apprécier, parce que le trou se compte séparément du scellement. Mais il n'en est pas de même des trous dans les murs en moellons ; l'évaluation qu'on en peut faire ne peut être en partie qu'hypothétique, par la raison qu'on ne peut pas savoir la difficulté qu'on a eu à faire les trous.

Souvent la difficulté qu'on aura rencontrée pour faire le scellement d'un petit objet est beaucoup plus grande que pour un plus grand, par la raison qu'on ne choisit pas la place pour faire un scellement : il faut le faire où chaque objet l'exige. Souvent il se rencontre un moellon dur au droit du trou qu'il faut percer ; mais comme cette difficulté ne se rencontre pas pour chaque trou, on va en faire l'évaluation par rapport à leurs difficultés apparentes et communes.

L'évaluation de chaque scellement est donc faite, non pas par rapport à la grandeur des objets, mais bien par la difficulté que chaque objet exige. Par exemple, on trouvera que le scellement d'un gond de porte ou de persienne, qui n'exige qu'un trou de 6 pouces carrés, et quelquefois moins lorsqu'il est fait dans la pierre, est évalué plus qu'un scellement soit de solives, soit de fortes chevilles ou autres dont les trous sont plus grands, parce que ces derniers n'exigent pas autant de soins ni de temps que ceux faits pour des gonds de portes ou de persiennes, qui offrent plus de difficultés, et par conséquent plus de temps ; car, pour la quantité de plâtre employée aux uns et aux autres, elle est toujours si petite, que la différence ne mérite pas qu'on y ait égard.

DES TROUS ET SCELLEMENS FAITS DANS LES MURS EN MOELLON.

Chaque trou et scellement de 3 pieds carrés sur 9 pouces de profondeur, pour poutres, est compté pour 10 pieds de légers ; si le trou traverse toute l'épaisseur (18 pouces), il sera compté pour 15 pieds.

Idem, de 12 pouces carrés sur 9 pouces de profondeur, est compté pour 4 pieds de légers.

Idem, de 9 à 10 pouces carrés sur 9 pouces de profondeur, est compté pour 3 pieds de légers.

Idem, de 8 pouces carrés sur 6 pouces de profondeur, est compté pour 2 pieds de légers.

Idem, de 6 pouces carrés pour scellement ordinaire, est compté pour un pied de légers.

Idem, de 3, 4, et 5 pouces carrés, soit pour poteaux d'huisserie, entretoise, pates de chambranle et de croisées, ou semblables, est compté pour 6 pouces de légers.

Le scellement des poteaux d'huisserie dans les

carreaux est compté pour 1 pied, compris le raccordement des carreaux ; sans raccordement, 6 pouces.

Chaque scellement de gond de porte ou de persienne est compté pour 2 pieds ; ceux faits dans les caves, ou dans tout autre endroit sombre où il faut de la lumière, sont comptés pour 3 pieds.

DES TROUS DANS LA PIERRE ET DES SCELLEMENS FAITS APRÈS LE PERCEMENT DES TROUS.

Chaque trou de 12 pouces carrés sur 9 pouces de profondeur est compté pour 6 pieds de taille, et le scellement pour 2 pieds de légers.

Idem, de 9 à 10 pouces carrés sur 9 pouces de profondeur, est compté pour 4 pieds 6 pouces de taille, et le scellement pour 1 pied 6 pouces de légers.

Idem, de 7 à 8 pouces carrés sur 6 pouces de profondeur, est compté pour 3 pieds de taille, et le scellement pour 1 pied de légers.

Idem, de 6 pouces carrés sur 6 pouces de profondeur, est compté pour 2 pieds 6 pouces de taille, et le scellement pour 6 pouces de légers.

Idem, de 4 pouces carrés sur 4 pouces de profondeur, est compté pour 1 pied de taille, et le scellement pour 4 pouces de légers.

Idem, de 3 pouces carrés sur 4 pouces de profondeur, est compté pour 9 pouces de taille, et le scellement pour 4 pouces de légers.

Idem, de 2 pouces carrés pour scellement de pates de croisée, ou semblables, est compté pour 6 pouces de taille, et le scellement pour 3 pouces de légers.

Le scellement pour les trous en pierre de gonds de porte ou de persienne, est compté pour 1 pied 6 pouces de légers.

Comme il est impossible de fixer exactement la valeur de tous les scellemens qui se font dans le bâtiment, par la grande variété qui existe entre eux par rapport au plus ou moins de difficulté que chacun présente, on aura égard, dans l'évaluation qu'on fera de ceux qui ne sont pas ordinaires, au temps et au plâtre qu'on aura employés à les faire.

La maçonnerie en platras et plâtre d'un siége ordinaire d'aisances, est comptée pour 12 pieds de légers, compris la fourniture de la culotte en poterie.

Le scellement d'un chambranle de cheminée capucine, en pierre ou en marbre, est compté pour 6 pieds de légers.

Le scellement d'un chambranle de cheminée à console ou à colonne, avec foyer, est compté pour 15 pieds de légers.

Un foyer seul d'environ 3 pieds 6 pouces à 4 pieds, est compté pour 4 pieds de légers, compris le massif de dessous.

La démolition se compte séparément, soit en cube, soit en superficie, selon sa nature.

L'enlèvement des gravas provenant soit de la démolition ou soit des recoupes de pierre, hachement des anciens enduits, etc., se compte au cube ou à la voie.

La descente ou l'approchement des gravas dans un lieu où ils puissent être enlevés avec le tombereau, se compte aussi séparément.

PRIX DE QUELQUES OUVRAGES EN MAÇONNERIE.

Un pied cube de pierre de roche mise en œuvre, avec taille des lits et joints............ 3 l. 10 s.
Idem, en pierre franche............ 3 »
Une toise superficielle de taille de parement roche layé et ragrée sur place................................ 28 »
Idem, en pierre franche............ 25 »
Un pied cube de pierre de St-Leu, mise en œuvre......................... 2 5
Une toise de taille de parement avec ragrément................................ 10 10
Une toise superficielle de mur en moellon de 18 pouces d'épaisseur, hourdé en mortier de chaux et sable ou plâtre................................ 36 »
Idem, en meulières.................. 40 »
Idem, en platras employés à une grande élévation........................ 26 »
Une toise superficielle de languettes

en briques de Bourgogne de 4 pouces d'épaisseur sans enduit.................. 30 »

Idem, en briques ordinaires dites de Payés................................ 24 »

Une toise superficielle de légers ouvrages en plâtre...................... 13 »

TOISÉ
DE LA CHARPENTE.

CHAPITRE XIII.

Le toisé de la charpente est simple et facile ; il ne consiste que dans la manière de prendre la mesure des longueurs et des grosseurs.

Le toisé de la charpente, aujourd'hui, ne diffère de l'ancien qu'en ce que les longueurs et les grosseurs ne sont comptées que pour ce qu'elles sont réellement ; tandis que d'après l'ancienne méthode et ce qu'on appelait *usage*, chaque morceau était compté pour une longueur qu'on lui supposait avoir eue avant d'être taillé, ou, autrement dit, d'après la longueur des bois marchands.

Lorsque les bois sont comptés *avec usage*, ils sont comptés dans le calcul d'après les dimensions indiquées dans ce tableau :

Tout bois, quelque petit qu'il soit, est compté pour 1 pied $1/2$ ou $1/4$ de toise.

Ensuite jusqu'à 2 p. 0 p. — pour 2 p. — ou 0 toise $1/3$.
2 p. 0 p. jusqu'à 3 p. 1 p. — pour 3 p. — ou 0 toise $1/2$.
3 p. 2 p. jusqu'à 4 p. 8 p. $3/4$ pour 4 p. $1/2$ ou 0 toise $3/4$.
4 p. 9 p. jusqu'à 6 p. 2 p. — pour 6 p. — ou 1 toise.

6 p. 3 p. jusqu'à 7 p. 8 p. $3/4$ pour 7 p. $1/2$ ou 1 toise $1/4$.
7 p. 9 p. jusqu'à 9 p. 3 p. $3/4$ pour 9 p. — ou 1 toise $1/2$.

DE LA CHARPENTE.   287

9 p. 4 p. jusqu'à 10 p. 8 p. 3/4 pour 10 p. 1/2 ou 1 toise 3/4.
10 p. 9 p. jusqu'à 12 p. 4 p. 3/4 pour 12 p. — ou 2 toises.

12 p. 5 p. jusqu'à 13 p. 8 p. 3/4 pour 13 p. 1/2 ou 2 toises 1/4.
13 p. 9 p. jusqu'à 15 p. 4 p. 3/4 pour 15 p. — ou 2 toises 1/2.
15 p. 5 p. jusqu'à 16 p. 8 p. 3/4 pour 16 p. 1/2 ou 2 toises 3/4.
16 p. 9 p. jusqu'à 18 p. 4 p. 3/4 pour 18 p. — ou 3 toises.

18 p. 5 p. jusqu'à 19 p. 8 p. 3/4 pour 19 p. 1/2 ou 3 toises 1/4.
19 p. 9 p. jusqu'à 21 p. 4 p. 3/4 pour 21 p. — ou 3 toises 1/2.
21 p. 5 p. jusqu'à 22 p. 3 p. 3/4 pour 22 p. 1/2 ou 3 toises 3/4.
22 p. 9 p. jusqu'à 24 p. 6 p. — pour 24 p. — ou 4 toises.

Ensuite la progression va de demi-toise en demi-toise pour les bois de qualité, comme poutres, poutrelles, tirans, sablières, etc.

La mesure de tout bois de charpente se prendra pour ce qu'elle est, sans avoir égard à la dimension de ceux coupés dans les forêts : c'est ce qu'on appelle, dit Bullet, toiser « *les grosseurs et les longueurs mises en œuvre*. Par ce moyen, continue-t-il, on ne compte précisément que les longueurs mises en œuvre. »

La différence qui existe entre le toisé de la charpente d'après l'ancien usage, et celui des longueurs et grosseurs mises en œuvre tel qu'on le fait aujourd'hui, est d'environ un dixième ; c'est-à-dire que si un cent de bois toisé *avec usage* vaut dix francs, un cent de même bois toisé *sans usage* vaudra onze francs.

MODE DE MESURAGE DES OUVRAGES EN CHARPENTE.

Morisot veut que les longueurs des bois carrés soient comptées pour ce qu'elles sont en œuvre ; « mais quant aux grosseurs, dit-il, on doit les compter ainsi que les bois se livrent sur les ports. »

Je ne saurais partager le sentiment de cet auteur : le charpentier doit toujours trouver son compte, et jamais moins.

On ne doit point avoir égard à la manière dont les bois se livrent sur les ports, par la raison que chaque marchand a son usage particulier pour les marchandises qu'on lui livre, afin d'être compensé des pertes qu'il peut faire dans le détail ; de même le charpentier a des fausses coupes dans le débit de son bois, et des faux frais qui souvent ne lui sont point comptés. Par le toisé des longueurs et des grosseurs mises en œuvre, le charpentier trouve son compte et le propriétaire le sien.

Tous les bois seront mesurés dans leur longueur, tels qu'ils sont en œuvre, sans augmentation dans le calcul sous quelque prétexte que ce puisse être ; je dis dans le calcul, parce que dans le toisé *avec usage* la mesure se prend de même que dans celui *sans usage*, c'est-à-dire les longueurs pour ce qu'elles sont en œuvre : ce n'est qu'en faisant le calcul des morceaux qu'on ajoute l'usage.

Lorsque les mesures seront prises en dedans des murs, on ajoutera aux longueurs neuf pouces pour chaque portée des fortes pièces ; mais si les portées sont visibles, elles seront comptées de toute leur longueur, laquelle ne doit excéder l'épaisseur du mur. Le scellement des autres bois sera compté pour six pouces, les tenons aux grosses pièces pour quatre pouces, et ceux aux petites pour trois.

Lorsque les pièces seront assemblées obliquement dans d'autres, et que l'on aura pris la longueur à l'épaulement ou barbe alongée, il ne sera rien ajouté pour le tenon, ce tenon étant compris dans la longueur.

Les tournisses et autres pièces semblables coupées en sifflet, seront mesurées dans toute leur longueur, pourvu que les décharges soient inclinées de 50 à 60 degrés : dans tous les cas, la longueur de deux tournisses ne doit pas être plus grande que celle d'un poteau.

Toute levée faite à la scie, lorsque la valeur du bois levé dépassera les frais du sciage, sera déduite du cube, et le sciage compté pour ce qu'il vaut.

Les grosseurs seront prises au milieu de chaque pièce, ou bien aux deux extrémités, que l'on additionnera, et dont on prendra la moitié pour grosseur réduite. Les bois ainsi mesurés seront réduits en cube; trois pieds cubes feront la pièce. Toute fraction de pouces sur chaque face de bois carré sera comptée sans avoir égard à la manière dont les bois sont livrés sur les ports. Pour abréger les calculs, on ne comptera pas les quarts de pouces, on ne comptera que les demi : ainsi 6 pouces 4 lignes seront comptés pour 6 pouces et demi, et 6 pouces 3 lignes pour 6 pouces. Pour les bois de sciage, on sera moins rigoureux : 6 pouces 3 lignes seront comptés pour 6 pouces et demi. Il en sera de même de toutes les autres grosseurs.

Il est bien entendu que les bois doivent être carrés, et que dans le cas où une pièce est flacheuse, qu'il y manque une ou plusieurs arêtes, on fera une diminution en raison du nombre d'arêtes manquantes, et en raison aussi de ce que les flaches seront plus ou moins grandes.

Sera réputé de sciage tout bois méplat ayant environ moitié moins d'épaisseur d'un sens que de l'autre.

Tout bois cintré, dont la nécessité est qu'il le soit au moyen de levées faites dessus, sera compté pour le cube qu'il avait avant d'avoir été travaillé. Pour avoir la mesure, on bandera un cordeau d'une extrémité à l'autre de la courbe, et la grosseur sera prise au milieu.

Les mêmes bois cintrés naturellement sans y avoir fait aucune levée, seront comptés pour ce qu'ils sont en œuvre, en ajoutant à leur cube la moitié du produit de la différence, étant mesurés comme le précédent.

On fera deux classes distinctes de bois : la première appelée bois ordinaire, c'est à dire celui dont la grosseur sera au dessous de 12 pouces, et la longueur au dessous de 24 pieds ; la seconde, appelée bois de qualité, comprendra tous les bois dont la grosseur aura 12 pouces carrés et au dessus, et ceux dont la longueur aura 24 pieds et au dessus. On désignera la qualité, soit longueur, soit grosseur.

Les bois de lucarnes seront comptés séparément, et timbrés bois pour lucarnes : seront compris sous la même dénomination les bois pour les petits combles au dessus; mais comme les lucarnes sont susceptibles de divers ornemens, tels que moulures droites ou rampantes pour frontons, les moulures seront comptées séparément et évaluées à prix d'argent.

DES BOIS REFAITS.

On appelle bois refaits ceux qui sont dressés et replanis sur une ou plusieurs faces. L'usage, jusqu'à ce jour, est de les compter séparément sous la dénomination de bois refaits, en confondant souvent ceux dont plusieurs faces sont refaites, avec ceux qui n'en ont qu'une; mais pour les compter ainsi, il faudrait faire autant de classes de bois qu'il y aurait de faces refaites, afin de pouvoir y mettre un prix. Il est beaucoup plus simple, et même plus exact, de confondre ces bois dans la classe à laquelle ils appartiennent sous le rapport de leur grosseur ou de leur longueur, et de compter séparément et en superficie les faces qui auront été dressées, et comprendre dans le prix la perte du bois occasionée par cette façon.

DES ESCALIERS EN CHARPENTE.

Il y aurait beaucoup à dire sur la manière de faire le toisé des escaliers en charpente. L'usage généralement adopté est de confondre les limons ou les crémaillères avec les marches, bien que le travail ne soit pas le même. Je ne vois pas d'inconvénient à ce que cet usage soit continué, puisqu'il ne blesse les intérêts ni du propriétaire ni de l'entrepreneur. D'ailleurs, on est libre de les compter séparément, si on le juge convenable; mais si, dans un marché, il n'est pas fait mention de cette distinction, il est entendu que les marches et les limons doivent être confondus.

Les marches seront mesurées, quant à leur longueur, pour ce qu'elles sont en œuvre; en ajoutant 4 pouces pour le scellement d'un bout et 2 pouces pour l'embrèvement de l'autre, lorsqu'elles sont assemblées dans le limon. La largeur sera prise au plus large; mais l'épaisseur de la marche sur le derrière devra être au moins de 18 lignes. La hauteur sera prise sur le devant, et comptée pour ce qu'elle est si les marches sont pleines, c'est-à-dire d'une seule pièce; mais si la hauteur sur le devant est formée par une contre-marche, elles ne seront comptées que pour les deux tiers de leur hauteur si elles ont au moins 6 pouces de hauteur, et pour les trois quarts si elles n'ont que 5 pouces. Dans le premier cas, il n'est rien dû pour les fourrures que l'on pose ordinairement sous les marches pour faire le plafond; et dans le second les fourrures sont dues; mais les marches ne doivent pas avoir moins de 3 pouces d'épaisseur dans toute leur longueur et largeur.

Les marches palières se mesurent au plus large, et seront comprises dans les bois pour escalier.

Les limons, crémaillères volutes et quartiers tournans seront mesurés de même que les bois cintrés, en ajoutant les tenons d'embrèvement.

Les vieux bois fournis ou pour façon employés dans chacune des classes énoncées, seront toisés de même que les bois neufs fournis, et timbrés sous leur nom particulier.

Les bois pour étais, cintres de cave ou autres ouvrages, seront toisés de même que les bois ordinaires, et timbrés sous leur nom particulier, en observant s'ils sont fournis par l'entrepreneur ou le propriétaire, par rapport aux transports et déchets. On distinguera dans ces bois ceux qui ne seraient que pour dépose et repose; et s'il arrivait que des étais ou autres bois eussent exigé des difficultés extraordinaires, soit pour le levage, soit pour la pose, ce surcroît de travail sera compté séparément pour ce qu'il vaut.

Les tenons, mortaises, entailles, trous de boulons, feuillures et hachemens faits sur le tas en bois neuf ou vieux, seront comptés séparément et estimés en raison de leurs difficultés: les mêmes faits au chantier ne seront pas comptés; ils font partie de la main d'œuvre accordée dans chacune des natures d'ouvrage.

DE LA MANIÈRE DE RÉDUIRE LES BOIS DE CHARPENTE SOIT EN CUBE OU A LA PIÈCE ET FRACTION DE PIÈCE.

La manière indiquée par Bullet est bonne, et on peut s'en servir : voici ce qu'il dit à ce sujet.

« L'usage, dit-il, est de réduire les bois de charpente à une solive ou pièce de bois de 12 pieds de long sur 6 pouces en carré, dont les cent pièces ou solives font un cent de bois ; ou à une autre solive de 6 pieds de long, sur 8 à 9 pouces de gros, ce qui revient au même : en sorte qu'il faut que la pièce de bois qui sert de commune mesure au cent, contienne 5184 pouces cubes, qui valent 3 pieds cubes de bois. Telle est celle qui a 12 pieds de long sur 6 pouces en carré ; car si l'on multiplie 6 pouces par 6 pouces, on aura 36 pouces pour la superficie du bout de la pièce; ces 36 étant multipliés par 144 pouces, valeur de deux toises en longueur de la solive, on aura 5184 pouces cubes. L'autre solive de 6 pieds donnera le même produit ; car si l'on multiplie 8 par 9, l'on aura 72 pouces pour la superficie du bout de la solive ; ces 72 pouces multipliés par 72, qui est la quantité de pouces contenus dans la longueur d'une toise, on aura 5184 pouces cubes, comme ci-dessus.

« Sur ce principe, tous les bois dont les côtés multipliés l'un par l'autre produiront le nombre 36, deux toises en longueur, feront une pièce de bois; et pour tous ceux dont les côtés multipliés l'un par l'autre produiront 72, une toise en longueur, feront aussi une pièce de bois : ce qui peut être connu par les parties aliquotes de chacun de ces deux nombres, 36 et 72. Par exemple : le nombre 36 a pour parties aliquotes 2, 3, 4, 6, 9, 12, 18; ces nombres sont tous dans une telle disposition, que si l'on multiplie l'un par l'autre les extrêmes de 2 en 2, également distans du 6, ils produiront le nombre de 36, comme 2 par 18, 3 par 12, 4 par 9, et 6 par 6 lui-même : en sorte qu'ayant des bois de ces grosseurs, et de 2 toises en longueur, ils vaudront une pièce de bois au cent.

« Le nombre de 72 a pour parties aliquotes les nombres 2, 3, 4, 6, 8, 9, 12, 18, 24, 36; ces nombres sont encore disposés de manière que si l'on multiplie les extrêmes de 2 en 2, ils produiront le nombre 72, comme 2 par 36, 3 par 24, etc. : en sorte qu'ayant à compter une pièce de bois de ces grosseurs, une toise de longueur vaudra une pièce de cent.

« On peut encore, continue-t-il, par d'autres combinaisons de ces parties aliquotes, savoir la valeur des parties d'une pièce de bois par rapport à la toise; comme, si une pièce de bois a 2 sur 3 pouces de gros, elle vaudra $\frac{1}{12}$ de pièce au cent.

« La règle la meilleure pour réduire les bois à la pièce, est de multiplier les côtés l'un par l'autre, et d'en diviser le produit par 72, puis multiplier cette division par toise ou partie de toise que chaque pièce de bois contient en longueur. Si une pièce a 12 sur 15, cela produira 180, qui, divisé par 72, donnera deux pièces et demi pour chaque toise en longueur; il faut multiplier 2 et demi par 6, et l'on aura 15 pièces, et ainsi du reste. »

Afin de mieux faire comprendre cette méthode, je suppose une pièce de charpente de 25 pieds 6 pouces de long, sur 9 à 10 $\frac{1}{2}$ de grosseur; on commencera par multiplier la dimension d'une face par l'autre, ce qui donnera 94 pouces 6 lignes, ou une pièce 1 pied 10 pouces 6 lignes; puis on réduira les 25 pieds 6 pouces de longueur en toises; ce qui fera 4 toises 1 pied 6 pouces, que l'on multipliera par une pièce 1 pied 10 pouces 6 lignes : on aura pour le produit de cette pièce de charpente, 5 pièces 3 pieds 5 pouces 7 lignes; et ainsi des autres longueurs et grosseurs.

EXEMPLE :

1	1	10	6
4	1	6	0
5	1	6	0
0	1	3	9
0	0	7	10
5	3	5	7

Lorsqu'on aura plusieurs morceaux de charpente de même longueur, mais de diverses grosseurs, on suivra la manière indiquée page 133, afin d'abréger les calculs.

PRIX DE QUELQUES OUVRAGES EN CHARPENTE POUR L'ANNÉE 1833.

Bois neuf ordinaire employé avec assemblages, soit pour planchers, pans de bois et combles, se paie la pièce.......................... 10¹ 0ˢ
   Le même, mais de qualité-grosseur. 12 »
   Le bois de qualité-longueur sera payé de même, mais dans le cas où il serait bien droit et équarri : dans le cas contraire, le prix sera le même que pour celui ordinaire.
   Les bois de sciage seront payés 10 s. en sus des prix portés ci-dessus.
   Le bois pour escaliers, marches et limons confondus...................... 15 »
   Le même pour lucarnes............ 12 »
   Vieux bois ordinaire, fourni bonne qualité, employé pour planchers, pans de bois et combles................ 8 »
   Vieux bois pour façon et pose seulement, avec transport................. 2 10
   Le même sans transport........... 2 »
   Etais ordinaires et couchis fournis par l'entrepreneur................. 1 15

Les mêmes pour déplacement et replacement seulement.................. 1 , 5

Le bois pour cintre de voûte, les cintres faits exprès suivant la forme des voûtes........................ 2 10

Le même, mais pour dépose et repose seulement........................ 1 5

TOISÉ

DE LA COUVERTURE.

CHAPITRE XIV.

La couverture est aussi une partie du bâtiment dans laquelle on a introduit beaucoup *d'usages* préjudiciables aux propriétaires.

Ces usages ont été suprimés dans le toisé des ouvrages faits pour le compte du gouvernement, de même qu'ils l'ont été quant aux ouvrages de maçonnerie et de charpente.

Au moyen de ces usages, on trouve une superficie qui n'existe pas, par la raison que tout vide est compté comme plein, et qu'on ajoute aux mesures des longueurs et des hauteurs, soit 6 pouces, soit un pied, pour les solins, ruellées, filets, dévirures, tranchis, faîtages, etc., suivant que l'ouvrage est en tuile ou en ardoise.

Il est donc plus juste de faire le toisé de ces ouvrages d'après la méthode adoptée pour les travaux faits pour le compte du gouvernement, laquelle consiste à mesurer la longueur et la hauteur de chaque partie de comble pour ce qu'elle est, sans aucune augmentation, et à compter séparément les ouvrages accessoires, tels que égoûts, faîtages, noues, battellement, solins, ruellées, filets, tranchis, etc.

C'est d'après ce principe, que seront toisés les ouvrages de couverture.

Chaque partie de couverture sera toisée géométriquement, longueur sur largeur ou hauteur, sans rien ajouter, sous tel prétexte que ce soit : la longueur sera prise du nu des pignons, ou de l'arête des arêtiers et tranchis, et la hauteur du bord de l'égoût jusque sous le faîtage, que ce faîtage soit en faîtière ou en plomb, sans rien ajouter à cette hauteur : toute vide quelconque sera déduit; la déduction faite, le surplus sera la superficie. On désignera si l'ouvrage est en tuile ou en ardoise, si elles sont neuves ou remaniées, sur lattis neuf ou vieux, ou simplement recloué. On indiquera la largeur du pureau, ou, pour avoir la mesure, on comptera trois pureaux pour un pied de hauteur.

Chacune des parties accessoires au comble sera comptée séparément à la mesure linéaire, sous son nom particulier et pour ce qu'elle est. Aux égoûts et battellemens, qui sont composés de plusieurs tuiles ou ardoises, et quelquefois de l'une et de l'autre, la tuile ou l'ardoise du dessus ne sera pas comptée ; elle fait partie de la surface du comble.

Les noues en tuile ou en ardoise sont comptées soit en superficie ou en linéaire. Dans le dernier cas, on en indiquera la largeur, sans y comprendre le recouvrement.

Les tranchis seront comptés séparément.

Les pentes sous les plombs, ou autres, seront comptées en superficie; on désignera si elles sont sur lattis neuf ou vieux.

Les faîtages arêtiers, ruellées, solins, filets, tranchis, etc., seront comptés en linéaire sous leur nom particulier, expliquant s'ils sont sur ardoise ou sur tuile.

Les vues de faîtière seront comptées à la pièce.

Afin de donner une idée de la manière dont on doit faire le toisé des ouvrages de couverture, et de donner aussi la valeur des accessoires d'après les prix courans de l'année 1833, on va supposer un comble dans lequel il y aura : 1° Plusieurs parties de couverture en tuile neuve, sur lattis neuf. 2° Plusieurs parties de couverture en vieille tuile, sur lattis neuf, qu'on appelle *remanié à bout*. 3° Plusieurs parties de tuile en recherche; et 4° enfin, le prix des mêmes ouvrages faits en ardoise.

EXEMPLE.

Supposé le comble pl. 14 couvert en tuile ; il contient 60 pieds de longueur, mesuré entre les deux pignons, sur 30 pieds de hauteur, la mesure prise à partir du bord de l'égout jusque sous le faîtage, ce qui produit en superficie 1800 ᵖ 0 °

Il convient de déduire l'emplacement de deux lucarnes C, lequel est mesuré en deux parties : Celle carrée de 4 pieds de large sur 8 pieds de hauteur, produit pour les deux 64 ᵖ 0 °

Celle triangulaire de 5 pieds de large, mesurée entre les deux égouts sur 1 pied 8 pouces réduits de hauteur, produit pour les deux.................... 18 4

Pour les deux souches de cheminée sur le mur mitoyen à droite : celle près de l'égout de 9 pieds de long, et celle près le faîtage de 8 pieds, ensemble 17 pieds sur 1 pied de large, produit.................... 17 0

Pour les deux autres souches de cheminée sur le mur mitoyen à gauche : celle près de l'égout de 10 pieds de long sur

A reporter...... 99 4   1800 0

DE LA COUVERTURE. 303

Report......	99ᵖ 4°	1800ᵖ 0°
1 pied de large, produit.......	10 0	
Celle près le faîtage, de 8 pieds 6 pouces sur 2 pieds, produit...........................	17 0	
Pour le chassis à tabatière D, de 3 pieds de haut sur 2 pieds de large, produit.........	6 0	
Le tout à déduire produit..	132 4	132 4
Le surplus de la superficie est de		1667 8
Dont en tuile neuve, sur lattis neuf, une partie à droite A, de 30 pieds de long sur 15 de haut, produit	450 0	
Une autre au pourtour du chassis à tabatière de 6 pieds sur 5 pieds, produit............	30 0	
Une autre près le faîtage de 20 pieds de long, sur 6 pieds de haut, produit................	120 0	
Le tout produit...............	600 0	
Moins l'emplacement du chassis à tabatière de 3 pieds sur 2 pieds, produit....	6 0	
Celui d'une lucarne qui est de................	41 2	
Celui de la souche		
A reporter...... 47 2	600 0	1667 8

DU TOISÉ

Report...... 47ᵖ 2° 600ᵖ 0° 1667ᵖ 8°

de cheminée à droite,
de 9 pieds sur 1 pied,
produit.................... 9 0

Le tout à déduire
produit..................... 56 2   56 2

Le surplus de la superficie
en tuile neuve produit........ 543 10   543 10   15 0

Le surplus de la superfice totale est
de.. 1123 10

Dont en tuile remaniée sur lattis neuf:
La partie du bas à gauche, marquée
B, de 30 pieds de longueur sur 15 pieds
de hauteur, produit.............. 450 0

Celle près le faîtage, de 12
pieds 6 pouces sur 6 pieds,
produit............................. 75 0

Le tout produit................. 525 0

Moins l'emplacement d'une
lucarne, qui est de..... 41 2

Celui de la souche de
cheminée à gauche, de
10 pieds sur 1 pied,
produit.................. 10 0

Le tout à déduire
produit.................. 51 2   51 2

A reporter..... 474 10 1123 10

DE LA COUVERTURE.

Report............1123 10

Le surplus, en tuile remaniée, produit......... 473 10   *Tuile remaniée à bout.*   13 0 5 10

Et le surplus de la superficie totale en couverture en recherche, produit........................ 650 00   *Tuile en recherche.*   18 0 2 10

La couverture de deux lucarnes en tuile neuve :

Les deux pans de chacun 6 pieds de long sur 2 pieds 8 pouces de hauteur, produit pour les deux....   *Tuile neuve.*   0 1/2 14 0

La croupe, de 2 pieds 8 pouces réduits de longueur sur 2 pieds 8 pouces de hauteur, produit.........   *Idem.*   0 0 7 1

L'égout, composé de deux tuiles en sus de celles comptées dans la superficie, contient 17 pieds 4 pouces de pourtour, ci.................   *Égout 2 tuiles neuves.*   2 5 4

Les deux arêtiers, ensemble 6 pieds de long, ci......................   *Arêtier tuile.*   1 0 0

Les deux noulets avec tranchis, ensemble 6 pieds de long, ci........   *Noulet.*   1 0 0

Le faîtage, en faîtière neuve de 6 pouces de long, ci.....................   *Faîtage.*   1 0 0

L'autre lucarne, semblable en tout, produit, en tuile neuve.....   *Tuile neuve.*   1 0 3 1

En égout de deux tuiles...........   *Égout 2 tuiles neuves.*   2 5 4

En arêtier.................................. 1 0 0 *Arêtier.*

En noulet.................................. 1 0 0 *Noulet.*

En faîtage................................. 1 0 0 *Faîtage.*

L'égout de la partie neuve, composé de deux tuiles, sans y comprendre celle du dessus, contient 30 pieds de long, ci................. 5 0 0 *Égout a tuiles neuves.*

Celui de la partie remaniée à bout de même longueur, ci............... 5 0 0 *Idem, remaniée.*

Les solins, avec paremens en tuile neuve au pourtour de la souche de cheminée à droite, et d'une lucarne, contenant ensemble 27 pieds, ci.................................. 4 3 0 *Solives tuile neuve.*

Ceux de la partie remaniée de 28 pieds de pourtour, ci............. 4 4 0 *Idem, vieille tuile.*

Les dévirures au pourtour du chassis à tabatière, d'ensemble 10 pieds, ci................................ 1 4 0 *Dévirure tuile neuve.*

Le faîtage en faîtières neuves contient 60 pieds de longueur, ci.. 10 0 0 *Faîtage neuf.*

RÉCAPITULATION.

17ᵗ 0ᵖ 10° 0ˡ superficielles de tuile neuve grand moule sur lattis neuf, à 16 liv. la toise, fait................. 276ˡ 8ˢ 10ᵈ

DE LA COUVERTURE. 307

Report......276ˡ 8ˢ 10ᵈ

13ᵗ 0ᵖ 5ᵖ 10ˡ superficielles de tuile remaniée à bout sur lattis neuf, à 4 liv. la toise, fait.................. 52 12 10

18 0 2 10 superficielles de tuile en recherche, avec nettoyage des tuiles, à 1 liv. 15 s. la toise, fait........ 31 13 5

11 4 8 courant d'égout composé de deux tuiles neuves de Bourgogne grand moule, à 4 liv. la toise, fait....................... 48 4 5

5 0 0 courant de pareil égout, mais en vieille tuile remaniée, à 2 liv. la toise, fait....................... 10 0 0

12 0 0 courant de faîtage en faîtières neuves, à 6 liv. la toise, fait............... 72 0 0

4 3 0 courant de solin, avec parement sur tuile neuve, à 1 liv. 15 s. la toise, fait....................... 7 17 6

4 4 0 courant de solin sur tuile remaniée, à 1 liv. 6 s. la toise, fait.......... 6 1 4

A reporter......504ˡ 18ˢ 4ᵈ

			Report......	504^l 18^s 4^d	
2	0	0	courant d'arêtier en tuile neuve, à 3 liv. 10 s. la toise, fait...............	7	0 0
2	0	0	courant de tranchis et moulet en tuile pour lucarne, à 1 liv. 10 s. la toise, fait..................	3	0 0
1	4	0	courant de dévirure avec parement de tuile neuve, à 1 liv. 10 s. la toise, fait..................	2	10 0

Le total de la dépense, pour la réparation de la couverture de cette partie de comble, est de............. 517 8^s 4^d

OUVRAGES EN TUILE A LA TOISE COURANTE.

Faîtage neuf............................	6^l	0^s
Idem, en remaniement.................	2	»
Idem, de plâtre des crêtes et des côtés de faîtage refaits............................	1	5
Égoût neuf d'une pièce.................	2	10
Idem, de deux pièces....................	4	»
Idem, de trois pièces....................	5	5
Idem, d'une pièce en remaniement..	1	10
Idem, de deux pièces....................	2	»
Idem, de trois pièces....................	2	10
Noues de 12 pouces environ dans œuvre en tuile neuve......................	4	10

Idem, en remaniement..................	1¹	2ˢ
Pour les noues, les tranchis seront comptés séparément, excepté pour ceux des noulets des lucarnes.		
Noulets de lucarne avec un tranchis.	1	10
Battellement fait d'une pièce avec parement..	2	»
Idem, de deux pièces.....................	3	5
Idem, d'une pièce en ramaniement..	1	5
Idem, de deux pièces.....................	1	16
Solins sur tuile neuve avec parement.	1	15
Idem, en remaniement..................	1	6
Solins pour plâtre refait seulement..	0	14
Arêtier fait en tuile neuve..............	3	10
Idem, en remaniement..................	2	10
Arêtier pour plâtre seulement.........	0	18
Ruellée sur tuile neuve..................	1	18
Idem, en remaniement..................	1	9
Idem, pour plâtre refait................	0	17
Filet..	0	14
Tranchis en tuile neuve................	1	10
Idem, en remaniement..................	1	»
Une vue de faîtière neuve sans déduction du vide....................................	1	50
Idem, en remaniement..................	0	15

OUVRAGES EN ARDOISES.

Une toise superficielle de couverture en ardoise carrée, sur lattis de volige, les pureaux de 4 pouces, vaut............ 15¹ 10ˢ

Une toise superficielle ardoise neuve,
sur vieux lattis non cloué..................... 11ˡ 15ˢ
Idem, vieille ardoise, sur lattis neuf... 8 10
Idem, vieille ardoise, sur vieux lattis. 4 10
Idem, ardoise neuve posée et clouée,
sur plâtre neuf................................ 14 10
Idem, sur vieux plâtre.................. 11 15
Ardoise cartelète, sur lattis de volige,
le pureau de 3 pouces....................... 17 »
Idem, sur vieux lattis non cloué...... 14 »
Idem, vieille ardoise sur lattis neuf... 12 »
Idem, vieille ardoise sur vieux lattis. 6 »
Une toise superficielle de pente en
plâtre, sur lattis de volige, vaut.......... 14 »
Idem, sur vieux lattis.................... 5 10

OUVRAGES A LA TOISE COURANTE.

Une toise d'égout d'une seule ardoise
posée sur tuile................................ 0ˡ 16ˢ
Idem, de deux ardoises.................. 1 10
Noues de 12 pouces de largeur dans
œuvre, comptées pour 18 pouces avec le
recouvrement en ardoises.
Cartelète à 3 pouces de pureau avec
glacis par dessous........................... 5 10
Idem, de 18 pouces de large dans
œuvre... 7 10
Noues de 12 pouces en remaniement 3 10
Idem, de 18 pouces...................... 4 10

Battellement fait d'une ardoise neuve avec parement...........................	0^l	16^s
Idem, de deux ardoises.................	1	8
Idem, en remaniement d'une ardoise	0	9
Idem, de deux ardoises.................	0	15
Solins, ruellée, filet avec parement sur ardoise neuve ou remaniée...........	1	4
Dévirure avec parement................	0	12
Arêtier en ardoise neuve..............	2	15
Idem, en remaniement.................	2	»
Tranchis en ardoise neuve............	0	14
Idem, en ardoise remaniée................	0	10

TOISÉ
DE LA MENUISERIE.

CHAPITRE XV.

Le toisé de la menuiserie est un des plus simples, quoique beaucoup d'ouvrages en cette partie soient très compliqués. La raison en est que n'étant composés que d'une seule nature de matériaux, bois, chêne ou sapin, ensemble ou séparés, il est inutile, pour évaluer ces ouvrages, d'en faire le détail séparément : il suffit, dans le mémoire, de bien détailler chaque article, en y expliquant l'essence du bois, sa qualité, son assemblage, ses ornemens et sa mesure.

Afin de faciliter la vérification des ouvrages et la mise à prix, et de faire comprendre la dimension et la forme des moulures, on doit joindre en marge du mémoire, une figure pour faire voir les assemblages qui ne sont pas ordinaires.

La toise superficielle et la toise courante sont la règle de ce toisé.

Les principaux ouvrages de menuiserie qui entrent dans le bâtiment, sont les portes, les croisées, les persiennes, les faces d'armoires, quelquefois les lambris d'appui et de hauteur, les cloisons, le parquet, etc.

DES PORTES.

Dans une maison un peu considérable, on fait des portes de diverses manières: pleines, encadrées d'assemblages à petit cadre, et à grand cadre.

Les portes pleines sont pour les cabinets, les chambres de domestiques, les cuisines, les écuries, etc., et ne demandent aucun ornement ; on les fait soit en chêne, soit en sapin ; elles doivent être emboîtées ou encadrées en chêne. On donne aux petites un pouce d'épaisseur, et aux plus grandes 15, 18 et 24 lignes : le tout doit être rainé et collé avec plusieurs clefs dans les joints montans.

Les portes encadrées sont faites de même ; mais au lieu de simples emboîtures, on fait au pourtour un encadrement en chêne dont les angles sont assemblées en onglets, avec une ou deux traverses au milieu. Cet ouvrage est plus cher que le premier, mais il vaut beaucoup mieux.

Les portes d'assemblages sont faites de même que celles encadrées, à l'exception que les panneaux n'ont que 6 à 8 lignes d'épaisseur. Ces portes ne sont ornées d'aucune moulure. C'est ainsi que doivent se faire les faces d'armoires : le bâti en chêne et les panneaux en sapin.

Les portes à petit cadre sont ordinairement

pour les petits appartemens, où l'emplacement ne permet pas de les faire à deux venteaux : on leur donne depuis 2 pieds 3 pouces jusqu'à 3 pieds de large. Elles sont faites de même que celles d'assemblages. Le bâti doit avoir 15 lignes d'épaisseur au moins, et les panneaux 6 à 8 lignes, lesquels sont ou ravalés ou avec table saillante. On pousse, au pourtour de chaque encadrement, une moulure prise aux dépens de l'épaisseur des battans et des traverses.

Les portes qu'on fait à grand cadre sont ordinairement pour les grands appartemens, où l'emplacement permet de les faire à deux ventaux. Elles ne doivent pas avoir moins de 4 pieds de largeur, afin que l'ouverture d'un seul ventail puisse procurer un passage suffisant. Les battans et traverses doivent avoir 15 à 18 lignes d'épaisseur, et les panneaux 6 à 8 lignes, lesquels sont aussi ou ravalés ou avec tables saillantes.

OBSERVATION SUR CE QUI DISTINGUE UNE PORTE A GRAND CADRE D'UNE PORTE A PETIT CADRE.

Il y a des personnes qui se méprennent sur la qualification de portes assemblées à grand cadre ou à petit cadre, et prennent souvent les unes pour les autres : cela vient de ce qu'ils confondent *cadre* avec *panneau*, ce qui n'est pas la même chose. Ils appellent portes à petit cadre, celles qui sont composées de 8 à 10 panneaux ; et portes à grand cadre celles qui ne le sont que de deux ou trois. Ce qui distingue chacune de ces portes, ce n'est pas la quantité de panneaux dont elles sont composées, mais bien la manière dont l'encadrement est fait.

Voici comment.

La moulure ou les moulures de l'encadrement d'une porte à grand cadre se font séparément pour chaque panneau et en autant de morceaux qu'il y a de côtés dans chaque panneau. Ces morceaux sont embrévés avec les battans et les traverses. Ils ont depuis 1 pouce 6 lignes jusqu'à 2 pouces 6 lignes de large, suivant qu'on veut faire le cadre plus ou moins mâle ou riche, et d'épaisseur 8 à 10 lignes de plus que les battans et traverses, afin de laisser une saillie de 4 à 5 lignes de chaque côté. Cet ouvrage est beaucoup plus cher que celui des portes à petit cadre ; mais aussi il est plus noble et plus riche.

La moulure (car on ne peut en faire qu'une) qui encadre les panneaux d'une porte à petit cadre se fait, comme je l'ai déjà dit, sur les battans et traverses, et est prise aux dépens de leur épaisseur. Cet ouvrage est peu de chose à faire, mais il n'est pas aussi riche que le premier.

Après avoir parlé de la manière dont se font les portes à grand cadre et celles à petit cadre, je crois devoir prévenir la fraude qui tend à faire passer des ouvrages à petit cadre pour des ouvrages à grand cadre, au moyen d'un listel qui est rapporté sur les battans et traverses dans une rainure tout près de la moulure, et saillant de 3 à 4 lignes. Cet ouvrage a beaucoup de ressemblance avec un grand cadre : il n'y a qu'un œil exercé qui peut en faire la différence; cependant, avec un peu d'attention, on remarquera qu'il n'y a que le listel qui est en saillie sur le parement du battant, et que la moulure qui a été prise aux dépens du battant n'excède pas le parement. Cet encadrement, pour la beauté, tient le milieu entre le petit et le grand cadre. Le propriétaire peut en vouloir de tels, mais il ne doit les payer que pour ce qu'ils valent.

Les panneaux ajustés dans l'un et l'autre de ces cadres ne doivent pas être trop serrés, afin que la sécheresse, qui les fait retirer, ne les fasse pas fendre dans leur milieu.

La mesure de toutes ces portes se prend largeur sur hauteur, et tout vide est rabattu. Elles sont comptées en superficie, en indiquant si elles sont à un ou à deux paremens, ainsi que leur façon, c'est-à-dire si elles sont pleines, emboîtées ou encadrées, d'assemblages, à petit cadre, à grand cadre ; l'épaisseur des premières, la largeur et l'épaisseur des battans et traverses des dernières ; le nombre de panneaux dont elles sont composées, leur épaisseur, et s'ils sont avec table saillante. Pour les ouvrages cintrés en plan, on ajoutera à la superficie, soit la superficie même, soit les trois quarts, soit les deux tiers, soit la moitié, soit le quart, etc., suivant que l'ouvrage sera plus ou moins cintré.

DES CHAMBRANLES DE PORTES.

On donne aux chambranles de portes depuis 4 jusqu'à 9 pouces de large, suivant la grandeur des portes, et d'épaisseur depuis 15 lignes jusqu'à 2 pouces et demi. L'épaisseur, du côté de l'ouverture, ne doit jamais être moindre que celle de la porte ; ensuite on rapporte une ou plusieurs moulures qui forment l'encadrement du chambranle.

La mesure des chambranles se prend aux extrémités des onglets. On désigne leur largeur et leur épaisseur, et s'il y a une ou plusieurs moulures ravalées. Ils sont tous comptés à la toise courante.

DES CROISÉES.

Les croisées des maisons ordinaires ont depuis 3 pieds 6 pouces jusqu'à 4 pieds de large ; la hauteur est le double ou à peu près de la largeur. Le châssis dormant doit avoir 2 pouces d'épaisseur sur 3 pouces et demi de large, et aux châssis à verre 15 lignes d'épaisseur sur 2 pouces et demi de large, à l'exception du battant meneau, qui doit avoir plus d'épaisseur et plus de largeur.

Il y a des croisées à l'anglaise : on appelle ainsi celles dont le châssis dormant n'a pas plus d'épaisseur que le châssis à verre.

Les croisées se comptent à la toise superficielle ou au pied courant de hauteur. Dans ce dernier cas on en indique la largeur. Pour celles qui sont cintrées par le haut, on compte la partie cintrée une fois et demie.

DES PERSIENNES.

Les persiennes se font en bois de chêne et quelquefois en sapin du nord. On donne aux battans 3 à 4 pouces de largeur, et aux traverses 4, 5 et 6 pouces, suivant la hauteur des persiennes, et d'épaisseur 15 à 18 lignes. Les lames sont ou fixes ou mouvantes : dans le premier cas, elles sont assemblées à tourillon, et dans le second elles sont maintenues par le moyen des ferrures. Les lames doivent former recouvrement les unes sur les autres, afin qu'on ne puisse voir au travers.

Les persiennes se comptent de même que les croisées, c'est-à-dire à la toise, soit superficielle, soit linéaire.

DES LAMBRIS D'APPUI ET EN HAUTEUR.

Les lambris d'appui et en hauteur ne se font pas communément dans les maisons particulières : on se contente de poser une plinthe par le bas, qui porte sur le carreau ou le parquet, et une cimaise que l'on pose à hauteur d'appui; l'entre-deux, qu'on appelle frise, est peint, soit tout uni, soit en imitation de lambris.

Mais lorsqu'on fait de ces lambris, ils sont, de même que les portes, soit à grand, soit à petit cadre, excepté qu'ils n'ont qu'un parement. Le toisé est le même que celui des portes.

DU PARQUET.

Le parquet des appartemens se fait de diverses manières et de diverses formes, suivant qu'on veut le faire plus ou moins riche. Celui qu'on fait le plus communément dans les maisons particulières est en frises, coupées de 2 pieds à 2 pieds 6 pouces de longueur, sur 3 à 4 pouces de largeur, et d'un pouce à 15 lignes d'épaisseur, posées soit à point d'hongrie, soit à bâton rompu, soit à panneaux. Le plus commun est celui qu'on appelle plancher à l'anglaise, qui est fait en pareilles frises, mais posées de toute leur longueur. Tous les parquets sont comptés à la toise superficielle; tout vide quelconque est déduit.

Les huisseries, bâtis, bandeaux, plinthes, cimaises, etc., sont comptés à la toise courante.

Les coupes et entailles faites sur place pour la pose de ces divers objets sont comptées séparément.

PRIX DE QUELQUES OUVRAGES DE MENUISERIE.

Ouvrages à la toise superficielle.

Portes pleines en chêne d'un pouce d'épaisseur, avec emboîtures haut et bas   34ˡ 0ˢ

Les mêmes, de 15 lignes d'épaisseur. 40 1 0 s
Les mêmes, de 18 lignes.................. 48 »
Les mêmes, de 2 pouces.................. 66 »
Portes pleines en sapin, emboîtées en chêne d'un pouce d'épaisseur.............. 26 »
Les mêmes, de 15 lignes.................. 30 »
Les mêmes, de 18 lignes.................. 35 »
Les mêmes, de 2 pouces.................. 48 »
Portes encadrées en chêne d'un pouce d'épaisseur, panneaux sapin de même épaisseur................................ 36 »
Les mêmes, de 15 lignes.................. 42 »
Portes d'assemblage en chêne, bâti 15 lignes, panneaux 6 lignes, sans moulures................................... 40 »
Portes assemblées à petit cadre en chêne, trois panneaux, bâti 15 lignes, panneaux 6 lignes, deux paremens....... 46 »
Les mêmes, assemblées à grand cadre, quatre panneaux, bâti 15 lignes, panneaux 6 à 8 lignes, deux paremens....... 70 »
Les mêmes, mais le bâti de 18 lignes... 78 »

Il est bien entendu que toutes ces portes seront comptées toise pour toise, sans aucune augmentation pour le double parement.

Sapin d'un pouce d'épaisseur, deux paremens, pour tablettes................... 18 »
Sapin d'un pouce d'épaisseur, deux paremens, rainé et collé.................. 21 »

DE LA MENUISERIE. 321

Ouvrages à la toise courante.

Croisées ordinaires, dont la largeur n'excède pas 4 pieds, les dormans de 2 pouces d'épaisseur, les châssis de 15 lignes, le pied courant de hauteur..... 3^t 15^s
ou la toise superficielle...................... 36 »

Persiennes ordinaires (même observation qu'aux croisées) en chêne, 15 lignes d'épaisseur, les lames également en chêne.. 4 5
ou la toise superficielle...................... 40 16

Chambranles de portes et autres de 4 pouces à 4 pouces et demi de largeur, 15 lignes d'épaisseur, avec moulure rapportée sur la rive................................ 3 10

Les mêmes, de 6 pouces de largeur et de 18 lignes d'épaisseur, ravalés, c'est-à-dire avec une plate-bande prise aux dépens de l'épaisseur........................ 5 10

Les mêmes, de 7 pouces de largeur... 6 »
Les mêmes, de 8 pouces de largeur... 7 »

Huisseries de 3 pouces carrés avec feuillure.. 3 10

TOISÉ

DE LA SERRURERIE.

CHAPITRE XVI.

Pour bien dire, il n'y a pas de toisé en serrurerie ; tous les ouvrages qui se font en bâtiment se livrent au poids ou se comptent à la pièce. Je n'en parlerai donc pas, ni de leurs prix ; car il faudrait entrer dans des détails aussi minutieux qu'inutiles, puisque la valeur de tous ces ouvrages est fixée, non pas toujours par rapport à leur plus ou moins de grandeur, mais suivant leur bonne ou mauvaise qualité, ce qui ne peut s'apprécier qu'après les avoir bien vus et examinés.

TOISÉ

DE LA PEINTURE D'IMPRESSION
ET DE LA VITRERIE.

CHAPITRE XVII.

Le toisé des ouvrages de peinture se fait géométriquement à la toise superficielle; tout vide quelconque est rabattu. On fait distinction de leur qualité par rapport à leurs différens prix. Dans la mesure des longueurs et des hauteurs on comprend les épaisseurs.

La mesure des plafonds se prend dans œuvre des corniches, et les corniches sont comptées séparément, leur pourtour mesuré au milieu de la saillie sur leur développement. Les lambris de hauteur ou d'appui, ainsi que les portes à panneaux, de quelle nature que soit la peinture, et de quelque couleur qu'ils soient peints, seront comptés en superficie; on ajoutera aux mesures non seulement les épaisseurs, mais aussi le surplus de ce que produira le développement des moulures.

Le rechampissage des moulures d'une autre couleur que celle des champs et des panneaux, sera compté séparément en linéaire ; mais dans le cas où les moulures seraient de même ton que les champs [1], cet ouvrage sera confondu avec celui des panneaux ; on en fera mention dans le mémoire.

Les marbres et les bois peints seront toisés de même en distinguant leur espèce. Ces marbres et bois sont plus ou moins chers en raison de ce qu'ils sont approchant de ceux naturels.

Le vernis de tous ces ouvrages est compté avec la peinture, en désignant sa qualité et le nombre de couches.

Tous filets faits sur ces marbres ou autres, pour imiter soit des tables saillantes ou renfoncées, ou soit des moulures d'encadrement, seront comptés séparément en linéaire, en indiquant leur largeur et le nombre de teintes dont ils sont composés.

Les filets faits pour imiter des coupes de pierre ne seront pas comptés séparément ; on en fera mention dans le mémoire, ainsi que des frotis qu'on fait pour imiter la pierre.

Les croisées se toisent hauteur sur largeur, et l'on rabat l'emplacement des verres en diminuant un pouce au pourtour pour le rechampissage ; ensuite on compte une fois la hauteur et une fois la largeur ; ces deux dimensions réunies seront

---

[1] On appelle *champ* l'entre-deux des moulures formant l'encadrement des panneaux des portes et des lambris.

calculées sur 8 pouces de largeur; le produit sera pour les feuillures, jet d'eau et pièce d'appui. Si les verres ont moins de 12 pouces carrés, on ne rabattra rien pour leur emplacement; mais il ne sera rien ajouté pour les feuillures, jet d'eau, etc.

Le toisé des persiennes se fait hauteur sur largeur, sans ajouter aucune épaisseur. Deux faces sont comptées pour trois.

Tous les ouvrages qui auront moins de 6 pouces de hauteur ou de largeur seront comptés en linéaire ou à la pièce, sous chacun leur nom particulier, en expliquant ce qu'ils sont.

Le rebouchage en mastic, ainsi que le grattage, seront comptés pour ce qu'ils sont, en expliquant leur nature.

Les verres de croisées ou autres se comptent soit à la pièce, ou soit au pied superficiel; on comprend dans le prix celui de la pose et du masticage.

Quant aux prix de ces divers ouvrages, on ne peut les fixer; ils varient suivant la bonne ou la mauvaise qualité des marchandises, et suivant que l'ouvrage est plus ou moins bien fait.

TOISÉ DE LA MARBRERIE.

CHAPITRE XVIII.

Le toisé de la marbrerie se fait à peu près comme celui de la maçonnerie (ouvrages en pierre): la matière est comptée d'abord au pied cube ; on compte ensuite les moulures et autres tailles au pied superficiel. Le sciage, l'adoucissage et le polissage sont comptés séparément.

Il n'est pas d'usage de toiser les chambranles de cheminée, ils s'estiment à la pièce.

Pour le carrelage qui se fait en carreaux de liais, soit de forme carrée ou à huit pans, et remplis de carreaux en marbre, soit de même grandeur que ceux en liais qu'on pose en pointe, ou soit pour le remplissage de ceux à huit pans, il se compte en superficie, et tout vide est déduit; on comprend dans la superficie les bandes en pierre de liais dont on entoure les pièces.

TOISÉ DU PAVAGE.

CHAPITRE XIX.

Le toisé du pavage se fait à la toise superficielle, sans aucune augmentation pour les ruisseaux, et le prix diffère suivant l'ouvrage.

Les ouvrages de terrasse que l'on fait pour niveler le terrain avant de faire le pavage et l'enlèvement des terres, sont comptés séparément, soit à la toise cube, soit à la voie, dont huit font la toise.

DES DEVIS ET MARCHÉS.

CHAPITRE XX.

EXTRAIT DU CODE CIVIL.

1787. Lorsqu'on charge quelqu'un de faire un ouvrage, on peut convenir qu'il fournira seulement son travail ou son industrie, ou bien qu'il fournira aussi la matière.

1788. Si, dans le cas où l'ouvrier fournit la matière, la chose vient à périr, de quelque manière que ce soit, avant d'être livrée, la perte en est pour l'ouvrier, à moins que le maître ne fût en demeure de recevoir la chose.

1789. Dans le cas où l'ouvrier fournit seulement son travail ou son industrie, si la chose vient à périr, l'ouvrier n'est tenu que de sa faute.

1790. Si, dans le cas de l'article précédent, la chose vient à périr, quoique sans aucune faute de la part de l'ouvrier, avant que l'ouvrage ait été reçu, et sans que le maître fût en demeure de le vérifier, l'ouvrier n'a point de salaire à réclamer, à moins que la chose n'ait péri par le vice de la matière.

1791. S'il s'agit d'un ouvrage à plusieurs pièces ou à la mesure, la vérification peut s'en faire par parties : elle est censée faite pour toutes les parties payées, si le maître paie l'ouvrier en proportion de l'ouvrage fait.

1792. Si l'édifice construit à prix fait, périt en tout ou en partie par le vice de la construction, même par le vice du sol, les architectes et entrepreneurs en sont responsables pendant dix ans.

1793. Lorsqu'un architecte ou un entrepreneur s'est chargé de la construction à forfait d'un bâtiment, d'après un plan arrêté et convenu avec le propriétaire du sol, il ne peut demander aucune augmentation de prix, ni sous le prétexte d'augmentation de la main d'œuvre ou des matériaux, ni sous celui de changemens ou d'augmentations faits sur ce plan, si ces changemens ou augmentations n'ont pas été autorisés par cet écrit et le prix convenu avec le propriétaire.

1794. Le maître peut résilier, par sa seule volonté, le marché à forfait, quoique l'ouvrage soit déjà commencé, en dédommageant l'entrepreneur de toutes ses dépenses, de tous ses travaux, et de tout ce qu'il aurait pu gagner dans cette entreprise.

1795. Le contrat de louage d'ouvrage est dissous par la mort de l'ouvrier, de l'architecte ou entrepreneur.

1796. Mais le propriétaire est tenu de payer en proportion du prix porté par la convention, à leur succession, la valeur des ouvrages faits et celle des matériaux préparés, lors seulement que ces travaux ou ces matériaux peuvent lui être utiles.

1797. L'entrepreneur répond du fait des personnes qu'il emploie.

1798. Les maçons, charpentiers et autres ouvriers qui ont été employés à la construction d'un bâtiment ou d'autres ouvrages faits à l'entreprise, n'ont d'action contre celui pour lequel les ouvrages ont été faits, que jusqu'à concurrence de ce dont il se trouve débiteur envers l'entrepreneur au moment où leur action est intentée.

1799. Les maçons, charpentiers, serruriers et autres ouvriers qui font directement des marchés à prix fait, sont astreints aux règles prescrites dans la présente section : ils sont entrepreneurs dans la partie qu'ils traitent.

Sont privilégiés les architectes, entrepreneurs, maçons et autres ouvriers employés pour édifier, construire ou réparer des bâtimens, canaux ou autres ouvrages quelconques, pourvu néanmoins que, par un expert nommé d'office par le tribunal de première instance dans le ressort duquel les bâtimens sont situés, il ait été dressé préalablement un procès-verbal, à l'effet de constater l'état des lieux relativement aux ouvrages que le propriétaire déclarera avoir dessein de faire, et que les ouvrages aient été, dans les six mois au plus de leur perfection, reçus par un expert également nommé d'office.

Mais le montant du privilége ne peut excéder les valeurs constatées par le second procès-verbal, et il se réduit à la plus-value existante à l'époque de l'aliénation de l'immeuble et résultant des travaux qui y ont été faits.

2110. Les architectes, entrepreneurs, maçons et autres ouvriers employés pour édifier, reconstruire ou réparer des bâtimens, canaux ou autres ouvrages, et ceux qui ont, pour les payer et rembourser, prêté les deniers dont l'emploi a été constaté, conservent, par la double inscription faite, 1° du procès-verbal qui constate l'état des lieux; 2° du procès-verbal de réception, leur privilége à la date de l'inscription du premier procès-verbal.

2112. Les cessionnaires de ces diverses créances privilégiées exercent tous les mêmes droits que cédans en leur lieu et place.

2270. Après dix ans, l'architecte et les entrepreneurs sont déchargés de la garantie des gros ouvrages qu'ils ont faits ou dirigés.

FIN.

TABLE DES MATIÈRES.

	Pages.
Introduction	1
Transition. Sujet général de ce livre, etc.	23
Principes généraux pour l'édification des maisons particulières	35
De l'entrée d'une maison	39
De l'escalier	41
Des intérieurs	43
Des accessoires	46
De la décoration des intérieurs	47
De la construction des murs en général	51
Des murs de caves ou de fondation	53
Des murs en élévation	57
Des parpains sous les pans de bois	62
Des tuyaux de cheminée adaptés sur les murs mitoyens	62
Des aires sur les planchers	65
Des façades	66
Des profils et de l'arrangement des moulures	78
Des tassemens	94
Des divers degrés de tassement	97
De la liaison d'un mur neuf avec un vieux par rapport au tassement	102
De la manière de poser les planchers eu égard aux divers tassemens	103
De la charpente	109
Des solives d'enchevêtrure	113
Des solives de remplissage	114
Des pans de bois	114
Des escaliers en charpente	120
Comparaison de la valeur des murs et des pans de bois	122
Quantité de pièces de charpente pour les planchers	155
Idem, pour les combles	159
Idem, pour escaliers	262
Dépense générale des maisons	166
Géométrie pratique	180
Toisé général des ouvrages en bâtiment	219
Des ouvrages en pierre de taille	221
Des évidemens faits dans la pierre, et de la taille des paremens après l'évidement	226
Des tailles en général	229
Des tailles circulaires	230
Du ragrément des tailles	231
Des saillies en pierre et des moulures	233
Évaluation en taille des moulures en pierre	240
De la manière de compter les moulures dans la composition entière d'un profil	242
Des denticules refouillés dans la pierre	246

TABLE DES MATIÈRES.

	Pages.
Des refends taillés dans la pierre	247
Des cannelures des colonnes et des pilastres	248
Des longueurs et pourtours des corniches	249
Toisé des ouvrages en moellons, en plâtras et en briques	251
Toisé des voûtes en moellon	254
Exemple pour servir au toisé des voûtes en moellon	255
Des voûtes d'arête et en arc de cloître	257
Des légers ouvrages	260
Observation avant d'entrer dans l'évaluation des légers	261
Comparaison des plafonds sur lattis jointif avec ceux en augets carrés	266
Des cloisons légères	267
Du ravalement des pans de bois	267
Des crépis et des enduits	269
Ouvrages à la toise courante	270
Des corniches et autres moulures en plâtre	271
Des longueurs et pourtours de corniches en plâtre	274
Règle générale pour la longueur et le pourtour des corniches en plâtre	276
Des refends et bossages en plâtre	277
Des trous et scellemens	280
Des trous et scellemens faits dans les murs en moellon	281
Des trous dans la pierre et des scellemens faits après le percement des trous	282
Prix de quelques ouvrages en maçonnerie	284
Toisé de la charpente	286
Mode de mesurage des ouvrages en charpente	287
Des bois refaits	291
Toisé des escaliers en charpente	292
De la manière de réduire les bois de charpente	294
Prix de quelques ouvrages en charpente	297
Toisé de la couverture	299
Prix de quelques ouvrages de couverture	308
Toisé de la menuiserie	312
Des portes	313
Observation sur ce qui distingue une porte à grand cadre d'une porte à petit cadre	314
Des chambranles de porte	317
Des croisées	317
Des persiennes	318
Des lambris	318
Du parquet	319
Prix de quelques ouvrages de menuiserie	319
Toisé de la serrurerie	322
Toisé de la peinture d'impression et de la vitrerie	323
Toisé de la marbrerie	326
Toisé du pavage	327
Sur les devis et marchés, extrait du Code civil	328

FIN DE LA TABLE.

Géométrie　　　　　Pl. 1

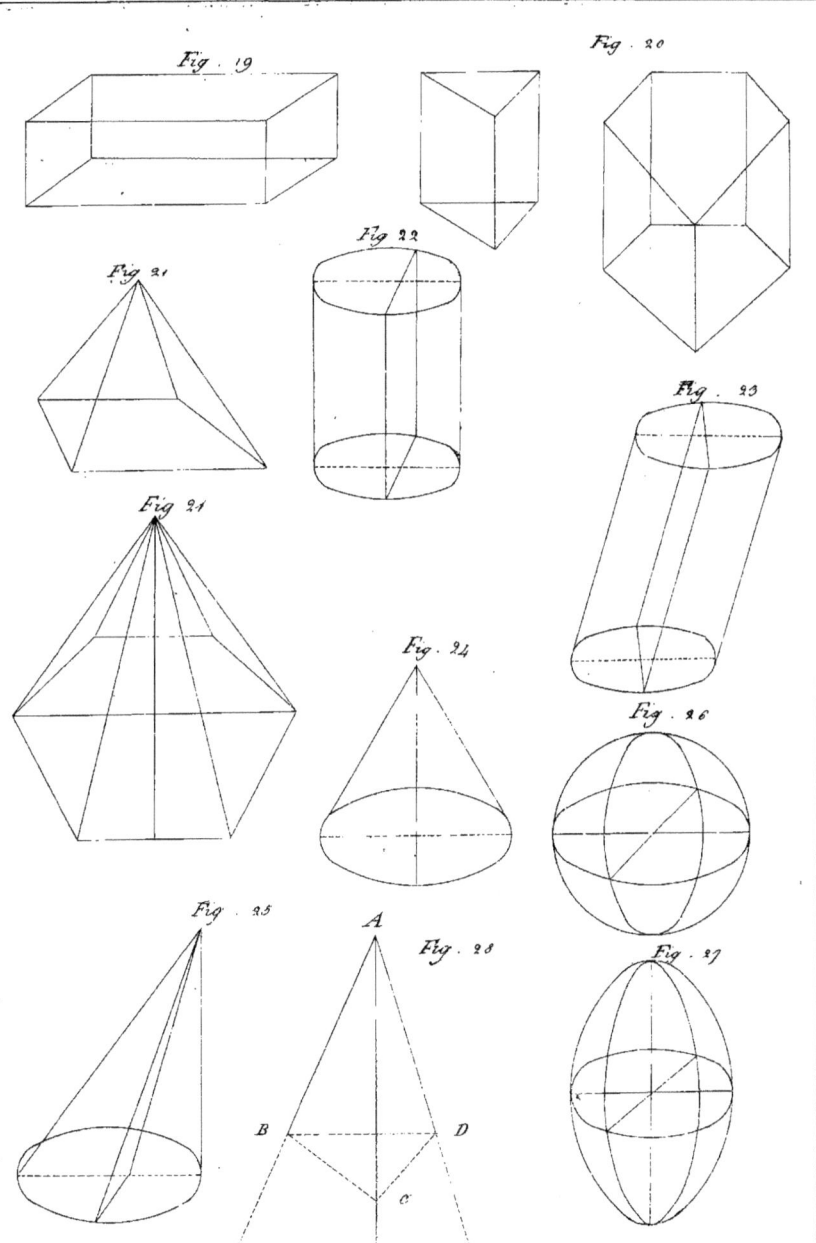

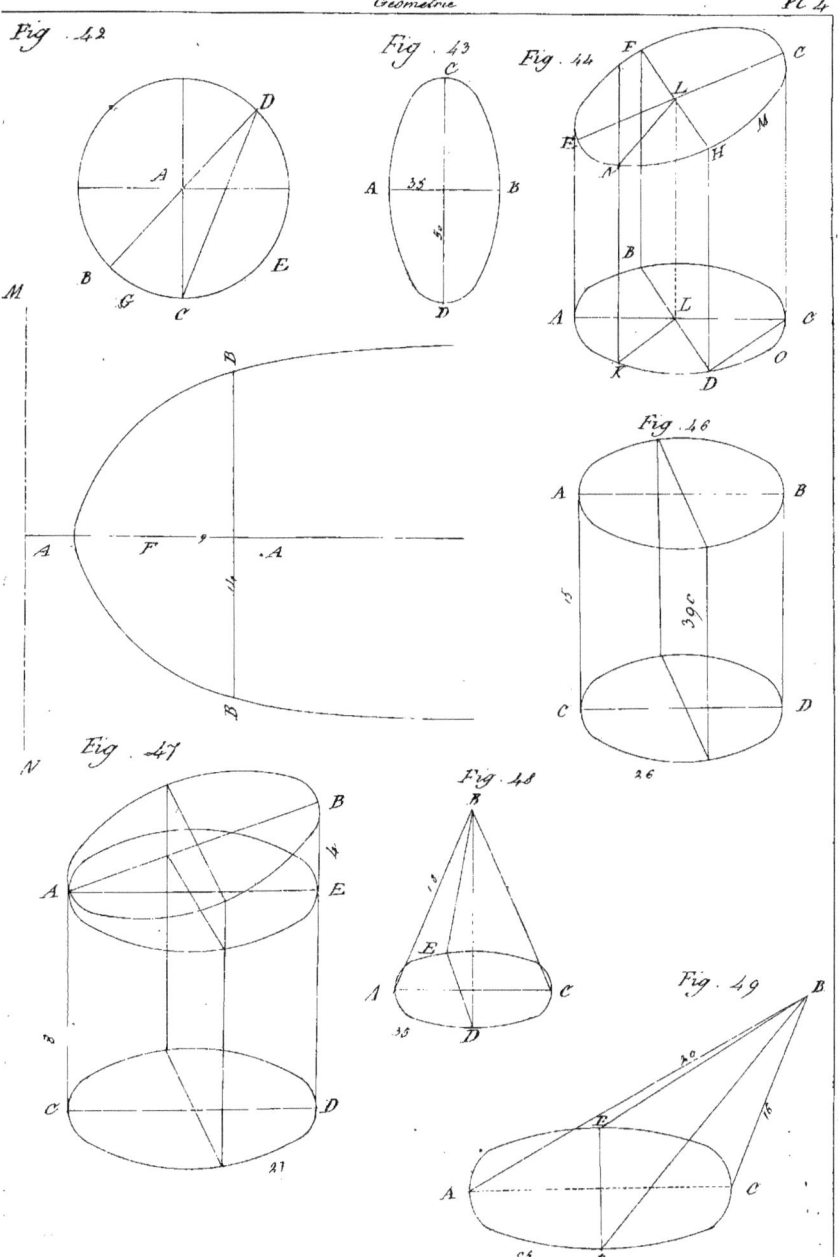

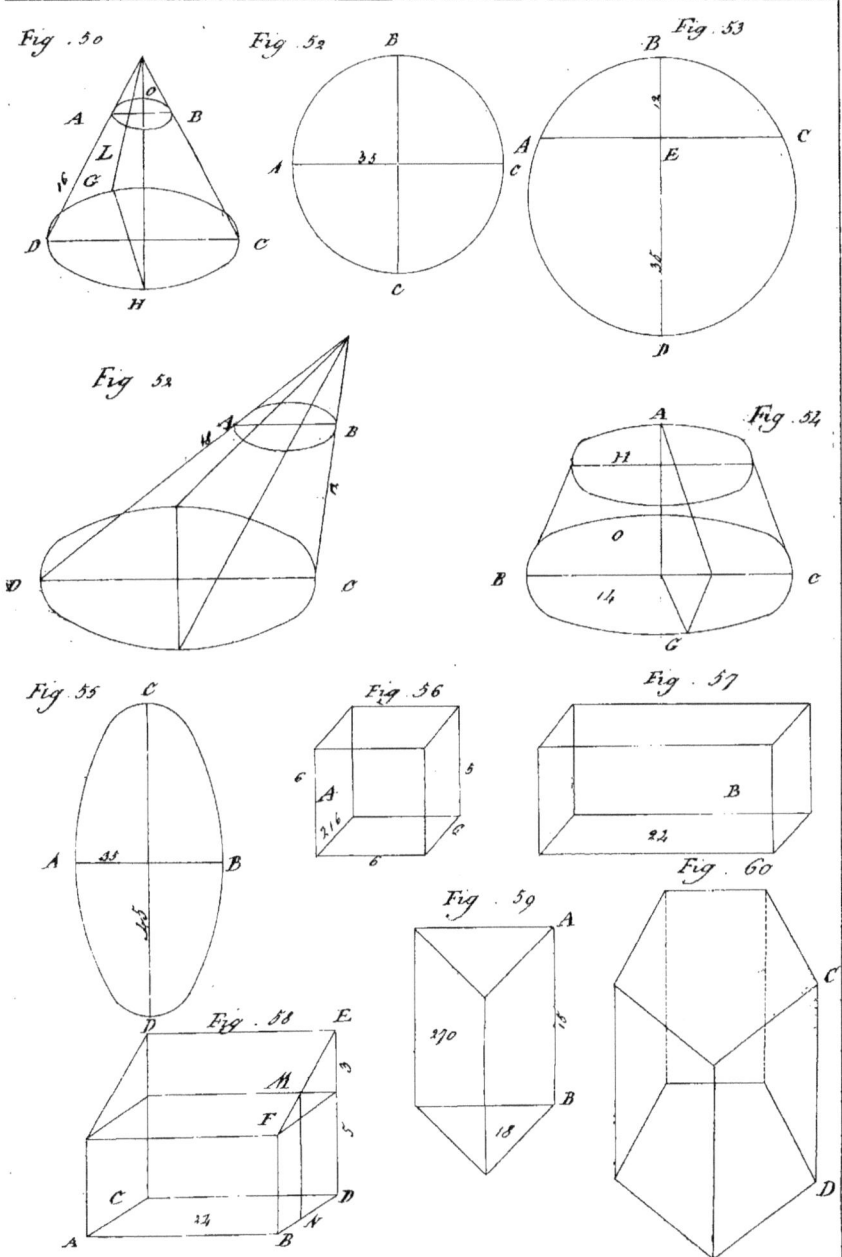

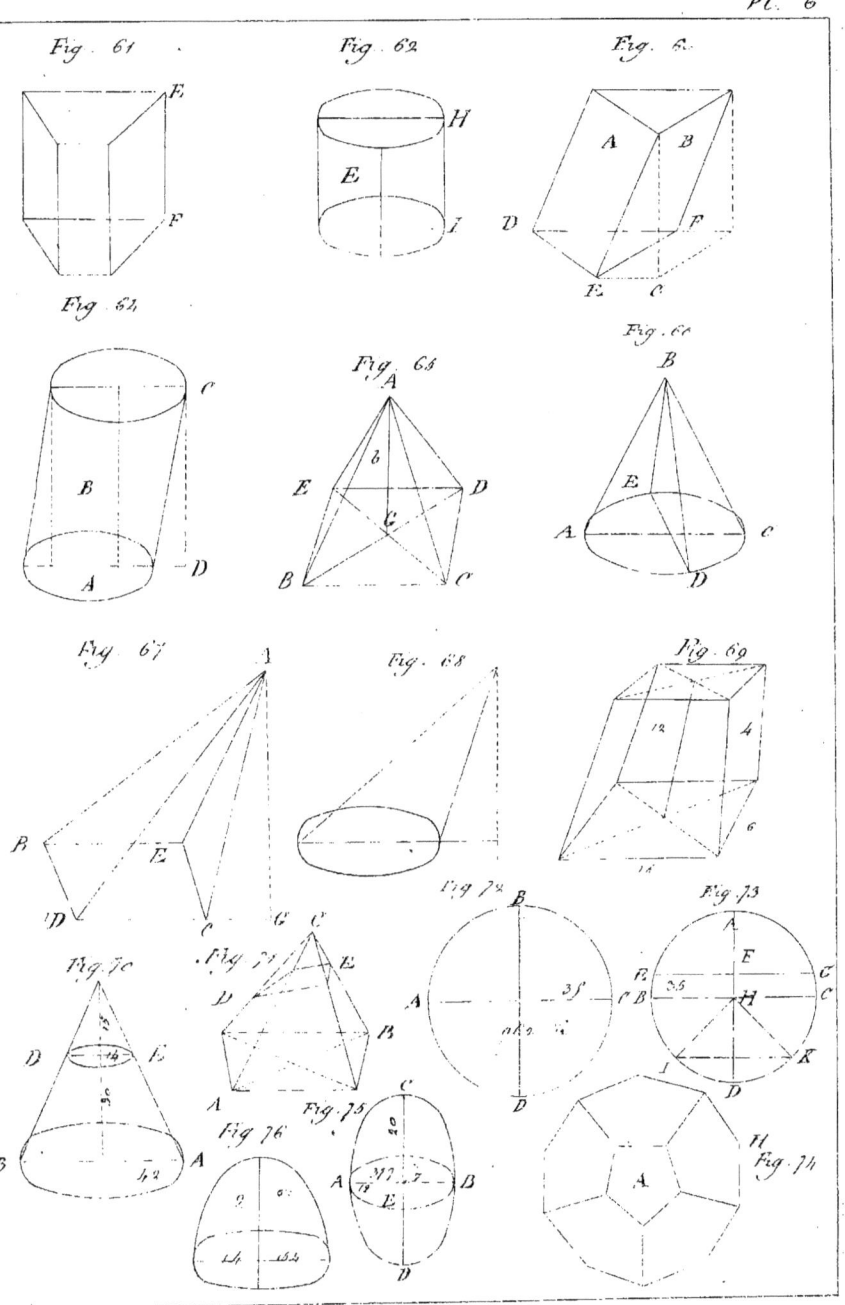

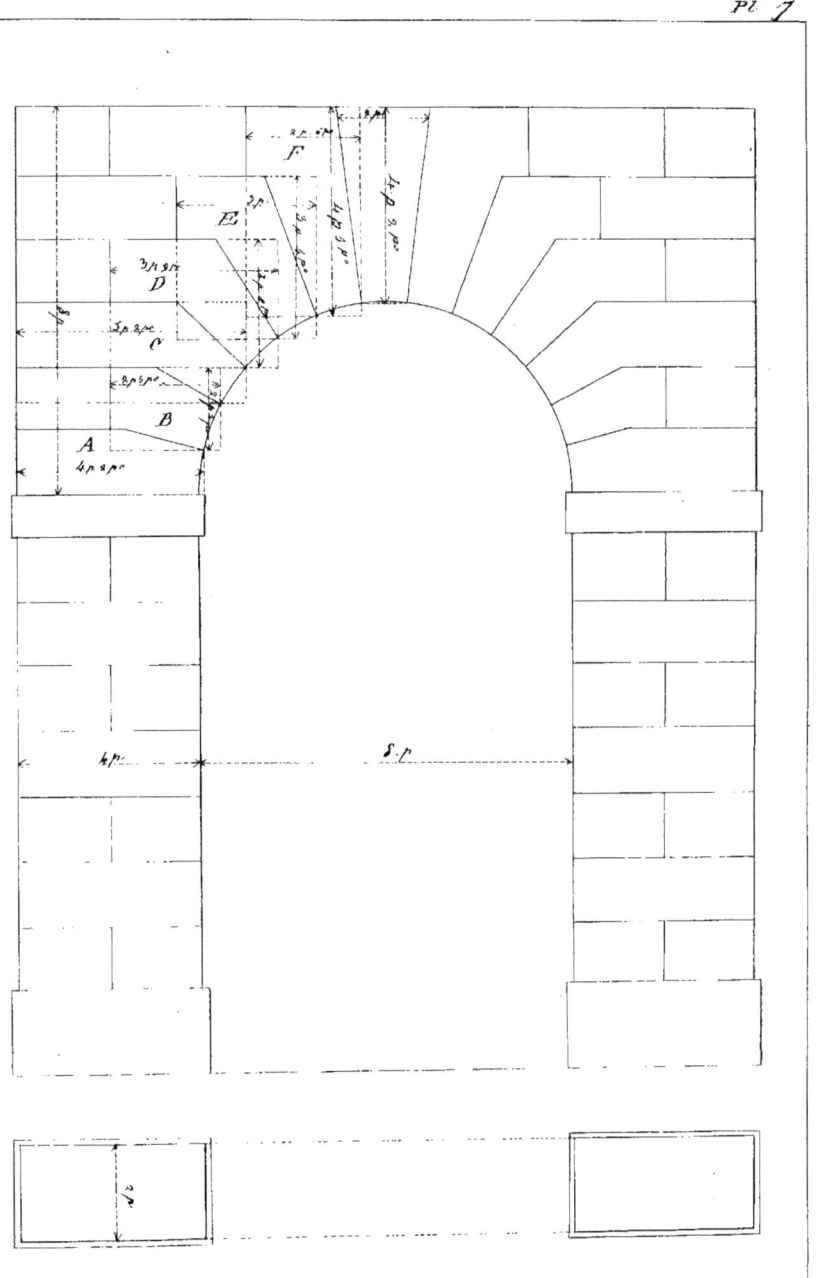

Pl. 7

Lith. La Clouet

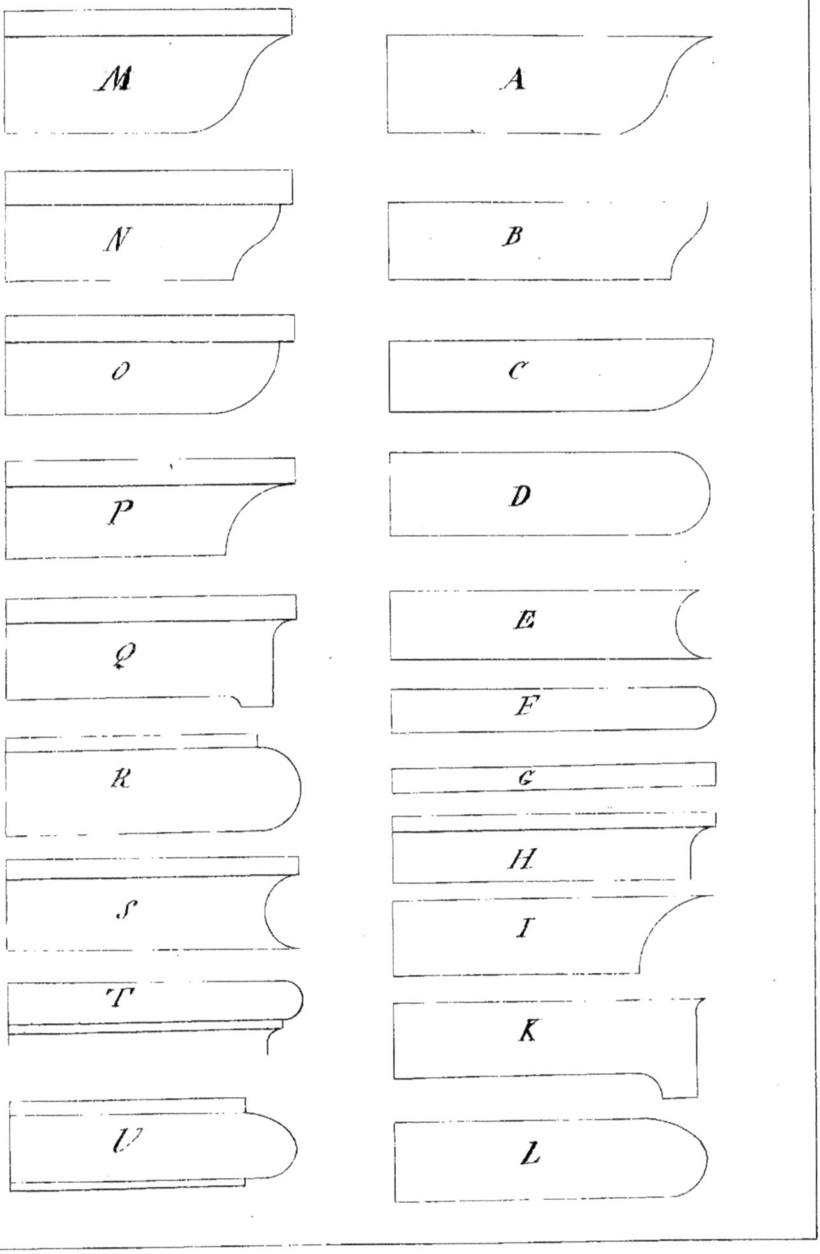

Pl. 8

Pl. 9

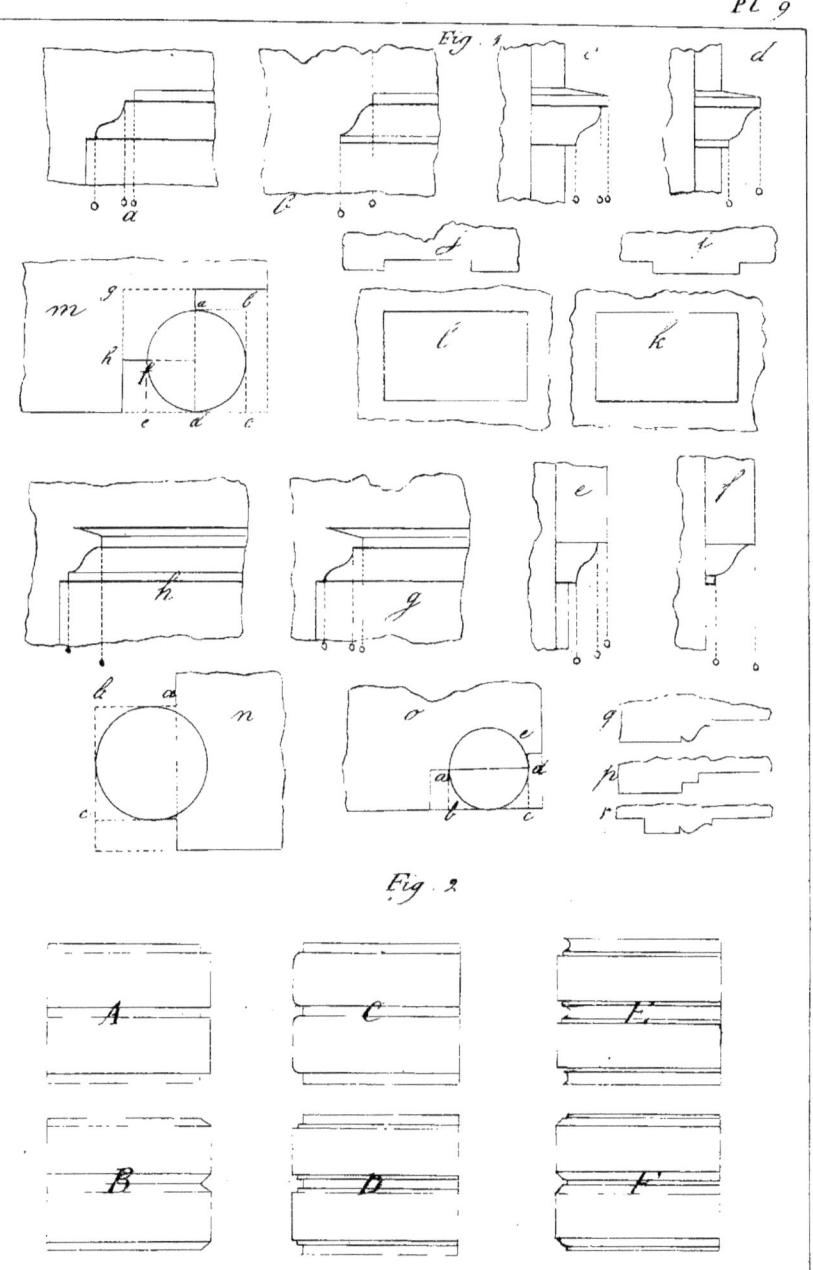

Fig. 1

Fig. 2

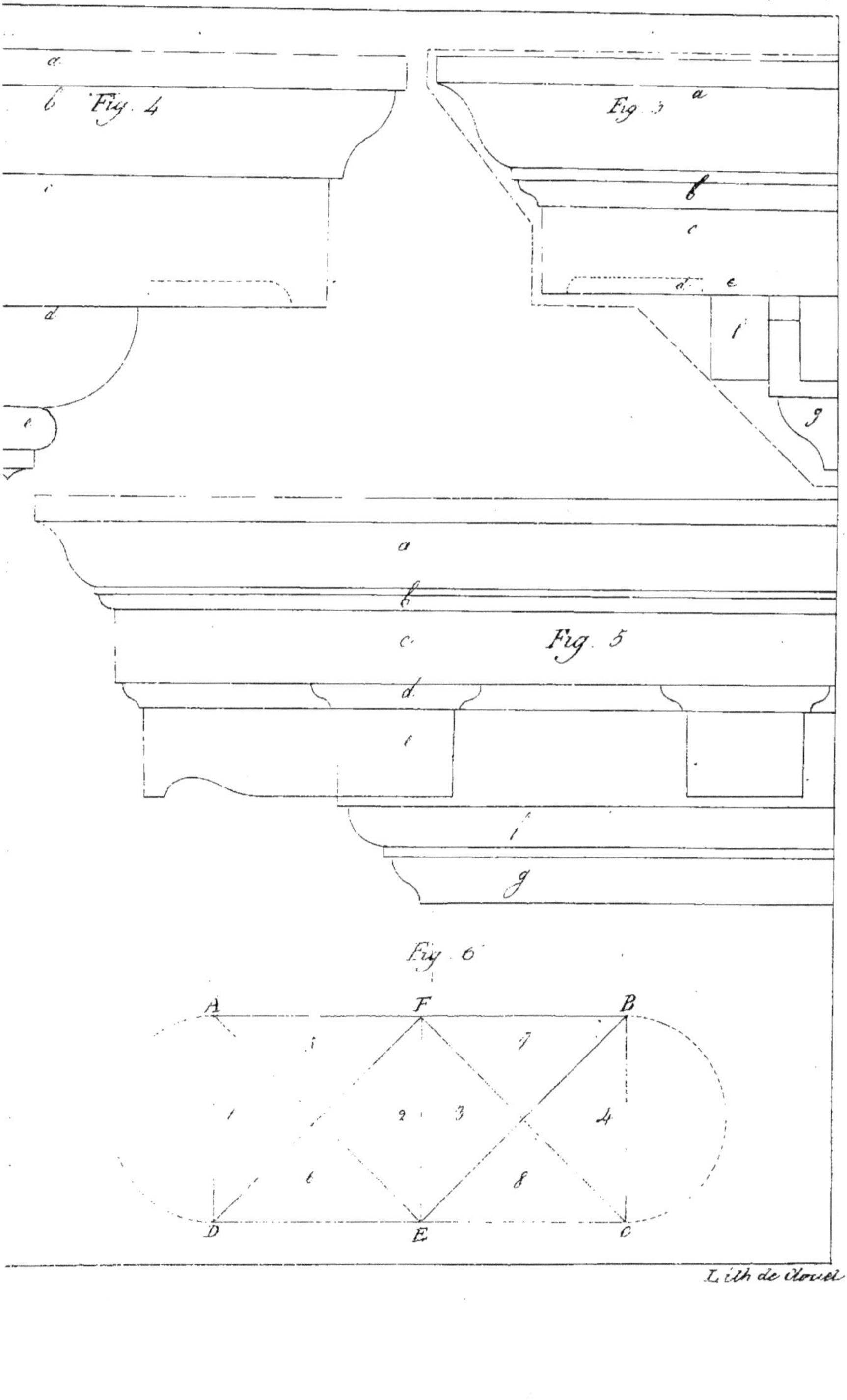

Pl. 10

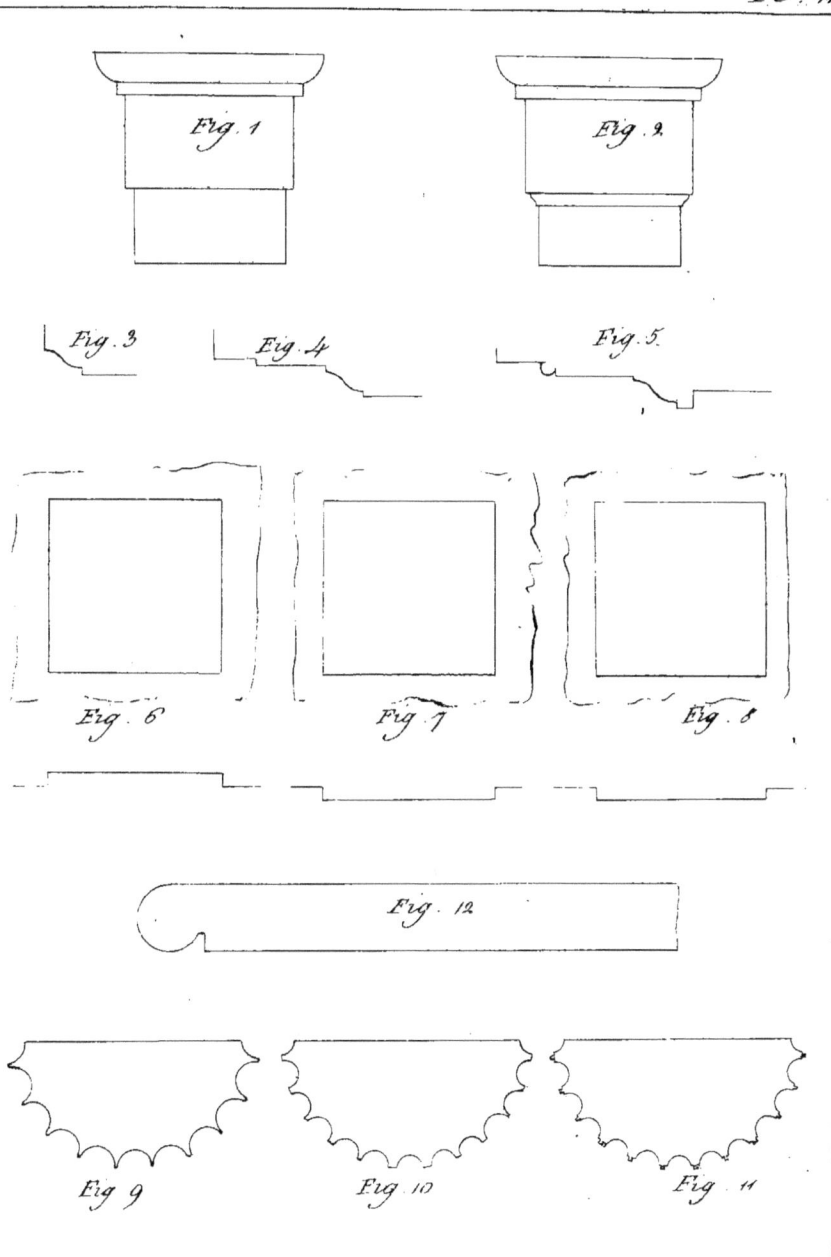

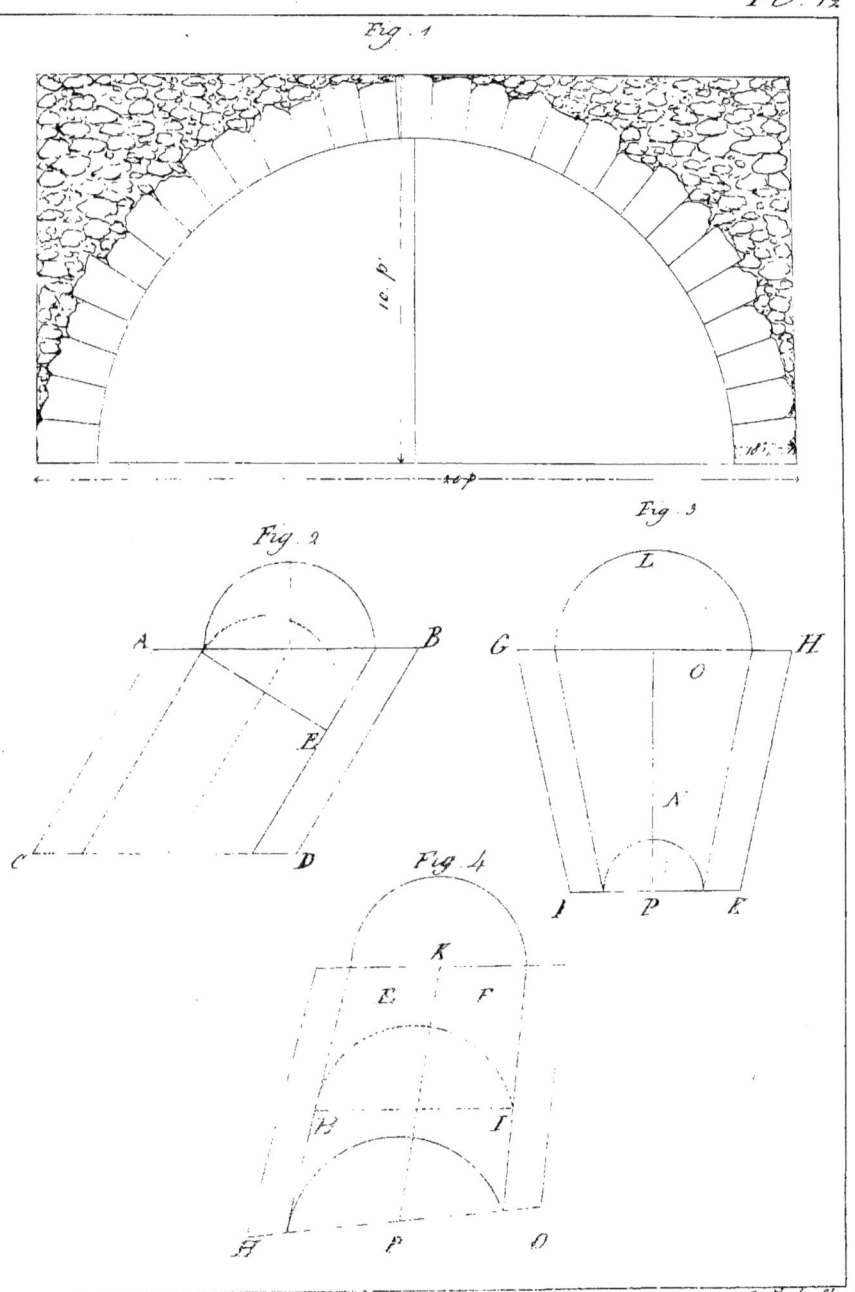

Pl. 13

Fig. 5

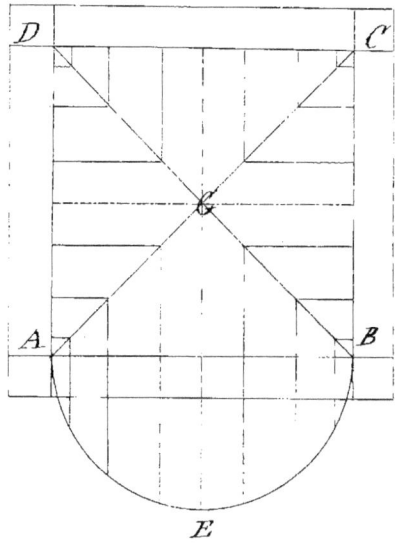

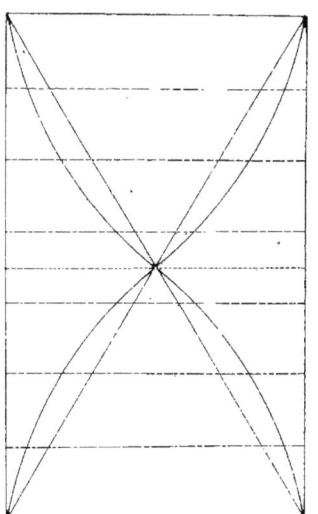

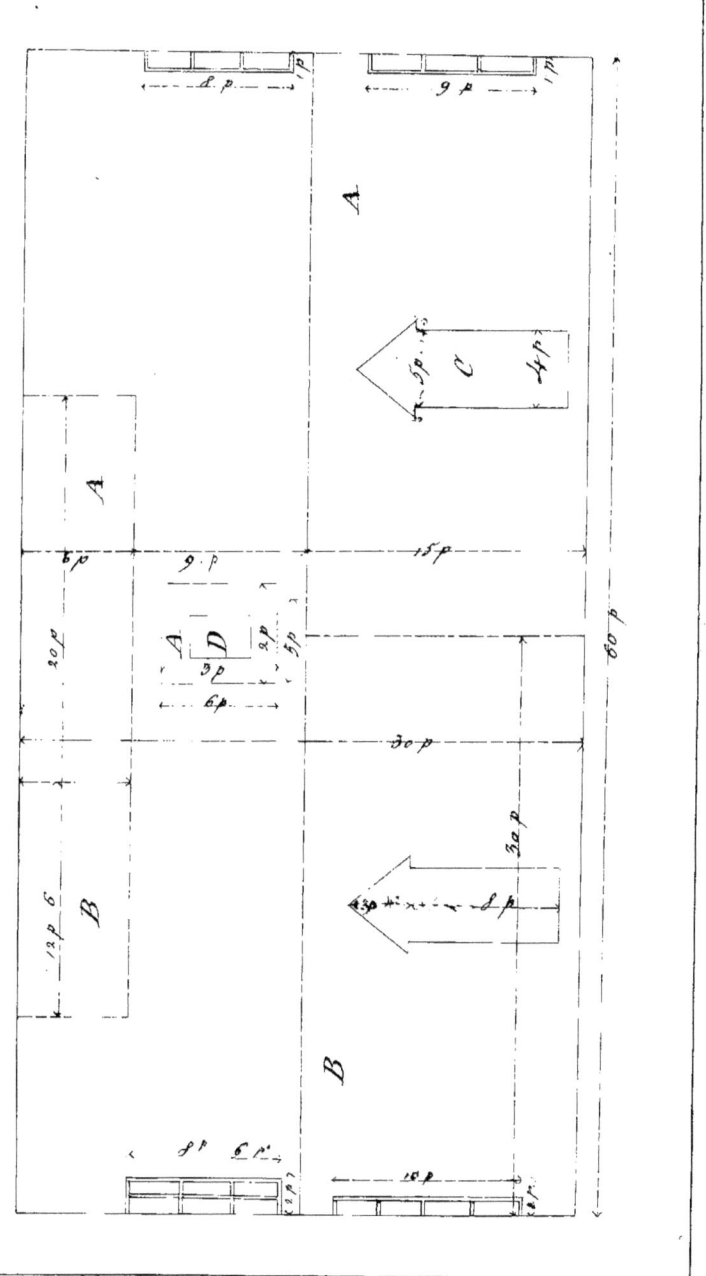

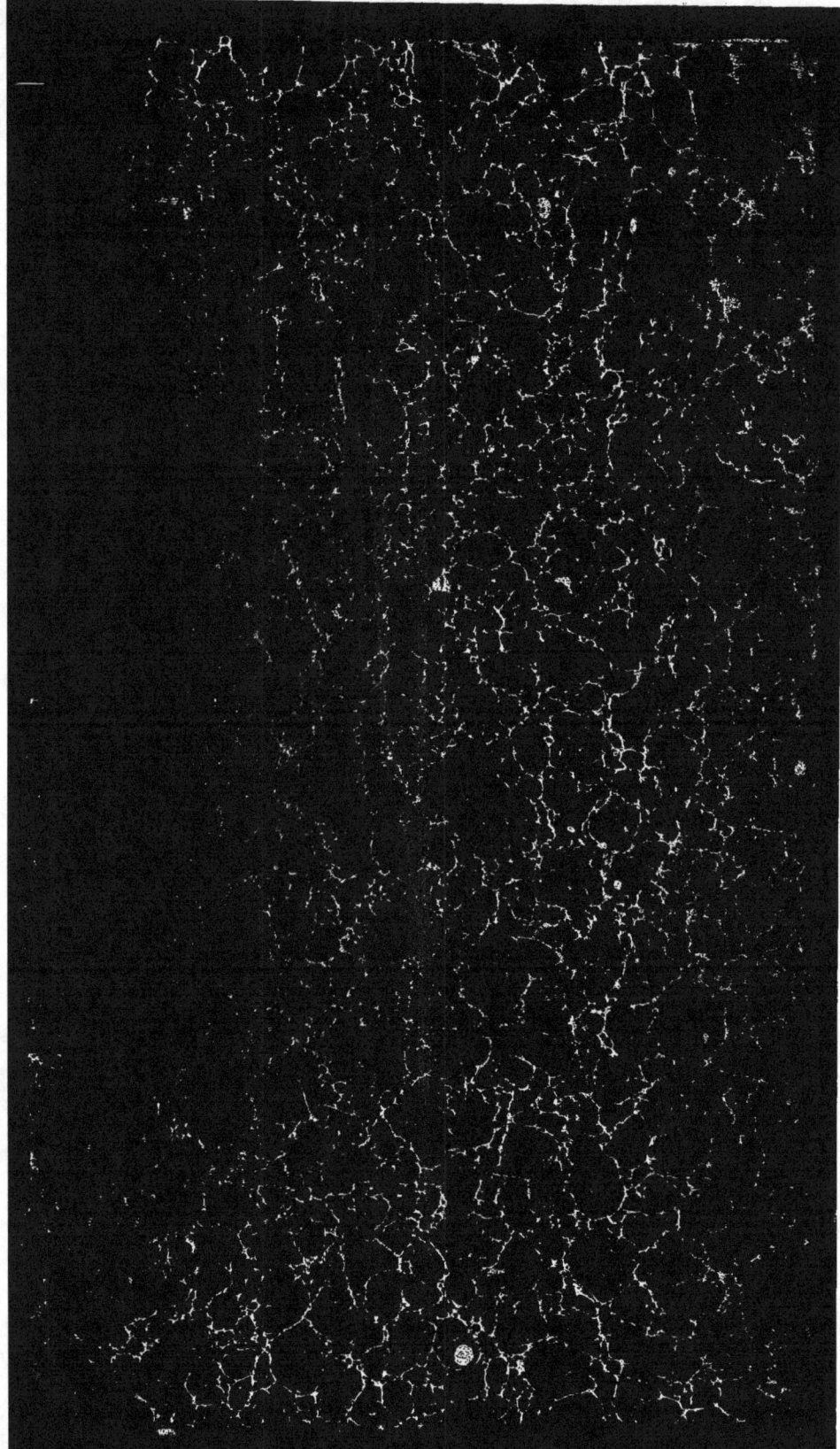

www.ingramcontent.com/pod-product-compliance
Lightning Source LLC
Chambersburg PA
CBHW070453170426
43201CB00010B/1321